Barry McCarthy
Ganz Mann

Barry McCarthy

GANZ MANN

Handbuch für den einfühlsamen Liebhaber

Aus dem Amerikanischen von
Dagmar Hartmann

Ullstein

Verlag Ullstein GmbH Frankfurt/M. · Berlin

Titel der amerikanischen Originalausgabe:
Male Sexual Awareness
Erschienen bei Carroll & Graf Publishers, Inc., New York 1988

Aus dem Amerikanischen von Dagmar Hartmann

Printed in Austria
Satz: Fotosatz-Service Weihrauch, Würzburg
Druck und Binden: Wiener Verlag, Himberg bei Wien
ISBN 3 550 06811 5

Gedruckt auf Papier mit chlorfrei gebleichtem Zellstoff

Die Deutsche Bibliothek – CIP-Einheitsaufnahme

MacCarthy, Barry:
Ganz Mann : Handbuch für den einfühlsamen Liebhaber /
Barry McCarthy. Aus dem Amerikan. von Dagmar Hartmann. –
Frankfurt/M. ; Berlin : Ullstein, 1993
Einheitssacht.: Male sexual awareness <dt.>
ISBN 3-550-06811-5

Inhalt

Für meine Kinder
Mark Matthew, Kara Dawn
und Paul Trevor

Erstes Kapitel
Mythos »Sexmaschine«

Wenn Sie sich als Mann entschieden haben, dieses Buch zu lesen, glauben Sie wahrscheinlich, ein Informationsdefizit zu haben. Falls Sie zufällig in einer Buchhandlung darüber stolpern oder sonstwie ertappt werden, wie Sie darin blättern, wird es Ihnen vermutlich peinlich sein. Schließlich geht man davon aus, daß Männer es nicht nötig haben, sich über Sex zu informieren. Man geht davon aus, daß sie alles wissen, was es zu wissen gibt. Wenn ein Mann zugibt, daß er immer noch dazulernen kann, wird das oft als Zeichen von Schwäche ausgelegt, als Eingeständnis, daß er nicht der Mann ist, der er sein sollte.

Es ist ein Jammer, daß Männer so denken, denn noch nie waren so viele Informationen über die menschliche Sexualität verfügbar. Beobachtungen und Laboruntersuchungen haben eindeutige Antworten auf Fragen geliefert, die jahrelang Mutmaßungen unterworfen waren. Die umfassenden Befragungen von Dr. Alfred Kinsey haben gezeigt, daß die sexuellen Aktivitäten der meisten von uns weder exzessiv noch ungewöhnlich sind, sondern sich in einem breiten Spektrum der Normalität bewegen. Nach Kinsey wurde es offensichtlich, daß jeder ein Sexualleben hat - eine Tatsache, die in Viktorianischen Zeiten einfach geleugnet wurde. Ein weiterer Meilenstein waren die Veröffentlichungen von Dr. William H. Masters und Virginia E. Johnson. Mit Hilfe einer Vielzahl von medizinischen Instrumenten und Testgeräten sowie durch Videoaufzeichnungen in einer laborähnlichen Umgebung untersuchten diese Sexualkundler die körperlichen Reaktionen von freiwilligen Probanden beim Geschlechtsverkehr und bei vielen anderen sexuellen Handlungen. Dieser innovativen Methode haben wir eine Fülle neuer Daten über die tatsächliche menschliche Reaktion auf sexuelle Stimulation zu verdanken: Durch die Veröffentlichung des Buches *Impotenz und*

Anorgasmie von Masters und Johnson 1970 gewannen wir Verständnis nicht nur für die sexuelle Reaktion, sondern auch dafür, wie man mit sexuellen Fehlfunktionen umgeht und positive sexuelle Erfahrungen fördert. Seit 1970 sind zahllose Fach- und Sachbücher über praktisch alle Aspekte der menschlichen Sexualität veröffentlicht worden.

»Aber was hat das mit mir zu tun?« werden Sie vielleicht fragen. Nun, was über menschliche Sexualität herausgefunden wird, ist für uns alle wichtig. Auch wenn die Sexualität eine natürliche körperliche Funktion ist, so sind unsere Einstellung zum Sex, unser Verhalten und unsere emotionalen Reaktionen doch angelernt. Unsere Sexualität kann eine Quelle großen Vergnügens sein, ein Mittel zur intimen Kommunikation, ein Ausdruck der Freude an einer Beziehung - oder sie kann Ursache von Schmerz und Kummer sein. Ob sich die Sexualität positiv oder negativ auf unser Leben auswirkt, hängt zumindest teilweise davon ab, ob unsere sexuelle Einstellung auf Unwissenheit und Fehlinformation beruht oder auf Tatsachen. Akkurate Informationen zum Sex einzuholen - das ist der erste Schritt auf dem Weg zu einem guten Sexualleben.

Wieviel wissen Sie wirklich über die männliche Sexualität?

Leider sind sehr wenige von uns wirklich gut über Sex informiert. Nur schätzungsweise einer von sechs Männern in unserer Gesellschaft hat eine adäquate Sexualerziehung genossen. Ungeachtet der Tatsache, daß das Thema Sex unsere ganze Gesellschaft zu durchdringen scheint, herrschen weiterhin sexuelle Mythen und Mißverständnisse vor. Viele im allgemeinen gut informierte und gebildete Männer akzeptieren fraglos gewisse Behauptungen über die Sexualität, die tatsächlich überhaupt nicht stimmen. Wenn Sie unsicher sind, was Ihr eigenes sexuelles Wissen angeht, so hilft Ihnen vielleicht der folgende Test. Lesen Sie einfach jede einzelne Behauptung und entscheiden Sie, ob sie richtig oder falsch ist.

1. Die Größe des Penis eines Mannes verrät, wie ausgeprägt sein Sexualtrieb ist.
2. Je größer der Penis, desto größer die Stimulation der Frau beim Geschlechtsverkehr.
3. Die Sexualität des Mannes erreicht ihren Höhepunkt beim Jugendlichen. Jenseits der Zwanzig nehmen seine sexuelle Fähigkeit, sein Interesse und seine Freude am Sex ab.
4. Es ist ganz natürlich, wenn ein Mann hauptsächlich am Geschlechtsverkehr und Orgasmus interessiert ist. Vorspiel und zärtliche Berührungen sind eher etwas für Frauen.
5. Die Fähigkeit, schnell zu ejakulieren, ist ein Zeichen von Männlichkeit.
6. Wenn Sie einmal unfähig waren, eine Erektion zu behalten, werden Sie höchstwahrscheinlich ein schwerwiegendes sexuelles Problem bekommen.
7. Das Ausmaß des Erfolges eines Mannes bei seinem ersten Geschlechtsverkehr ist für gewöhnlich ein Zeichen dafür, wie erfolgreich er für den Rest seines Lebens im Sex ist.
8. Im Durchschnitt haben schwarze Männer größere Penisse als weiße und auch einen ausgeprägteren Sexualtrieb.
9. Masturbation ist schädlich für die Potenz.
10. Lust am oral-genitalen Sex ist ein Zeichen von Unreife und sollte deshalb im Erwachsenenalter vermieden werden.
11. Männliche und weibliche sexuelle Reaktionen sind im wesentlichen unterschiedlich.
12. Homosexuelle Phantasien sind ebenso ein Zeichen latenter Homosexualität wie das Gefühl, andere Männer attraktiv zu finden.
13. Homosexualität gilt als eine Form von Geisteskrankheit.
14. Die natürlichste Stellung beim Geschlechtsverkehr ist die Missionarstellung.
15. Ein gesunder Mann darf keine Probleme haben, in jeder Situation sexuell zu »funktionieren«.
16. Da die Frau schwanger wird, ist sie auch für die Empfängnisverhütung zuständig.
17. Eine Erektion ist immer ein Zeichen sexueller Erregung und zeigt das Bedürfnis nach Geschlechtsverkehr an.

18. Ein guter Liebhaber ist in der Lage, seine Partnerin bei jedem Geschlechtsverkehr zum Orgasmus zu bringen.
19. Manche Männer sind einfach von Natur aus bessere Liebhaber als andere. Sie können zwar gewisse sexuelle Fertigkeiten erlernen, werden aber niemals an die Leistung eines Mannes heranreichen, der mehr angeborene Fähigkeiten hat als Sie.
20. Der simultane Orgasmus ist das sexuelle Ziel eines Paares, das ihm am meisten Erfüllung bringt.
21. Normalerweise hat ein Paar im Alter von zwanzig bis Mitte dreißig viermal pro Woche Geschlechtsverkehr. Weniger häufiger Geschlechtsverkehr bedeutet, daß Sie einen schwachen Sexualtrieb haben.
22. Geschlechtsverkehr sollte während der Menstruation und der Schwangerschaft vermieden werden.
23. Männer, die einen Herz- oder Schlaganfall hatten, sollten Geschlechtsverkehr besser meiden.
24. Frauen reagieren viel langsamer auf sexuelle Stimulation als Männer und müssen deshalb von ihrem Partner »bearbeitet« werden, damit sie zum Verkehr bereit sind.
25. Wenn ein Mann erwachsen wird, verliert er das Interesse an Phantasie und Masturbation und konzentriert sich ausschließlich auf den Geschlechtsverkehr.

Wenn Sie eine dieser Behauptungen für wahr halten, können Sie noch etwas über Sexualität lernen, denn jede einzelne der fünfundzwanzig Aussagen ist falsch. Es handelt sich bei allen um weitverbreitete Sexmythen, von denen viele bis zum heutigen Tag akzeptiert werden, trotz Unmengen von Gegenbeweisen. Sie haben zu unsagbarer Unzufriedenheit, zu Frustration, Unsicherheit und Mißverständnissen sowohl bei Männern wie auch bei Frauen geführt.

Widerstände gegen sexuelle Aufklärung

Obwohl ungenaue Informationen für beide Geschlechter schädlich sind, sind es doch in erster Linie die Männer, die an den alten Mythen festhalten. Weil von Männern erwartet wird, daß sie sexuelle Experten sind, ist es für sie schwerer zuzugeben, daß sie sich irren oder falsch informiert sein könnten. Da sie ihre Unwissenheit nicht zugeben dürfen, erlauben sie es sich selbst nicht, Fragen zu stellen und Informationen auf sexuellem Gebiet zu erhalten. Und solange es keine genauen Informationen gibt, werden die alten und schädlichen Sexmythen endlos fortbestehen.

Wirklich paradox ist, daß in unserer Generation die Frauen besser über Sex Bescheid wissen als die Männer. Frauen stehen Informationen und Ratschlägen auf diesem Gebiet viel offener gegenüber als wir. Sie sind weit eher bereit, ihren Mangel an Wissen und Erfahrung zuzugeben, während wir zu der Überzeugung neigen: Was wir nicht schon wissen, lohnt sich nicht zu erfahren. Dagegen sind sich Frauen bewußt, daß es noch immer etwas zu verbessern gibt.

Gehen Sie nur einmal in eine Buchhandlung oder eine Bibliothek und schauen Sie sich die Bücher über Sexualität an. Sie werden eine ganze Reihe von Werken für, von und über Frauen finden, aber nur sehr wenige, die dem Thema der Sexualität des Mannes gewidmet sind. Es ist bekannt, daß Frauen gern sexuelle Ratschläge annehmen. Verlage gehen davon aus (und nicht ohne Grund), daß Männer sich von solchen Büchern achselzuckend abwenden werden. »Wer braucht das schon? Ich weiß das doch alles.« Die Mehrzahl der Bücher über die Sexualität des Mannes kaufen und lesen tatsächlich Frauen, nicht Männer.

Doch nicht nur in Buchhandlungen findet man Beweise für die männliche Das-weiß-ich-schon-alles-Einstellung zum Sex. Ich bin bei meiner Arbeit als College-Professor häufig darauf gestoßen. Siebzehn Jahre lang habe ich an der psychologischen Fakultät einer großen Universität Kurse über das menschliche Sexualverhalten gegeben. Nicht nur, daß sich grob geschätzt viermal so viele weibliche Studenten für den Kurs einschreiben, nein, die männlichen Studenten stellen auch weniger Fragen und nehmen kaum einmal an den Diskussionen in der Klasse teil. Den weiblichen Studenten ist es genausowenig peinlich, ihr unvollständiges Wissen über das menschliche Sexualverhalten einzugestehen, wie es ihnen unangenehm wäre zuzugeben, daß sie nichts von organischer Chemie oder englischer Literatur verstehen. Folge davon ist, daß sie von dem Kurs weit mehr profitieren.

Persönlicher Widerwille gegenüber Diskussionen zur Sexualität

Dieses Zögern der meisten Männer, sich sexuell fortzubilden, geht so weit, daß sie sich selbst beim Austausch sexueller Informationen auf einer persönlicheren Basis unwohl fühlen. Nur wenige Väter sind in der Lage, ganz offen mit ihren Söhnen über die menschliche Sexualität zu sprechen. Nur allzu oft ist Sexualität als Thema daheim tabu, bis der Vater eines Tages entscheidet, daß es an der Zeit ist, den Sohn über »das Leben« aufzuklären, oder bis er ihm eine Packung Kondome in die Hand drückt, mit der Aufforderung »aufzupassen«. Diese »Aufklärung« findet häufig in Form einer kurzen, peinlichen Lektion statt, die nur so grundlegende Fragen klärt wie wer was wohin tut - wenn überhaupt. Da der Vater selbst wahrscheinlich viele falsche Vorstellungen vom Sex hat, kann man wohl davon ausgehen, daß er sie an seinen Sohn weitergibt. Mehr noch: Da der Sohn sein Leben lang in seinen Eltern geschlechtslose Wesen sehen mußte und weil er fühlt, wie unangenehm seinem Vater dieses Gespräch ist, stellt er keine Fragen, um die Punkte zu klären, die er nicht versteht.

Der Widerwille, frei und offen über Sexualität zu sprechen, wirkt sich auf andere Beziehungen zwischen Männern aus. Nur selten findet man junge Männer, die einander die Wahrheit über ihre ersten sexuellen Erlebnisse erzählen. Die besten verfügbaren Statistiken zeigen, daß ungefähr 25 Prozent aller Männer beim ersten Geschlechtsverkehr nicht gerade erfolgreich sind, im allgemeinen, weil sie keine Erektion bekommen oder sie nicht halten können, oder aber, weil sie ejakulieren, ehe der Penis in die Vagina eindringt. Einer von vieren, ein beachtlicher Prozentsatz! Aber können Sie sich folgenden Dialog vorstellen?

»He, Jimmy, wie ist es gestern mit Harriet gelaufen?«

»Nicht sehr gut, Fred. Ich bin gekommen, bevor ich drin war.«

»Ach, denk dir nichts dabei, Jim. Beim nächsten Mal machst du es besser.«

Viel wahrscheinlicher ist es, daß Jimmy behauptet, er hätte die Leistung eines Preisbullen erbracht, selbst wenn seine Erfahrung mit Harriet *das* Fiasko schlechthin war. Er könnte behaupten, Harriet wäre sexuell so beeindruckt von ihm gewesen, daß sie dafür bezahlen würde, noch einmal mit ihm schlafen zu dürfen. Falls Jimmy aber verrückt genug sein sollte zuzugeben, daß er ein Erektionsproblem oder vorzeitig ejakuliert hatte, dann ist es wahrscheinlicher, daß Fred ihn ganz und gar nicht getröstet hätte. Wir sind nicht gerade nett zueinander, wenn es um Sex geht. Menschen, die Ängste und Unsicherheiten hegen, sind das nämlich selten.

Männliche Leistungsansprüche erfüllen

So kommt es, daß sich die meisten Männer am Ende selbst um einen Großteil des sexuellen Vergnügens bringen. Man erwartet nicht nur von uns, sexuell Bescheid zu wissen, ohne die entsprechenden Anweisungen bekommen zu haben, sondern darüber hinaus sollen wir auch noch bei jeder sexuellen Gelegenheit fehlerfrei funktionieren. Der Versuch, diese unmöglichen Anforderungen zu erfüllen, ruft Ängste und Unsicherheiten hervor. Für viele Männer ist Sex Bluff, der verzweifelte Kampf, das Bild der unfehlbaren »Sex-Maschine« zu erhalten. Wenn Sex so leistungsorientiert ist, bleibt kaum noch Platz für Lust.

Die Größe unserer »Ausrüstung«, wie oft wir kommen können – das sind die Dinge, die uns interessieren, nicht, wieviel Spaß wir beim Sex haben oder geben. Am schlimmsten ist der Glaube, daß wir niemals versagen dürfen, daß wir keinen Fehler machen dürfen. Allgemein verbreitet ist die Ansicht, daß ein »echter Mann« bereit und willens ist, jederzeit Sex zu haben, überall und mit jeder verfügbaren Frau. Es kommt uns nur selten in den Sinn, daß die Fähigkeit, derartige Ansprüche zu erfüllen, über die menschliche Kraft ginge.

Die absolute Zuverlässigkeit ist ein Standard, der sich auf Maschinen anwenden läßt, nicht aber auf Menschen. Und doch ist dies genau das, was wir von uns selbst fordern.

Es wird Zeit, sich von dem starren und bedrückenden Männerbild zu verabschieden, das uns so lange daran gehindert hat, unsere Sexualität wirklich zu genießen. Die Frauen haben bereits begonnen, das ihnen von der Gesellschaft auferlegte Bild zu verändern, und wir können von ihrem Beispiel eine Menge lernen. Gegenstand der Frauenbewegung ist nicht, die Männer herabzusetzen, sondern die einengenden und starren Rollen abzulegen, die Männer wie Frauen gleichermaßen frustrieren. Diese Bemühungen führten zu dem Ergebnis, daß die Frauen ein Gespür für sich selbst als autonome Wesen entwickelt haben, Wesen, die selbst für ihre Sexualität verantwortlich sind und sie kontrollieren. Es ist eine Schande, daß sich viele Männer von Frauen bedroht fühlen, die darauf bestehen, sowohl als Mensch als auch als Sexualpartner gleichberechtigt zu sein. Die genußreichsten sexuellen Erfahrungen wird man erleben, wenn beide, der Mann wie die Frau, in der Lage sind, ihre eigenen sexuellen Bedürfnisse zu erkennen und auszudrücken, aber auch auf diejenigen ihres Partners einzugehen.

Ziel dieses Buches ist nicht, aus dem Leser einen Superliebhaber zu machen, dessen Leistung in seiner Partnerin den verzweifelten Wunsch nach immer mehr hervorruft. Es gehört zu einem guten Liebhaber, daß er die Anatomie einer Frau und ihr Erregungsmuster ebenso kennt wie die Arten von Stimulierung, die zu Erregung und Orgasmus führen, aber es ist nicht das wichtigste. Ein guter Liebhaber ist kein Techniker; es ist vielmehr jemand, der Gefühle wie Zärtlichkeit, Intimität und emotionalen Ausdruck genießen und sich darauf einlassen kann, denn sie gehören zur Sexualität. Er weiß nicht nur, wie er Vergnügen schenkt, er kann es auch selbst annehmen. Er findet, daß er Lust verdient, und er versteht, daß der Geschlechtsverkehr nicht nur eine Handlung ist, die sich auf das Schlafzimmer beschränkt, sondern vielmehr Ausdruck eines allgemeinen Gefühls von Zuneigung und Kommunikation unter Liebenden. Er vertritt den Standpunkt, daß Sex gut, nicht schlecht ist und daß seine Sexualität aus mehr als aus seinem Penis, dem Geschlechtsverkehr und dem Orgasmus besteht – sie ist ein positiver Bestandteil seiner Persönlichkeit. Dieser Mann wünscht sich Sexualität, um sein Leben und seine intime Beziehung zu bereichern, nicht um Verwirrung, Schuldgefühle und Traumata hervorzurufen.

Worum es in diesem Buch geht

Dieses Buch hat zwei Schwerpunkte. Erstens soll es möglichst genaue, zuverlässige Informationen zur männlichen Sexualität und den Themen bieten, die damit zusammenhängen. Zweitens soll es den Männern helfen, die Sexualität in ihr Leben zu integrieren, und zwar auf eine Art und Weise, die ihnen größere Erfüllung und Befriedigung bietet. Sexualität umfaßt den ganzen Bereich von Einstellungen, Verhaltensweisen und Gefühlen, der Sie und Ihren sexuellen Ausdruck betrifft. Das Buch richtet sich in erster Linie an Männer, aber auch Frauen sollten es ruhig lesen. Ja, da die Sexualität die intimste Form menschlicher Kommunikation darstellt, kann es ausgesprochen vorteilhaft für Ihre Beziehung sein, wenn die Frau Einblick in die Bedürfnisse und Konflikte ihres Mannes erhält.

Dieses Buch soll eine Vielzahl von Themen abdecken, die für Männer interessant und wichtig sind. Sie können die Kapitel nacheinander lesen, um einen Überblick über die männliche Sexualität zu erhalten, oder Sie ziehen das Buch als Ratgeber für spezielle Fragen und Probleme heran. Es ist in drei Teile untergliedert: Kapitel mit Fakten, die Ihr Wissen vergrößern, Kapitel über Möglichkeiten, Ihre Sexualität zu bereichern, und Kapitel zum Umgang mit Problemen, die das sexuelle Vergnügen beeinträchtigen. Wo es um Fragen zur sexuellen Einstellung und Wertung geht, beziehe ich eine Position, die auf meiner persönlichen und beruflichen Erfahrung als klinischer Psychologe und Ehe- und Sexualtherapeut basiert. Sie müssen jedoch Ihren eigenen Background, Ihre eigenen Erfahrungen und Wertungen berücksichtigen bei der Entscheidung, wie relevant meine Empfehlungen für Ihr eigenes Leben sind. Meiner Meinung nach umfaßt die Spanne normalen sexuellen Verhaltens alles, was sich zwischen zwei Individuen abspielt und Lustgefühle erzeugt, alles, was nicht erzwungen wird und woran keine Kinder beteiligt sind, sowie alles, was weder körperliche noch seelische Schäden hervorruft. Sie haben die Wahl. Es hängt nur davon ab, was Sie und Ihr(e) Partner(in) befriedigend und angenehm finden.

Eine persönliche Anmerkung

Zu meinen Vorarbeiten für dieses Buch gehörte nicht nur die formelle Ausbildung und die Studien auf dem Gebiet der Psychologie, sondern auch viele - negative und positive - Erfahrungen, die den typischen Background der meisten Männer in unserer Gesellschaft darstellen. Als Junge, der in Chicago aufwuchs, bin ich weder von der Familie noch in der Kirche oder Schule sexuell richtig aufgeklärt worden. Was ich wußte, hatte ich größtenteils von meinen Kumpeln, und wenn ich als junger Mann das Sex-Mythen-Quiz hätte beantworten sollen, so hätte ich wohl sehr schlecht abgeschnitten. Wie die meisten meiner Freunde sah ich im Sex hauptsächlich die Eroberung. Obwohl ich eine ganz gute Zahl von Sexpartnerinnen »zusammenbrachte«, schienen mir meine Leistungen nie so ganz auf der Höhe, und unweigerlich übertrieb ich sie. Ich übernahm bei diesen frühen Begegnungen nur wenig Verantwortung, überließ die Verhütung den Frauen. Es kam mir auch überhaupt nicht in den Sinn, mich um die Reaktionen meiner Partnerinnen zu kümmern, ja, sie überhaupt zu beachten. Mit einundzwanzig fing ich eine Beziehung an, die anderthalb Jahre dauerte, und zum ersten Mal sah ich in meiner Sexpartnerin auch einen Menschen - eine wichtige Lernerfahrung für mich.

Im Alter von zweiundzwanzig Jahren begann ich mit meiner Diplomarbeit in Psychologie an der Southern Illinois University. Dort traf ich Emily, und ein knappes Jahr später waren wir verheiratet. Doch trotz der Nähe und Zärtlichkeit, die wir füreinander empfanden, nahm ich doch viele der früher erlernten falschen und schädlichen Vorstellungen zum Sex und zur Geschlechterrolle mit in die Ehe. Dies führte zu Problemen und Konflikten, denen wir uns stellen mußten, wenn wir in unserer Ehe emotionale und sexuelle Befriedigung finden wollten. Wir hatten zwar nie ein wirkliches sexuelles Problem, aber unsere sexuelle Beziehung war anfangs doch höchstens mittelmäßig. Wir brauchten über ein Jahr, bis wir uns mit unserer Sexualität wohl fühlten und in der Lage waren, zu kommunizieren, zu experimentieren und spontan zu sein. Heute, nach zwanzig Jahren Ehe und drei Kindern (zwei eigene, ein adoptiertes), ist der Sex noch immer ein beglückender Bestandteil unserer Ehe.

Mein Entschluß, mich der Sexualtherapie zu widmen, kam - wie es bei solchen Entscheidungen häufig der Fall ist - ganz zufällig. Ich entschloß mich zu einem Forschungsprojekt über sexuelle Störungen und stellte zu meiner Überraschung fest, daß auf diesem Gebiet erst sehr wenig getan worden war. Dics weckte mein Interesse und führte schließlich dazu, daß ich Vorlesungen über menschliche Sexualität hielt und Sexualtherapeut wurde. Ich habe das Gefühl, daß mir meine Arbeit eine recht realistische Einschätzung der Sexualität ermöglicht. Mir kommt es so vor, als wäre sexuelle Unzufriedenheit meist das Ergebnis schlechter Erfahrungen und eines Mangels an respektvoller Kommunikation zwischen Männern und Frauen. In vielen Fällen lassen sich die sexuelle Funktion und Befriedigung enorm verbessern, so wie es auch bei mir war, wenn man die ersten Schritte zurückverfolgt und so seine eigene Sexualität besser verstehen lernt, um dann mit einer bewußteren und positiveren Haltung wieder auf die Sexualität und die Frau als zu respektierende, kooperative und sexuelle Person zuzugehen.

Ich glaube nicht, daß man sich schämen muß, ein Mann zu sein, oder sich dafür entschuldigen sollte. Ebensowenig glaube ich, daß Männer - als einzelner oder als Gruppe - für die Sünden des männlichen Chauvinismus büßen müssen. Es hilft nichts, sich zu kasteien, dadurch werden die Beziehungen zwischen Mann und Frau auch nicht befriedigender. Nicht Schuldgefühle sind nötig, sondern Verständnis, Sensibilität und das Streben nach positiven Veränderungen. Wenn diese erreicht sind, sind dem Vergnügen, der Intimität und dem Gefühl von Sicherheit keine Grenzen gesetzt - alles Dinge, die sich aus einer sexuellen Beziehung herleiten lassen.

In den folgenden Kapiteln werde ich mich mit verschiedenen Themen befassen, die sich auf den sexuellen Lebenszyklus des Mannes beziehen, mit Methoden zur Verbesserung Ihrer sexuellen Selbstachtung und Leistung, mit gewissen Entscheidungen und Verantwortungen, die ein notwendiger Bestandteil Ihrer Sexualität sind, und mit dem Umgang mit Problemen, die den vollen Ausdruck männlicher Sexualität einschränken. Dabei werde ich immer wieder auf Fallbeispiele von Patienten, die ich behandelt habe (ihre Identität wurde verändert), zurückgreifen, aber auch auf meine eigenen Erfahrungen, um so die besprochenen Punkte zu illustrieren.

Dieses Buch bietet keine Do-it-yourself-Sextherapie, auch keine Abhandlung über sexuelle Techniken, sondern soll in erster Linie Ideen und Informationen liefern. Wenn mein Buch Ihnen dabei hilft, Ihre Einstellung der Sexualität gegenüber zu überprüfen und einen Teil der Lust zurückzugewinnen, um die männliche Leistungsmythen Sie betrogen haben, dann bin ich es zufrieden. Ich hoffe, daß dieses Buch Ihnen und den Menschen, die Sie lieben, eine wirkliche Hilfe sein wird.

ZWEITES KAPITEL

Der größte Vergnügungspark der Welt

Fast vom Augenblick unserer Geburt an sind wir von unserem Körper fasziniert. Anfangs stellt das bloße Gefühl, bewegliche Gliedmaßen zu haben, eine endlose Quelle der Freude und des Entzükkens dar. Später lernen wir, unsere Bewegungen mit dem, was wir sehen, zu koordinieren, und entdecken die Grenzen zwischen uns und der Umwelt. Im ersten Lebensjahr lernen wir, daß es ein angenehmes Gefühl ist, wenn wir unsere Genitalien streicheln: Das sexuelle Bewußtsein ist erwacht. Dieses Bewußtsein wächst, wenn wir heranreifen. Es ist nicht nur ganz natürlich für kleine Kinder, sich selbst zu stimulieren, es ist ebenso natürlich, daß sie sich intensiv für ihre Sexualorgane interessieren - und die der anderen um sie herum. Genitalien untersuchen und vergleichen, gegenseitiges Berühren der Genitalien, Doktorspiele - all diese Aktivitäten gehören zur Entwicklung. Diese frühen Erfahrungen des Schauens, Berührens und Erforschens sind wichtig bei der Entwicklung von Haltungen sich selbst, seinem Körper und seiner Sexualität gegenüber.

Leider empfangen die meisten von uns als Kinder Botschaften der Mißbilligung, die uns davon abhalten, diese Erforschungen weiter zu praktizieren. Wir lernen, daß unsere Körper - und ganz besonders unsere Genitalien - etwas sind, das versteckt werden muß, dessen man sich schämt. Manche Eltern gehen so weit, ihren Kindern beizubringen, daß es sich nicht gehört, den eigenen Körper anzusehen. Als Ergebnis dieser negativen Erfahrung wird die natürliche Neugier, die wir unserem Körper anfangs entgegenbrachten, verschüttet. Wir sagen uns, daß die Zeit der Selbsterforschung vorüber ist, daß wir diesen kindischen Spielchen entwachsen sind, daß es nichts mehr zu lernen gibt. Tatsächlich weiß der durchschnittliche Erwachsene nur sehr wenig über seinen Körper im allgemeinen und seine Genitalien im besonderen. Er gehorcht dem von seinen Eltern vorgegebenen

Diktat und bildet sich ein, tugendhaft zu handeln, indem er seinen Status der Ignoranz aufrecht erhält. Ich muß, glaube ich, nicht betonen, daß eine solche Haltung einen Menschen daran hindert, sich wohl zu fühlen und seine Sexualität zu genießen.

Machen Sie sich mit sich bekannt

Ich fordere Sie auf, die lange unterdrückte, kindliche Neugier zuzulassen und sich wieder mit Ihrem Körper vertraut zu machen. Warten Sie, bis Sie wenigstens fünfzehn oder zwanzig Minuten Zeit für sich haben - vielleicht, wenn Sie das nächste Mal baden oder duschen -, und reservieren Sie diese für die sexuelle Selbsterforschung. Ziehen Sie sich aus und setzen Sie sich aufs Bett oder den Boden. Ein Ganzkörperspiegel wäre günstig, weil er Ihnen volle Sicht bietet. Vielleicht möchten Sie auch einen Handspiegel zu Hilfe nehmen, um die Bereiche genauer zu betrachten, die nur schwer zu sehen sind. Entspannen Sie sich und schieben Sie vor allem bohrende Gedanken beiseite, Sie würden etwas Unanständiges tun. Sie betrachten doch nur gründlich Ihren Körper, und wer hätte dazu mehr Recht als Sie?

Beginnen Sie mit den Hoden (oder Eiern, wenn Sie diesen Ausdruck vorziehen - Sie können medizinische Begriffe oder Umgangssprache benutzen). Nehmen Sie sie in die Hand und verwenden Sie Ihren Handspiegel, um sie von allen Seiten zu betrachten. Werden Sie sich ihres Gewichts und ihrer Form bewußt. Sie müssen keine Angst haben, sie zu verletzen. Wir alle wissen aus Erfahrung, wie schmerzhaft ein Tiefschlag sein kann, aber unter normalen Umständen sind die Hoden überraschend robust. Männliche Tiere, deren Hoden ebenso verletzlich sind wie unsere, betreiben körperliche Aktivitäten, neben denen Hochleistungssport geradezu zahm wirkt, und doch nehmen sie keinerlei Schaden. In primitiven Völkern rennen, tanzen und kämpfen die Männer ohne Schutz, und auch sie erleiden keine genitalen Verletzungen.

Die Hoden sind die wichtigsten männlichen Sexualdrüsen. In den beiden eiförmigen Körpern befinden sich Samenkanäle, und in diesen entstehen die Samenzellen. Außerdem produzieren die Hoden auch das männliche Sexualhormon, Testosteron, das für die Ausprägung der männlichen Geschlechtsmerkmale verantwortlich ist. Zusammen mit psychischen Faktoren reguliert das Testosteron auch den Sexualtrieb. Die Hoden sind so effizient bei der Aufrechterhaltung eines zufriedenstellenden Hormonspiegels, daß - sollte einer von ihnen entfernt werden - der verbleibende allein weitermachen kann, ohne daß es zu einer Verminderung der Sexualität oder Fruchtbarkeit kommt. Wenn Sie vermuten, daß Ihre Hoden - oder irgendein anderer Teil Ihres Sexualapparats - nicht richtig funktionieren, suchen Sie einen Urologen auf. Als Arzt, der sich auf Beschwerden im genitourinären Bereich spezialisiert hat, kommt der Urologe für Männer dem Gynäkologen am nächsten. Männer sollten einmal monatlich ihre Hoden untersuchen, um Hodenkrebs frühzeitig zu entdecken (wie es Frauen zur Früherkennung von Brustkrebs empfohlen wird). Der Mann sollte seine Hoden nach einem heißen Bad oder einer Dusche untersuchen, um zu sehen, ob Knötchen spürbar sind. Wenn Sie irgend etwas entdecken, sollten Sie unverzüglich Ihren Hausarzt oder einen Urologen aufsuchen.

Spermien werden zu Millionen in den Hoden erzeugt. Sobald sie herangereift sind, verlassen sie die Hoden durch die Samenleiter, zwei dünne, weiche Röhrchen, die in die Bauchhöhle hinaufgehen. Am Ende der Samenleiter, kurz vor ihrer Einmündung in die Prostata, befinden sich die Samenbläschen, »Vorratskammern« für die Spermien. In der Prostata werden die Spermien mit Samenflüssigkeit vermischt, jener weißlichen Flüssigkeit, die bei der Ejakulation aus dem Penis spritzt. Spermien sind winzig und machen nur einen Bruchteil des Gesamtvolumens des Ejakulats aus. Der Hauptteil (95 bis 97 Prozent) besteht aus Samenflüssigkeit oder Sekret. So verhindert eine Vasektomie - die Durchtrennung der Samenleiter - nur die Beimischung der Spermien. Ein sterilisierter Mann ejakuliert Samenflüssigkeit wie vorher, eine Verringerung läßt sich weder bei der Kraft noch der Menge oder dem Vergnügen feststellen.

Die Hoden befinden sich in einer Tasche aus lockerer, faltiger Haut, dem sogenannten Hodensack oder Skrotum. In den meisten Fällen hängt ein Hoden - für gewöhnlich der linke - tiefer als der andere. Das Skrotum kann kontrahieren oder entspannen, so daß die Hoden manchmal locker gegen die Schenkel baumeln, dann wieder zu einem festen Päckchen zusammengezogen werden. Winzige Muskeln im Skrotum führen zu diesen Veränderungen, meistens aufgrund von Temperaturschwankungen. Die Fähigkeit des Skrotums, fester oder lockerer zu werden, ist eine Möglichkeit der Temperaturregelung. Bei Kälte ziehen sich die Muskeln zusammen und wärmen die Hoden, indem sie sie in engen Kontakt mit dem Körper bringen. Steigt die Außentemperatur, geschieht das Gegenteil und die Hoden werden zur Abkühlung in ihre alte Position gebracht.

Dieselben Muskeln spielen auch eine Rolle bei der sexuellen Erregung. Ist ein Mann erregt, schwellen die Hoden und steigen auf. Führt seine Erregung nicht zu einer Ejakulation, bleibt die Schwellung erhalten, was ein unangenehmes Gefühl erzeugt. Es ist jedoch nur vorübergehend und verursacht keine bleibenden Schäden.

Lernen Sie Ihren Penis kennen

Gleich über dem Skrotum befindet sich die Wurzel des Penis. Es gibt nur sehr wenige Männer, die ihren Penis nie angefaßt oder betrachtet haben. Schließlich ist er das Zentrum intensiver Gefühle, und nur wenige Männer sind überhaupt in der Lage, ihren Penis gleichgültig zu betrachten. Manche sind stolz darauf, andere schämen sich, haben Angst davor, sorgen sich um ihn, bringen vielleicht auch gemischte Gefühle auf, aber es ist unwahrscheinlich, daß sie an ihn auf dieselbe Art und Weise denken wie zum Beispiel an ihre Ohren. Und doch ist der Penis ein Organ wie jedes andere.

Es kann eine interessante Erfahrung sein, den Kopf von allen vorgefaßten Meinungen zu befreien und den Penis zu betrachten, als hätte man ihn noch nie zuvor gesehen. Der Penis besteht größtenteils aus schwammartigem Gewebe. Tatsächlich handelt es sich um drei zylinderförmige Körper, zwei auf der Oberseite, einer unten, die durch dünne Membranen miteinander verbunden sind. Diese drei Schwellkörper sind es, die den Penis irgendwie dreieckig wirken lassen, wenn er erigiert ist. Zur Erektion kommt es, wenn durch die Arterien im erektilen Gewebe Blut in den Penis strömt. Gleichzeitig ziehen sich Muskeln an der Basis des Penis zusammen, um zu verhindern, daß das Blut durch die Venen wieder abfließt. Ausgelöst wird die Erektion von Nervenzentren in der unteren Wirbelsäule. Der eigentliche Stimulus kann vom Gehirn ausgehen, in Form von erotischen Gedanken oder Erwartungen, oder aber durch direkte Berührung ausgelöst werden. Die erste Art, auch »spontane« oder »automatische« Erektion genannt, kommt bei jüngeren Männern häufiger vor. Wenn die Männer älter werden, stellen sie fest, daß ihr Penis mehr gestreichelt und stimuliert werden muß, damit sie eine Erektion bekommen. Das ist kein Anzeichen dafür, daß sie auf dem Weg zu Erektionsstörungen sind, sondern bedeutet vielmehr, daß ihre sexuellen Reaktionen sich verändern. Je mehr sich der Mann seiner körperlichen Veränderungen bewußt ist und je besser er sie akzeptiert, desto besser wird er »sexuell funktionieren«.

Die Erektion ist eine natürliche Körperreaktion. Ein neugeborenes männliches Baby hat seine erste Erektion wenige Minuten nach der Entbindung. Im Schlaf hat der Mann durchschnittlich alle neunzig Minuten eine, ob er nun derzeit sexuell aktiv ist oder nicht. So kommt es zu drei bis fünf Erektionen während des Nachtschlafes. Man hat Laborstudien mit neunzigjährigen Männern betrieben, die gesund und in der Lage waren, Erektionen zu bekommen und sich sexuell zu betätigen.

Den »Kopf« des Penis nennt man Eichel. Für die meisten Männer ist dies der empfindlichste Teil des Penis, denn er ist mit einer Vielzahl höchst empfindlicher Nervenenden ausgestattet. Auf der Unterseite des Penis, dort, wo sich die Corona schwalbenschwanzähnlich teilt, befindet sich ein kleines Häutchen, das die Eichel mit dem Schaft verbindet, und auch dieses ist oft höchst empfindlich. Die Bereiche größter Sensitivität variieren von Mann zu Mann. So finden manche Männer zum Beispiel, daß der Schaft ihres Penis empfindlicher ist als die Eichel. Manche genießen es, wenn ihr Analbereich stimuliert wird, während andere dies ganz und gar nicht angenehm finden.

Bei unbeschnittenen Männern erstreckt sich die Vorhaut über die Eichel, zieht sich jedoch zurück, wenn der Penis erigiert. Juden, Moslems und viele andere ethnische und religiöse Gruppen entfernen die Vorhaut bei einer als Beschneidung bezeichneten Operation. In den letzten Jahrzehnten ist die Beschneidung in vielen Teilen der

Welt üblich geworden, aber aus gesundheitlichen und nicht religiösen oder kulturellen Gründen. Eine talgige Substanz, die von Drüsen am Kopf des Penis abgesondert wird, sammelt sich unter der unbeschnittenen Vorhaut und bildet eine Ablagerung, die als Smegma bezeichnet wird. Das Smegma läßt sich durch regelmäßige Säuberungen entfernen; andernfalls kann es zur Infektionsquelle werden. Die Gegner der Beschneidung argumentieren, daß die Entfernung der Vorhaut einen Mann weniger sensibel auf sexuelle Stimulierung reagieren läßt, daß sie somit seinen Genuß des Sexualaktes beeinträchtige. Aber da sich die höchste Konzentration von Nervenenden in den Drüsen und nicht in der Vorhaut findet, entspricht dies nicht den Tatsachen.

Mythos Penisgröße

Über die männliche Sexualanatomie und Physiologie Bescheid zu wissen ist unter anderem deshalb so wichtig, weil dieser Bereich immer von Aberglauben und Fehlinformationen verschleiert worden ist. Männer, die bereitwillig wissenschaftliche Erkenntnisse auf anderen Gebieten akzeptieren, halten häufig hartnäckig an Mythen über den Penis fest, als wäre die Treue gegenüber unbegründeter sexueller Folklore Voraussetzung dafür, ein »richtiger« Mann zu sein. Ein Mythos, der trotz aller wissenschaftlichen Erkenntnisse noch immer einen großen Einfluß ausübt, betrifft die Penisgröße. Um nun die negativen Auswirkungen eines solchen Glaubens zu beseitigen, halte ich es für günstig, dieses besondere Thema in allen Einzelheiten zu diskutieren.

Unterschiedliche Penisgrößen (oder eingebildete Unterschiede) waren der Grund für unwahrscheinlich viele männliche Ängste. Vielleicht beruht das Gefühl von Unzulänglichkeit auf der Erfahrung eines kleinen Jungen, der den Penis seines Vaters mit seinem eigenen vergleicht. Für ein Kind mag ein ausgewachsener Penis so groß und enorm aussehen, daß es sich schwer vorstellen kann, daß sein eigenes Organ je zu dieser Größe heranwächst. Hat ein solches Gefühl erst einmal Wurzeln geschlagen, findet es leicht Nahrung. Welcher Mann hat noch keinen Blick auf die Genitalien anderer Männer geworfen (verstohlen natürlich, damit sie nicht glauben, man hätte eine homosexuelle Neigung), während sie ihre Bade- oder Turnhose anzogen, und hat dabei festgestellt, daß fast alle größer aussehen als sein eigener?

Tatsächlich führt ein derartiger Vergleich aus zwei Gründen zu falschen Schlüssen. Erstens kann ein Penis gleicher Größe größer aussehen, wenn man ihn von weitem und als Teil des Körpers eines anderen sieht, als wenn er von oben als Teil des eigenen Körpers betrachtet wird. Zweitens führt es zu völlig falschen Schlüssen, wenn man die Größe eines Penis mit einem anderen im schlaffen Zustand vergleicht. Im allgemeinen gilt: je größer der Penis eines Mannes im schlaffen Zustand, desto weniger wird er im Falle einer Erektion wachsen. Penisse, die im schlaffen Zustand kleiner sind, haben ein größeres Erektionspotential. So findet ein Ausgleich in der Größe statt, und die Unterschiede zwischen erigierten Penissen sind gering.

Natürlich gibt es individuelle Größenunterschiede, wie es auch Unterschiede bei den Körpermaßen gibt. Jedoch variiert die Penislänge weit weniger als die Körpergröße (und ebensowenig besteht ein Zusammenhang zwischen Körpergröße und Penisgröße). Der durchschnittliche Penis ist im schlaffen Zustand zwischen sechs und zehn Zentimeter lang, im erigierten zwischen vierzehn und sechzehneinhalb Zentimeter, mit einem Durchmesser von etwa zweieinhalb Zentimetern im schlaffen und knapp vier Zentimetern im erigierten Zustand. Doch das sind nur Durchschnittswerte, und sie besagen nicht viel, außer vielleicht, daß irgendwann und irgendwo irgendwer mit einem Maßband beschäftigt war. Ich halte es für besser zu sagen, daß ein Penis normal ist, wenn er so groß ist, daß er beim Geschlechtsverkehr funktioniert. Und diese Definition trifft auf fast alle von uns zu.

Der Gedanke, daß Männer mit größerem Penis einen stärkeren Sexualtrieb haben und zu größeren sexuellen Leistungen fähig sind, sollte eine Sache des gesunden Menschenverstandes sein. Schließlich: Je größer die Muskeln eines Mannes sind, desto kräftiger ist er für gewöhnlich. Trotzdem kann – wie jeder weiß, der eine Ahnung von Logik hat – die Analogie eine höchst irreführende Form des Argumentierens bedeuten. Wie trügerisch das gerade in diesem Fall ist, wird klar, wenn wir die Ergebnisse wissenschaftlicher Untersuchungen betrachten. Masters und Johnson beobachteten die sexuelle Funktion von Hunderten von Personen unter Laborbedingungen, und sie haben keine Verbindung zwischen Penisgröße und Sexualtrieb oder -funktion feststellen können, welcher Art auch immer.

Die damit einhergehende Vorstellung, daß ein großer Penis einer Frau mehr Vergnügen bereite als ein kleiner, kann aus dem falschen Glauben herrühren, daß die Vagina die Quelle der sexuellen Lust der Frau ist. Doch das empfindlichste Genitalorgan der Frau ist die Klitoris - ein kleines, zylinderförmiges Organ an der Stelle, wo die kleinen Schamlippen zusammentreffen. Die Klitoris hat ebenso viele Nervenenden wie die Eichel des Penis, nur auf einen sehr viel kleineren Bereich konzentriert. Hier befindet sich der Brennpunkt des sexuellen Vergnügens der Frau, so wie der Penis der Brennpunkt für den Mann ist. Während des Verkehrs wird die Klitoris durch die Berührungen gereizt, die das Paar mit seinen Hüftbewegungen ausübt - eine Stimulierung, die überhaupt nichts mit der Größe des Penis zu tun hat. Die Vagina, die in direktem Kontakt mit dem Penis selbst steht, hat viel weniger Nervenenden, und die meisten hiervon befinden sich im äußeren Drittel. Hinzu kommt, daß die Vagina ein aktives, kein passives Organ ist und sich dem Penis anpassen kann, sei er nun groß oder klein. Die Vorstellung, ein Paar könnte aufgrund der Größe seiner Sexualorgane nicht zueinander passen, ist, mit äußerst wenigen Ausnahmen, ein Märchen. Wegen der dehnbaren Beschaffenheit der Vagina passen praktisch jeder Mann und jede Frau so gut zusammen, wenigstens körperlich, um einander beim Geschlechtsakt Vergnügen zu bereiten. Doch basieren sexuelle Anziehung und Funktion, wie wir alle wissen, auf viel mehr als nur den Genitalien.

Natürlich müssen wir uns klar darüber sein, daß sich manche Frauen von Männern mit großem Penis angezogen fühlen, so wie manche Männer Frauen mit großen Brüsten bevorzugen. Pornographische Filme, Magazine und Bücher - mit ihrer Betonung der körperlichen Ausstattung - sind wohl wenigstens zum Teil schuld an der weiblichen Besessenheit von Männern mit »Gehänge«, so wie sie auch die männliche Besessenheit mit Frauen fördern, die »viel Holz vor der Hütte« haben. Ebenso begünstigen sie wahrscheinlich bei Männern und Frauen das Gefühl von Unzulänglichkeit, weil sie den

Eindruck bekommen, nicht gut ausgerüstet zu sein. Aber eine Frau, die einen Mann mit großem Penis automatisch für einen ausgezeichneten Liebhaber hält, ist ebenso naiv wie ein Mann, der glaubt, alle Frauen mit großen Brüsten ließen sich leicht erregen. Eine Liebe zur Größe kann man, bei Männern wie bei Frauen, als Neigung sehen, und als solche ist sie die persönliche Sache dieses Individuums. Warum sollte die falsche Auffassung eines anderen als Kriterium für Sie dienen, Ihre eigene Anatomie und sexuelle Selbstachtung zu beurteilen?

Sie können lernen, ein guter Liebhaber zu werden

Was immer die Natur uns mitgegeben hat: Es liegt an uns, das Beste daraus zu machen. Ebensowenig haben wir Grund, der Natur vorzuwerfen, manche Männer anderen vorzuziehen. Von wenigen Ausnahmen abgesehen, sind wir alle körperlich gleichermaßen geeignet, um sexuelles Vergnügen zu geben und zu empfangen. Gute Liebhaber werden gemacht, nicht geboren. Die Fähigkeit, Sex zu genießen und für Ihre Partnerin zum Genuß zu machen, hängt in erster Linie von dem Ausmaß Ihrer Geschicklichkeit, Empfindsamkeit, Phantasie und Kommunikationsbereitschaft ab - die alle eine Sache von Lernen und Erfahrung sind, keine angeborenen Gaben. Ist sich ein Mann erst einmal seines positiven Potentials als Liebhaber bewußt, lernt er, wie befriedigend sein Sexualleben sein kann. Wenn er Sex nicht mehr leistungsorientiert, sondern genußorientiert angeht, dann ist die Frage der Größe vergessen.

Drittes Kapitel
Selbstbefriedigung

Traditionell wurde versucht, Männer mit Angst und Schuldgefühlen von der Masturbation abzuhalten - sie führe zu Rückenmarksschwund, Warzen, Kräfteverlust, schlechten sportlichen Leistungen, Schwäche, Erektionsproblemen ... Väter haben ihre Söhne aufgefordert, »Selbstbefleckung« zu unterlassen, haben ihnen mit allen Arten von Strafe gedroht, und doch masturbieren 95 Prozent der Männer. Die meisten beginnen im Alter zwischen elf und fünfzehn Jahren. Warum? Weil es normal ist, ein gesunder Teil der sexuellen Entwicklung des Mannes. Wenngleich die meisten Jungen und jungen Männer zugeben, daß Selbstbefriedigung Spaß macht, gestehen nur wenige ein, wie viel. Männliche Heranwachsende vergleichen häufig ihre Empfindungen bei der Masturbation und masturbieren auch manchmal gemeinsam - paarweise oder in Gruppen. Doch sobald heterosexuelle Beziehungen entstehen, wird die Masturbation verdammt. »Ich hab' das nicht mehr nötig«, heißt es dann vielleicht. Im Grunde ist das jedoch nur Angabe, mit der der junge Mann ausdrücken möchte, daß sein Sexleben so erfüllt sei, daß ihm keine Zeit für die Selbstbefriedigung bleibt. Doch nur gelegentlich reicht eine derartige Prahlerei an die Wahrheit heran. Der durchschnittliche junge, unverheiratete Mann der Mittelschicht hat nur relativ selten Geschlechtsverkehr. Ein anderer, wahrscheinlich etwas größerer Bereich seiner sexuellen Aktivitäten wird vom Petting bis zum Orgasmus abgedeckt. Das wichtigste sexuelle Ventil für die meisten Jugendlichen und Heranwachsenden ist die Masturbation; doch dies geben sie wahrscheinlich nur äußerst zögernd und beschämt zu. Verheiratete Männer tun sich sogar noch schwerer, die Wahrheit einzugestehen. Beobachtungen haben gezeigt, daß die Mehrzahl der Männer auch nach der Hochzeit noch gelegentlich masturbiert. Doch die meisten Männer halten dies in der Ehe für

»anormal«, für eine Schwäche, für die es keine Rechtfertigung gibt.

Eine solche Haltung ist schwer zu verstehen. Nur wenige von uns glauben noch, daß die Masturbation körperliche Schäden hervorruft. Ebenso wird kaum jemand leugnen, daß sie angenehm ist. Ist es da nicht merkwürdig, daß ein derart harmloses Vergnügen so starke Mißbilligung und Schuldgefühle weckt?

In Wirklichkeit ist es überhaupt nicht merkwürdig, wenn man die vorherrschende männliche Einstellung der Sexualität gegenüber berücksichtigt. Für den Durchschnittsmann ist der Sex eine zielgerichtete Aktivität. Angestrebt wird heterosexueller Geschlechtsverkehr, der im Orgasmus gipfelt; wenn der Mann seiner Partnerin ebenfalls einen Orgasmus »gibt«, um so besser. Alles andere gilt als Fehlschlag oder manchmal auch nur als ein Schritt auf dem Weg zum Erfolg. So kommt es, daß Heranwachsende einen Freund nach einer Verabredung mit der Frage konfrontieren: »Was hast du aus ihr rausgeholt?« »Ich hatte 'nen Steifen« ist nicht schlecht. »Ich hatte zwei Finger drin« ist besser. Aber das Beste ist natürlich, wenn sie miteinander geschlafen haben. Derjenige, der am häufigsten mit den meisten Partnerinnen geschlafen hat, wird von seinen Freunden beneidet. Wenn es um heterosexuelle Partnerschaften geht, besonders unter jungen Männern, ist Quantität alles, Qualität praktisch nichts. Der junge Mann, der seinen Freunden erzählt, daß er und seine Freundin sich eine Stunde lang bloß gestreichelt haben, daß es aber ein »phantastisches Erlebnis« war, würde wahrscheinlich ausgelacht, weil er es nicht geschafft hat, »aufs Ganze« zu gehen.

Da der Geschlechtsverkehr das sexuelle Ziel des Mannes ist, folgt daraus, daß Masturbation, die nicht direkt zur Erreichung dieses Ziels beiträgt, keinen praktischen Zweck erfüllt und somit nicht akzeptabel ist. Sie bringt nur Genuß, und vom traditionellen männlichen Standpunkt aus gesehen ist Genuß als Selbstzweck nicht zulässig.

Masturbation und Schuldgefühle

Weil wir als Kinder von der Masturbation gewarnt worden sind, und auch weil sie im Ruf steht, nur ein armseliger Ersatz für den Geschlechtsverkehr zu sein, fühlen sich die meisten von uns schlecht, wenn sie sich darauf einlassen. Das hält uns jedoch nicht davon ab, es zu tun. Das Dumme dabei ist nicht, daß es uns an Selbstbeherrschung fehlt, sondern daß unser schlechtes Gewissen und/oder unsere Schamgefühle uns daran hindern, die Selbstbefriedigung voll zu genießen und zu dem befreienden und befriedigenden Erlebnis zu machen, das sie sein kann. Beim Masturbieren haben die meisten von uns nur ein einziges Ziel vor Augen. Wir sagen uns, daß diese gelegentlichen »Ausrutscher« nur einem Zweck dienen - die sexuelle Spannung abzubauen. Folglich bringen wir den Akt so schnell wie möglich hinter uns - je schneller wir zum Orgasmus kommen, desto besser. Nur selten geben wir uns die Chance zu erkennen, daß Masturbation keine beschämende Notlösung ist, sondern tatsächlich eine der besten Möglichkeiten, mehr über unsere sexuellen Reaktionen und darüber zu lernen, wie wir unsere Empfindsamkeit für sexuelle Stimulierung steigern können - Lektionen, die anschließend mit enormem Gewinn in den Partnersex eingebracht werden können.

Es mag für viele Männer ein Schock sein zu lesen, daß Masturbation empfohlen wird. Ich kann die Leser schon rufen hören: »Wollen Sie den Jungs tatsächlich erzählen, daß es gut für sie wäre, sich einen runterzuholen?« Genau das will ich, aber die Art von Masturbation, die ich befürworte, hat nur wenig mit dem hastigen, zielorientierten, spannungslösenden Erlebnis zu tun, das so passend mit Ausdrücken wie »abwichsen«, »einen runterholen« beschrieben wird.

Die meisten Männer, die masturbieren, brauchen durchschnittlich eine bis drei Minuten bis zum Orgasmus - manchmal schaffen sie es in weniger als dreißig Sekunden! Der Wunsch, schnell zu ejakulieren, entspringt der Jugendzeit und ihrer Angst, von einem Elternteil oder von Geschwistern ertappt zu werden. Die meisten Heranwachsenden, die ja wissen, daß ihre Eltern die Masturbation mißbilligen, zögern verständlicherweise, das Experiment zu verlängern. Sie wollen es schnell hinter sich bringen und Beweise vernichten, ehe Mami oder Papi dahinterkommen. Dieses Muster wird im College mit seinen Schlafsälen oder Wohngemeinschaften noch verstärkt. Denn obwohl fast jeder junge Mann masturbiert, will doch keiner, daß die anderen davon wissen. Später, wenn ein Mann mehr Privatsphäre hat, ist diese Heimlichtuerei nicht mehr nötig, aber die Gewohnheit bleibt. Er übernimmt für sich die negativen Ansichten seiner Eltern und Kameraden. Der Mann fürchtet jetzt vielleicht nicht mehr die Entdeckung, dafür aber den Verlust seiner Selbstachtung. Deshalb bemüht er sich, den Akt der Masturbation vor seinem Bewußtsein geheimzuhalten, abgeschnitten von seinem reifen, respektablen Alltagsleben.

Ganz wörtlich befolgt er den Bibelspruch, daß die rechte Hand nicht wissen soll, was die linke tut. Dadurch, daß er den Genuß, der durch Masturbieren erzielt werden kann, auf den kurzen Augenblick der Ejakulation reduziert, hält er sein Vergnügen so gering wie möglich und kann so auch seine Schuldgefühle unterdrücken. Meine eigenen Masturbationserfahrungen als Jugendlicher waren die typischen hastigen und verstohlenen Handlungen, gefolgt von Schuldgefühlen und Verlegenheit, wenn ich die Spermaflecken auf meinen Laken sah.

Die Praxis dieses schnellen, ejakulationsorientierten Masturbierens kann als ein weiterer Aspekt des Bildes von der männlichen Sexmaschine betrachtet werden. Der Mann, der seinen Penis in der einzigen Absicht stimuliert, so schnell wie möglich zu kommen, behandelt sich selbst tatsächlich wie eine Art Maschine. Aber der Penis ist nicht in erster Linie ein Mechanismus. Es handelt sich um einen wesentlichen Teil von Ihnen, einen Teil des komplexen Musters aus körperlichen und psychischen Komponenten, die Sie zu einem menschlichen Wesen machen.

Auch ist Ihr Penis nicht der einzige Teil an Ihnen, der sexuell reagiert. Er verfügt über eine sehr hohe Konzentration von Nervenenden. Aber das gilt auch für andere Teile Ihres Körpers, etwa Ihre Hände, Schenkel und das Gesicht. Und wie jeder weiß, der einmal massiert wurde, ist der Rücken ebenfalls außerordentlich empfänglich für angenehme Gefühle. Was ich damit sagen will, ist, daß Ihr ganzer Körper ein sexuelles Organ ist. Ihr Verstand ist Ihr wichtigstes Sexualorgan, Ihr Penis das zweite. Masturbation muß nicht nur eine Möglichkeit sein, kurze, intensive Gefühle im Penis auszulösen. Sie kann auch eine Methode sein, das sexuelle Potential des gesamten Körpers zu wecken.

Gönnen Sie sich die Freude

Die langsamere, sinnliche Ganzkörpermasturbation, die ich empfehle und in allen Einzelheiten beschreiben möchte, mag für viele Männer in gewisser Weise bedrohlich erscheinen. Um ihre Schuldgefühle loszuwerden, reden sie sich ein, daß sie nicht wegen der sexuellen und erotischen Gefühle masturbieren, sondern ausschließlich, um Spannungen abzubauen. Es kann jedoch keinen Zweifel daran geben, daß Sie eine erotische Handlung vornehmen, wenn Sie langsamer masturbieren und sich auf das Vergnügen konzentrieren, das Sie erleben. Dies mag zuerst beunruhigend sein. Vielleicht haben Sie Angst, daß Gedanken und Gefühle auftauchen, die Ihnen unangenehm sind, und daß sie das Steuer übernehmen können. Tatsächlich kann die sinnlich orientierte Masturbation Ihnen etwas von sich zeigen, dessen Sie sich noch nicht bewußt waren. Doch derartige Erkenntnisse müssen Sie nicht fürchten. So, wie Sie lernen müssen, sich selbst zu schätzen und zu respektieren, damit sie die Liebe von anderen akzeptieren können, so müssen Sie auch lernen, die Reaktionen und Empfindungen Ihres eigenen Körpers anzunehmen, damit Sie sich bei der sexuellen Stimulierung einer Partnerin wohl fühlen können.

Die Vorstellungen, die die meisten von uns von ihrer eigenen Sexualität haben, sind unnötig starr. Die Tatsache, daß Sie auf Ihren Körper eingehen können, macht Sie noch nicht zum Narziß. Im Gegenteil: Wenn ein Mann kein phantasievoller, reaktionsfähiger Liebhaber ist, dann läßt sich das oft auf die Tatsache zurückführen, daß er mit seinem eigenen Körper nicht im Einklang ist. Indem wir die Fähigkeit entwickeln, eine größere Spannbreite von Sinnlichkeit und Lust zu erfahren, werden wir durch die Selbstbefriedigung wahrscheinlich mehr Genuß erleben, als wir für möglich gehalten hätten. Ebenso wichtig ist, daß uns unser gesteigertes Selbstbewußtsein auch die sexuellen Bedürfnisse und Reaktionen unseres Partners deutlicher bewußt werden läßt. Ehe wir unseren Partner bei der Berührung anleiten können, die uns am stärksten erregt, müssen wir diese Stimulierung erst selbst entdecken und akzeptieren. Ein sexuell bewußter Mann ist einer, der seine Sexualität kennt, der die Verantwortung dafür übernimmt und der sensibel mit einer Partnerin interagiert. So kann das Masturbieren Ihre Männlichkeit noch verstärken.

Arthur

Arthur, einer meiner Patienten, ist ein gutes Beispiel dafür, wie verschieden sich mechanische und sinnliche Masturbation auf das Sexualleben eines Mannes auswirken können. Arthur war Reporter einer großen Lokalzeitung, siebenunddreißig Jahre alt, geschieden, und konnte auf zwanzig Jahre Leiden an vorzeitigem Samenerguß zurückblicken, eine Folge seiner allgemeinen sexuellen Unsicherheit. Seit seiner Jugend hatte Arthur hastig und heimlich masturbiert. Seine einzige Erinnerung an ein Gespräch über Sex mit seinem Vater war der Satz: »Wenn ich dich jemals dabei erwische, daß du an dir 'rumspielst, schlage ich dich grün und blau!« Das hielt Arthur nicht vom Masturbieren ab, weckte aber seine Angst- und Schuldgefühle und sorgte dafür, daß er immer schneller reagierte.

Bei seinen sexuellen Erlebnissen mit Frauen ejakulierte Arthur immer zu schnell. Arthur hatte nur wenig Verständnis für und Freude an zärtlicher Berührung und sinnlichem Vergnügen. Er wandte sich an mich, um sein Problem des vorzeitigen Samenergusses zu überwinden, damit er zuversichtlicher an eine neue Beziehung mit einer Frau herangehen konnte. Als Teil seiner Therapie forderte ich ihn auf, sich selbst zu berühren, seinen Körper zu erforschen, ohne jedoch zum Orgasmus zu kommen. Als er es zum ersten Mal tat, fühlte er sich ausgesprochen unwohl und kam sich albern dabei vor, aufzuhören, ehe er ejakuliert hatte. Aber das zweite Mal war besser, und das dritte noch besser. Nach drei Wochen war Arthur in der Lage, sich selbst für einen längeren Zeitraum zu stimulieren und ein hohes Erregungsniveau zu erreichen, während er bewußt die Kontrolle über seine Ejakulation behielt. Er lernte, daß der Weg dahin als solcher schon Genuß bedeutete. Er konnte sich zehn bis fünfzehn

Minuten selbst stimulieren, ohne einen Orgasmus zu haben. Und wenn er ihn dann bekam, fand er ihn schöner und befriedigender als zuvor. Diese Erfahrung half ihm, sein Problem des vorzeitigen Samenergusses mit einer Partnerin zu überwinden.

Anregungen für eine sinnlichere Masturbation

Wenn das Masturbieren für gewöhnlich auch mit dem Orgasmus endet, so sollten Sie doch versuchen, sich von der vorgefaßten Meinung zu lösen, daß jede derartige Erfahrung mit dem Orgasmus enden *muß*. Vergessen Sie nicht: Wir versuchen uns von dem Konzept der »Sexmaschine« zu lösen. Konzentrieren Sie sich darauf, Ihre Genitalien und den Rest Ihres Körpers auf verschiedene Arten zu stimulieren, und beobachten Sie Ihre Reaktionen. Widerstehen Sie der Versuchung, ein bestimmtes Gefühl als gut oder schlecht zu beurteilen, je nachdem, ob es eine starke Erektion hervorruft oder die Ejakulation beschleunigt. Ich bestreite gar nicht die Tatsache, daß – wenn man von der Intensität des Vergnügens ausgeht – die Ejakulation den Höhepunkt eines jeden sexuellen Erlebnisses darstellt. Doch um unsere Fähigkeit der erotischen Reaktion zu vertiefen und auszudehnen, sollten wir in der Lage sein, gelegentlich den Höhepunkt außer acht zu lassen, um die Spannbreite unserer sinnlichen Empfindungen zu erforschen. Versuchen Sie, sich keine Sorgen zu machen, wenn eine bestimmte Art der Stimulierung Sie dem Orgasmus nicht näherbringt. In gewissem Maß sind wir alle ejakulationssüchtig und würden am liebsten sagen: »Vergessen wir den ganzen Quatsch. Nehmen wir die Sache mit ein paar altmodischen Übungen in die Hand«, wenn die langsame Ganzkörperstimulierung keine starke Reaktion hervorruft. Wenn Sie aber frustriert sind und sich selbst schnell zum Orgasmus verhelfen, dann setzen Sie sich deswegen nicht herab. Es gibt immer noch ein nächstes Mal. Nur vergessen Sie nicht: Auch wenn Sie in diesem Augenblick nicht stark reagiert haben, heißt das noch lange nicht, daß Sie Ihre Fähigkeit zur Reaktion verloren hätten. Die Ejakulation ist möglich, wann immer Sie sie wollen. Also entspannen Sie sich und genießen Sie.

Außerdem sind die meisten von uns, sogar diejenigen, die sich in anderen Bereichen für liberal oder flexibel halten, erzkonservativ, wenn es um Masturbationstechniken geht. Einen Mann, der jedesmal, wenn er im Restaurant ißt, Roastbeef mit Backkartoffeln bestellt, halten wir für ziemlich langweilig. Aber genau so verhalten sich die meisten von uns, wenn es um Selbstbefriedigung geht. Der Durchschnittsmann entwickelt in seiner frühen Jugend eine bestimmte Masturbationstechnik, und von nun an bis zu dem Tag, an dem sich sein Penis und seine Hand verabschieden, klammert er sich an diese Technik und ist dabei noch die ganze Zeit überzeugt, daß es die einzig mögliche ist. Es mag diese Dickschädel überraschen zu hören, daß es ebenso viele Masturbationstechniken wie Masturbierende gibt. Masters und Johnson stellten fest, daß keine zwei ihrer Testpersonen genau dieselbe Methode anwandten. Und dennoch kommt es kaum einem von uns in den Sinn, die Technik zu variieren, an die wir uns gewöhnt haben. Wieder scheinen wir entschlossen, gar nicht zu versuchen, das Vergnügen zu steigern. Nicht nur zu Experimentierfreudigkeit bei der Liebe sollte aufgerufen werden; dasselbe gilt auch für die Masturbation.

Schließlich noch ein paar Worte zum Umgang mit Ängsten: Sie stellen vielleicht fest, daß einige der Übungen ungute Gefühle in Ihnen hervorrufen. Das ist ganz verständlich. Schließlich lassen sich die Gewohnheiten eines ganzen Lebens nicht einfach abschütteln. Wichtig ist hierbei nur: Wenn die Berührung an einer bestimmten Stelle oder auf eine bestimmte Art nicht gut für Sie ist, dann brechen Sie nicht gleich ganz ab, sondern gehen Sie zu einem früheren Schritt zurück, der keine Ängste in Ihnen geweckt hat. Oder wenn Sie für einen Moment aufhören – dann tun Sie es mit der Absicht, die Übung wieder aufzunehmen, sobald die Ängste sich aufgelöst haben. Auf diese Weise können Sie Ihre Selbsterkundung in langsamen, einfachen Schritten durchführen, ohne Ihren Ängsten nachzugeben oder zu Ihrem starren System zurückzukehren. Ihr Ziel ist es nicht, zum Orgasmus zu gelangen, sondern vielmehr, Ihren Körper zu erforschen. Vergessen Sie nicht, Sie tun das für sich selbst. Sie haben es verdient, sanft und mit Respekt behandelt zu werden. Jede Masturbationstechnik ist normal, solange sie keine körperlichen Schäden nach sich zieht.

Körpererfahrung und Masturbationsübungen

Als Jugendliche masturbieren wir als Reaktion auf sexuelle Spannungen, für gewöhnlich, ohne uns groß Gedanken zu machen, wie wir es tun. Die Hand bewegt sich ohne bewußten Gedanken zum Penis, die Bewegungen folgen den ausgefahrenen Pfaden eines gewohnheitsmäßigen Musters. An dieser Art Masturbation ist nichts falsch, aber sie erfüllt keinen anderen Zweck als den, für einen einfachen, unkomplizierten Höhepunkt zu sorgen und geistigen oder körperlichen Druck abzubauen. Wie die meisten Gewohnheiten bewegt sie sich nur in einem engen Kreis aus Wunsch und Belohnung und führt zu nichts. Tatsächlich ist die Masturbation für viele Männer eine Reaktion auf ihre Ängste und keine angenehme Erfahrung. Ich ermutige diese Männer nur dann zu masturbieren, wenn sie »scharf« sind oder ein sexuelles Ventil benötigen, nicht zur Beruhigung ihrer Ängste. Es gibt psychologisch gesundere Möglichkeiten, mit Ängsten umzugehen, als gerade Masturbation.

Übung 1. Um aus der Masturbation einen Lernvorgang zu machen, müssen wir das Muster verändern. Entspannung von Körper und Geist ist wichtig, um die Bühne für eine solche Erfahrung vorzubereiten. Ein gemütliches Bad oder eine Dusche sind ein guter Anfang. Wenn Sie sich waschen – mit parfümierter Seife, falls Sie wollen –, massieren Sie Ihre Arme, Schultern, den Rücken und die Beine. Wahrscheinlich haben Sie eine innere Uhr, die Ihnen sagt, wie lange Sie in der Wanne bleiben »dürfen«. Kümmern Sie sich nicht darum. Erlauben Sie sich, so lange zu bleiben, bis Sie ganz entspannt und erfrischt und bereit sind zum nächsten Schritt. Werden Sie sich Ihrer Gefühle bewußt, wenn Sie von einer feuchten Umgebung zu einer trockenen wechseln – das Tropfen des Wassers von Ihrem Körper, das leichte Frösteln, wenn es kalt ist, die winzigen, sauberen Schweißperlen, wenn es heiß ist. Trocknen Sie sich gründlich ab, konzentrieren Sie sich dabei auf das Gefühl des rauhen Handtuchs auf Ihrer Haut.

Ohne sich anzuziehen, gehen Sie nun ins Schlafzimmer und treffen alle Vorbereitungen, die nötig sind, damit Sie sich wohl fühlen. Dazu gehört vielleicht, daß Sie das Licht herunterdrehen, Musik auflegen, die Klimaanlage einschalten. Legen Sie sich in unverkrampfter Haltung aufs Bett. Genießen Sie das Gefühl körperlicher Freiheit. Denken Sie daran, niemand beobachtet Sie oder beurteilt, wie Sie aussehen. Sie können einen Zustand der Entspannung erzielen, indem Sie die Muskeln in jedem Körperteil nacheinander anspannen und sich dann auf das Gefühl konzentrieren, wenn Sie die Spannung lösen. Atmen Sie langsam, tief und gleichmäßig, wiederholen Sie für sich das Wort *entspannen* im Einklang mit Ihrem Atem.

Sobald Sie völlig entkrampft sind, rollen Sie sich auf die Seite und konzentrieren Sie sich darauf, wie sich Ihr Körper bei der Bewegung fühlt. Berühren Sie sich langsam und sanft, meiden Sie zu diesem Zeitpunkt aber den Genitalbereich. Vielleicht versuchen Sie es zuerst mit geschlossenen Augen, damit Sie sich besser auf die Empfindungen konzentrieren können. Wandern Sie von den Füßen zum Kopf, achten Sie darauf, was in jedem Teil Ihres Körpers vorgeht, wenn Sie ihn berühren. Verändern Sie den Druck Ihrer Berührung, erst leicht, dann stärker, achten Sie auf Ihre Reaktion auf unterschiedliche Arten von Berührung.

Wenn Sie meinen, Ihren Körper mit Hilfe von Berührungen ausreichend erkundet zu haben, gehen Sie zur visuellen Erforschung über. Stehen Sie auf und betrachten Sie sich in einem großen Spiegel. Versuchen Sie, Ihren Körper objektiv zu betrachten, so, wie Sie sich vielleicht eine Skulptur ansehen würden. Anstatt nun ein Urteil über sich selbst abzugeben, konzentrieren Sie sich auf die Kurven und Formen unterschiedlicher Teile Ihres Körpers, beachten Sie, wie sie zusammenpassen. Sie könnten einen zweiten Spiegel benutzen, um Ihren Körper von hinten zu sehen. Sehen Sie sich auf eine Art und Weise an, wie Sie es noch nie getan haben, etwa mit dem Rücken zum Spiegel, nach vorn gebeugt, durch die Beine blikkend.

Jetzt konzentrieren Sie sich auf Ihre Genitalien. Untersuchen Sie Ihren Penis, betrachten Sie ihn und berühren Sie ihn an verschiedenen Stellen, einschließlich der Eichel und des Schafts. Untersuchen Sie Ihr Skrotum und die Hoden. Beachten Sie, wie Ihre Genitalien aussehen, wenn Sie stehen, sitzen oder liegen. Diese Erforschung soll Ihnen helfen, sich mit Ihrem Körper vertraut zu machen. Wenn Sie glauben, dieses Ziel erreicht zu haben – und das kann eine oder auch mehrere Sitzungen erfordern – können Sie zur zweiten Übung übergehen.

Übung 2. Bereiten Sie sich auf die zweite Übung mit einem entspannenden Bad oder einer Dusche vor, gefolgt von ein paar Minuten tiefen Atmens und Muskelentspannung. Diesmal konzentrieren Sie sich auf spezifische erotische Empfindungen. Berühren Sie sich so, wie Sie es als besonders angenehm empfinden. Versuchen Sie, Ihre Brustwarzen zu stimulieren, die bei manchen Männern äußerst empfindlich sind, ebenso wie bei Frauen. Beachten Sie, wie sie sich beim Streicheln oder Massieren aufrichten.

Lassen Sie sich Zeit, streicheln Sie die Innenseiten Ihrer Schenkel. Fahren sie mit den Fingern durch Ihr Schamhaar und achten Sie darauf, welche Empfindungen das in Ihnen auslöst. Schließlich führen Sie Ihre Hand zum Penis. Experimentieren Sie mit verschiedenen Arten von Berührung und Streicheln, bis Sie entdeckt haben, was Sie am erregendsten finden. Versuchen Sie es mit einer Technik der Penisstimulierung, die Sie für gewöhnlich nicht anwenden. Wenn Sie normalerweise fest streicheln, versuchen Sie es jetzt ganz sanft. Wenn Sie daran gewöhnt sind, nur den Schaft Ihres Penis zu streicheln, dann konzentrieren Sie sich jetzt auf die Eichel. Experimentieren Sie mit dem Streicheln und Pressen Ihrer Hoden, benutzen Sie dazu die andere Hand. Sie können damit bis zum Orgasmus fortfahren, aber setzen Sie sich nicht unter Druck, indem Sie meinen, einen haben zu *müssen.* Ziel dieser Übung ist es, Ihnen zu helfen, neues Wissen zu erlangen und sich mit genitaler Stimulierung wohl zu fühlen.

Übung 3. Konzentrieren Sie sich anfangs auf das Berühren und Liebkosen anderer Bereiche als der Genitalien und beachten Sie, welche Arten von Stimulierung Ihnen am meisten bringen. Vielleicht möchten Sie erotische Literatur oder Bilder zur Steigerung Ihrer Erregung heranziehen. Die Mehrzahl der Männer gibt sich bei der Masturbation ihren Phantasien hin, also müssen Sie keine Hemmungen haben, geschriebenes oder Bildmaterial einzusetzen, um dieses Erlebnis zu steigern. Gehen Sie nicht wieder in die Falle und glauben Sie nicht, sich schnell und auf die Genitalien orientiert bis zum Orgasmus stimulieren zu müssen, sondern werden Sie sich – während Ihre Erregung langsam wächst – des gesamten Zyklus sexueller Stimulation bewußt. Sehen Sie, wie Ihr Penis größer und härter wird, je näher die Ejakulation rückt, wie die Eichel anschwillt und von Blut durchströmt wird. Spüren Sie, wie sich jeder Muskel in Ihrem Körper anspannt.

Kurz ehe Sie anfangen zu ejakulieren, beachten Sie die positiven Empfindungen an dem Punkt, an dem eine Ejakulation unvermeidlich ist, wenn der Orgasmus nicht länger Ihrem Willen unterliegt. Wenn Sie dann eine bis drei Sekunden später anfangen zu ejakulieren, konzentrieren Sie sich auf diese Augenblicke intensivster Gefühle. Fühlen Sie, wie sich die Ejakulationskanäle im Penis zusammenziehen, sehen Sie den Samen an, wenn er aus dem Penis spritzt. Nach der Ejakulation beobachten Sie, wie ihr Penis schlaffer wird. Beachten Sie auch, wie Ihr Atem und Ihr Herzschlag, die während der Erregungsphase schneller gingen, jetzt wieder auf ein normales Niveau zurückkehren. Fühlen Sie sich nach dem Orgasmus schläfrig oder energiegeladen? Untersuchen Sie Ihren Samen. Wie fühlt er sich an? Wie riecht er? Versuchen Sie, sich daran zu gewöhnen und sich damit wohl zu fühlen. Vielleicht probieren Sie einen Tropfen mit der Zunge, um zu erfahren, wie er schmeckt. Ziel dieser Übung ist es, Ihnen zu helfen, die natürliche Funktion Ihres Körpers während der sexuellen Erregung zu akzeptieren und gutzuheißen.

Übung 4. Bei dieser letzten Übung setzen Sie Ihr Experiment fort, um die Art von Stimulierung herauszufinden, die am erregendsten für Sie ist. Fügen Sie dieser Übung eines oder mehrere Elemente hinzu, die Sie bisher noch nicht probiert haben. Vielleicht möchten Sie einmal ein Gleitmittel ausprobieren, Öl oder eine Creme. Oder versuchen Sie, bäuchlings zu masturbieren, indem Sie Ihren Penis am Laken oder Kissen reiben. Setzen Sie gleichzeitig auch die nicht-genitale Berührung ein, die Sie zu genießen gelernt haben. Fühlen Sie sich frei, jede Phantasie oder erotisches Material zur geistigen Stimulierung zu Hilfe zu nehmen. Tun Sie sich keinen Zwang an und genießen Sie den Prozeß, sich selbst zum Orgasmus zu bringen. Zelebrieren Sie das volle Ausmaß Ihrer Erregungskapazität.

Die positive Rolle der Masturbation

Wenn Sie diese Übungen abgeschlossen haben, sollte Ihnen klarsein, daß die Masturbation alles andere als ein »armseliger Ersatz für das Eigentliche« ist. Sie kann vielmehr eine lohnende sexuelle Erfahrung bedeuten. Zu lernen, die Selbstbefriedigung einzusetzen, um sich Vergnügen zu bereiten und sich Kenntnisse anzueignen, und nicht nur als penis-orientiertes sexuelles Sicherheitsventil, ist eine ausgezeichnete Art, sich mit seinem Körper und seiner angeborenen gesunden Reaktion auf Erregung vertraut zu machen. Es ist erstaunlich, wie die Selbststimulierung des ganzen Körpers in eine völlig neue Welt erotischer Gefühle führen kann, wenn sie nicht länger auf die kurzen drei bis zehn Sekunden des Orgasmus beschränkt ist und Sie allmählich empfänglich dafür werden. Das ist nicht nur an und für sich äußerst angenehm, sondern es kann auch dazu beitragen, daß Sie effektiver auf Ihre Partnerin reagieren, beim Liebesspiel, Geschlechtsverkehr und beim Nachspiel.

VIERTES KAPITEL

Der unverheiratete Mann

Bis in die sechziger Jahre unseres Jahrhunderts hinein wurde Sexualität zwischen unverheirateten Personen in unserer Gesellschaft inoffiziell von der sexuellen Doppelmoral geregelt. Von unverheirateten Männern und unverheirateten Frauen wurde erwartet, daß sie sich gänzlich verschiedenen Verhaltensformen unterwarfen. Ein heranwachsender Junge hatte das Ziel, voreheliche sexuelle Erfahrungen zu sammeln. Unerfahrenheit war peinlich, galt als Schande. Kein männlicher Heranwachsender über sechzehn hätte zugegeben, eine »Jungfrau« zu sein (wenngleich die meisten es waren). Der junge Mann, der die meisten Frauen »umlegte«, erregte Neid und Bewunderung seiner Kameraden. Die heranwachsende Frau dagegen lernte, daß ihre Sexualität ein kostbarer Besitz war, der geschützt werden mußte - bis sie ihn unbefleckt einem Ehemann (oder wenigstens einem Verlobten) schenken konnte. Die Grenzen dessen, was an weiblichem Sexualverhalten noch erträglich war, variierten von Familie zu Familie und von Gemeinschaft zu Gemeinschaft, aber eine Regel galt überall: Unverheiratete Frauen sollten nicht »aufs Ganze gehen«. Man erwartete, daß sie bis nach ihrer Hochzeit Jungfrauen blieben oder aber vorehelichen Sex nur mit dem Mann hatten, den sie zu heiraten gedachten.

Druck auf Frauen

Diese Doppelmoral sorgte für ein interessantes Dilemma. Wenn man von den jungen Männern erwartete, vor der Ehe sexuelle Erfahrungen zu sammeln, von den jungen Frauen aber nicht, mit wem sollten die jungen Männer dann ihre Erfahrungen machen? Die Lösung dieses Problems hing von der Existenz zweier unterschiedlicher Klassen unverheirateter Frauen ab - den »anständigen« und den »unanständigen« Mädchen. Die anständigen Mädchen, das waren natürlich diejenigen, die dem gesellschaftlichen Diktat folgten und jungfräulich lebten. Unanständige Mädchen waren jene, die nachgaben - die Geschlechtsverkehr hatten und deshalb »willig« waren. Tatsächlich wurde diese Trennung nicht so scharf gehandhabt. Nicht jedes Mädchen, das vor der Ehe Sex hatte, wurde »unanständig«. Nur wenn ein Mädchen in den Ruf kam, »leicht zu haben« zu sein, war ihre soziale Stellung in Gefahr. Interessant ist hierbei, daß dies genau das Gegenteil der Situation ist, der sich die Männer gegenübersahen; stand ein junger Mann im Ruf der Promiskuität, stieg er höchstens noch in der Achtung.

Druck auf Männer

Dieses Verhaltensmuster ließ bei unverheirateten Männern mehr sexuelle Freiheit zu als bei unverheirateten Frauen. Es bedeutete aber auch gewisse Restriktionen für die Männer und ihre sexuellen Möglichkeiten. Da es als unerläßliches Zeichen von Männlichkeit galt, eine Frau »rumzukriegen«, wurde Sex wettbewerbs- und leistungsorientiert. Es ging so weit, in Frauen nur Objekte zu sehen, Trophäen im Sex-Spiel. Einem jungen Mann, der versuchte, eine junge Frau »aufs Kreuz zu legen«, wurde viel nachgesehen. Man erwartete, daß er verlogen und verführerisch wäre, der Frau größere Liebe oder Verantwortung vorheuchelte, als er tatsächlich empfand - alles, damit sie »mitmachte«, mit ihm ins Bett ging. Die Sprüche der Männer, mit denen sie die Frauen überzeugen wollten, Sex zu haben, lieferten den Stoff für Witze und Bücher. Sie änderten sich mit der Mode, aber es galt immer noch: Alles war Spiel, Manipulation.

Dieses beständige Drängen seitens der jungen Männer brachte ihnen den Ruf ein, »immer nur das Eine zu wollen« - womit natürlich Sex gemeint war. Dabei war es gar nicht die sexuelle Erfahrung, die sie zu ihren Bemühungen anspornte; es war vielmehr der Ruhm, Sex gehabt zu haben, diese wichtige Erfahrung, die so unerläßlich war, um die Männlichkeit eines Heranwachsenden zu bestätigen. Sex als Status, Sex als Erfüllung - diese Punkte spielten die Hauptrolle für einen jungen Mann, wenn es darum ging, sexuelle Beziehungen einzugehen. Natürlich spielten auch echte sexuelle Empfindungen eine Rolle. Aber die Qualität der Erfahrung an sich wurde übersehen oder als unwichtig betrachtet. Wichtig war der Wettstreit unter den jungen Männern. Wie beim Poker war das Bluffen eine legitime Taktik in diesem Spiel, und so konnte ein junger Mann sich eigene Eroberungen ausdenken oder sie zumindest stark übertreiben, um in den Augen seiner Kumpel besser dazustehen. Das ist die Grundlage für das männliche Verhaltensmuster, das sich durchs ganze Leben erstreckt - angeben und niemals Probleme zugeben oder Fragen stellen, immer der wortkarge Experte bleiben.

Die meisten jungen Männer waren so mit diesem Wettkampf beschäftigt, daß ein großer Teil des Genusses verlorenging. Vorehelicher Sex war von solch negativen gesellschaftlichen Sanktionen begleitet, daß junge Leute - männlich wie weiblich - viel zu ängstlich waren, um das eigentliche Erlebnis auch nur annähernd zu genießen. Das Problem war, daß die doppelte Moral Männern und Frauen nicht nur zwei völlig getrennte Verhaltensweisen aufzwang, sondern sie auch noch zu schlechten Sexpartnern machte. Beide neigten dazu, sich viel zu sehr mit stereotypem Rollenverhalten zu identifizieren - mit anderen Worten, von Männern wurde erwartet, daß sie aggressiv seien, Frauen dagegen passiv. So wurden beiden Geschlechtern ganze Bereiche der Erfahrung und des Genusses verwehrt. Die Männer waren wild auf Sex, bereit, verschiedene sexuelle Verhaltensweisen auszuprobieren, sexuell relativ zügellos. Andererseits schienen sie unfähig zu Zärtlichkeit und Wärme, konnten ihre Gefühle nicht in den körperlichen Ausdruck ihrer Sexualität integrieren. Für Männer bedeutete Sex »Geschlechtsverkehr«. Wenn es nur Zärtlichkeit und Liebesspiele gab, dann hatte die Frau ihn zum Narren gehalten und er ordnete sie als »falschen Fuffziger« ein. Frauen waren meist nicht so enthusiastisch, wenn es um Sex ging, weniger zu Abenteuern bereit und hatten mehr Angst vor ihrer eigenen Sexualität. Aber sie schienen offener und reaktionsfreudiger in zwischenmenschlichen Beziehungen zu sein, wußten Zärtlichkeit und Sinnlichkeit mehr zu schätzen.

Abrücken von der Doppelmoral

In den letzten beiden Jahrzehnten haben in unserer Einstellung gegenüber der Sexualität große Veränderungen stattgefunden, und vieles bezieht sich hierbei auf die voreheliche Sexualität. Die restriktive Doppelmoral ist in der Gesellschaft nicht mehr vorherrschend. Immer mehr Frauen legen ihre passive Rolle ab und werden aktiv, lassen sich auf die Sexualität ein. Die alten Sanktionen gegenüber vorehelichem Sex sind zusammengebrochen, und heutzutage ist es für unverheiratete Männer und Frauen normal, miteinander zu schlafen. Vorher hatten etwa 80 Prozent der Männer Sex vor der Ehe, dagegen nur ungefähr 50 Prozent der Frauen. Jetzt sieht es so aus, als wären es 90 Prozent der Männer gegenüber 80 Prozent der Frauen. Je älter die betreffende Person bei der Hochzeit ist (und der Durchschnitt liegt jetzt - in Amerika - bei fünfundzwanzig für die Männer und dreiundzwanzig für die Frauen), desto wahrscheinlicher ist es, daß er oder sie schon voreheliche Erfahrungen hatte. Das Durchschnittsalter beim ersten Geschlechtsverkehr beträgt heute siebzehn bei den Männern und neunzehn bei den Frauen. Wenn es auch so aussieht, als wäre die alte Doppelmoral im Verschwinden begriffen, so müssen wir uns doch fragen, ob das System, das an ihre Stelle tritt, eine Verbesserung bedeutet, wenn wir von einer gefühlvollen, genußreichen Annäherung an die Sexualität sprechen.

Die neue Einstellung scheint zu fordern, daß Männer wie Frauen den aggressiven, wettbewerbsgeladenen Standard erfüllen, der früher ausschließlich für Männer galt, und es besteht die große Gefahr, daß Frauen wie Männer der Leistung mehr Bedeutung zumessen als dem Vergnügen. Dies wurde ironisch demonstriert, als Masters und Johnson ihre Forschungsergebnisse über den multiplen Orgasmus der Frauen vorlegten. Plötzlich gab es neue Leistungsansprüche, einen neuen Standard, an dem sich die sexuelle Fähigkeit messen ließ. Viele Frauen, die sich für sexuell liberal hielten, machten sich plötzlich Sorgen, wenn sie nie multiple Orgasmen gehabt hatten (nicht einmal eine von fünf erwachsenen Frauen ist dazu fähig, und die Zahl ist noch niedriger, wenn es um heranwachsende und junge Frauen geht). Derzeitige Studien weisen darauf hin, daß sich diese neuen Leistungsansprüche in Form sexueller Fehlfunktionen manifestieren können. Es gibt immer mehr Frauen, die Orgasmen erlebt haben, es jetzt aber nicht mehr tun, höchstwahrscheinlich als Ergebnis ihrer Bemühungen, multiple Orgasmen zu bekommen oder »G«-Punkt-Orgasmen oder was immer den Kriterien der derzeitigen Mode entspricht. Wie schade wäre es, wenn der alte Standard der Doppelmoral durch einen neuen Verhaltenskodex ersetzt würde, der zwingend und einschränkend wäre - indem er Druck ausübt, einen bestimmten Leistungsstandard zu erfüllen -, anstatt wirklich frei zu machen.

Vorehelicher Sex aus der richtigen Perspektive

Zum Teil liegt das Problem sicher in der Tatsache, daß man dem vorehelichen Sex zuviel Beachtung geschenkt hat. Ob er nun durch gesellschaftliche Sanktionen in den Untergrund gedrängt wird, wie es früher der Fall war, oder ob er gefeiert wird und durch alle Medien geht, wie es heute ist, das Ergebnis ist im wesentlichen dasselbe: Der voreheliche Sex wird auf Kosten der reifen Sexualität Erwachsener überbetont. Glauben wir den zeitgenössischen Stereotypen, so ist Sex, der zwischen unverheirateten Menschen zwischen vierzehn und neunundzwanzig stattfindet, recht explosiv, glamourös. Da man mit vorehelichem Sex nur vorehelichen Geschlechtsverkehr meint, wird die Spanne sexuellen Ausdrucks heruntergespielt. Sex als gemeinsamer intimer Genuß von zwei Erwachsenen, die einander zutiefst gern haben, bleibt größtenteils unbeachtet. Ob sie nun nach der alten, repressiven Doppelmoral gelebt haben oder sich heute dem neuen Standard unterwerfen, die jungen Leute fühlen sich viel zu sehr unter Druck gesetzt, sich selbst auf sexuellem Gebiet zu »beweisen«. Vielleicht sollten wir uns nicht mehr fragen: »Sollten sie oder sollten sie nicht?«, sondern sollten uns den vorehelichen Sex mit den Augen eines Menschen ansehen, der ein Leben lang mit seiner Sexualität zu tun hatte. Anstatt die voreheliche Phase als Zeit intensivster sexueller Aktiviät zu sehen - eine Art Wettkampfarena -, sollten wir darin einen Vorstoß in die Welt der erwachsenen Sexualität sehen, eine Art Lehre.

Voreheliche Sexualität - positiv gesehen

Ein ehrlicherer Standard für die voreheliche Sexualität muß entwickelt werden - einer, der das stereotype männliche Streben nach sexueller Betätigung und das Interesse der Frau an Gefühlen und Beziehungen vereint. Statt daß die Frau den Mann nachahmt und sexuell manipuliert und ausbeutet, sollte sie es sich gestatten, sich in einer respektvollen, kommunikativen, nicht manipulativen Beziehung sexuell auszudrücken und einzurichten. Der Mann seinerseits würde lernen, seine Sexualität als Mittel zu akzeptieren, intime Gefühle auszudrücken und zu teilen, Lust zu schenken und zu empfangen, und nicht als ein selbstsüchtiges Verlangen, durch Ausbeutung befriedigt zu werden. Die vielleicht wichtigste Veränderung für einen jungen Mann wäre es, in der Frau ein sexuelles Wesen zu sehen, kein Objekt. Ein Sexualobjekt kann manipuliert, benutzt und schließlich fallengelassen werden. Doch wenn man sie als sexuelles Wesen sieht, wird die Frau jemand, dessen körperliche wie persönliche Bedürfnisse beachtet werden müssen. Ich bin also für eine ehrlichere und respektvollere Beziehung zwischen den Geschlechtern. Männer wie auch Frauen müssen bereit sein, sich zu verändern und zu lernen, und die beste Zeit für diesen Lernprozeß ist der Beginn der sexuellen »Laufbahn« eines Menschen - in den Jahren vor der Ehe.

Ein junger Mann, der daran gewöhnt ist, seine Sexpartnerinnen als Objekte zu behandeln, und der nur wenig Erfahrung im ehrlichen Umgang mit Frauen hat, wird es schwierig finden, sich nach der Hochzeit zu ändern. Ebensowenig blühen Frauen automatisch sexuell auf, wenn sie verheiratet sind. Im Gegenteil: Wenn ihre vorehelichen Erfahrungen ihre Einstellung noch verstärkten, daß sie sich nicht zu frei oder begeistert auf Sex einlassen sollten, dann wird diese Haltung beibehalten. So ist die alte Doppelmoral eine nicht gerade vielversprechende Basis für die Ehe.

Die negativen Auswirkungen der Doppelmoral auf die Frauen sind zu Recht betont worden. Die Frau wird daran gehindert, eine bewußte, verantwortungsvolle, bejahende Einstellung ihrer Sexualität gegenüber zu entwickeln, und dies behindert ihren sexuellen Ausdruck als Erwachsene. Doch es wird immer deutlicher, daß es auf lange Sicht gesehen der Mann ist, der mehr unter den negativen Auswirkungen dieser doppelten Moral zu leiden hat. Der männliche Erwachsene findet es recht schwierig, Gefühle und sexuelle Betätigung in eine wirklich vertraute eheliche Beziehung einzubringen. Mehr noch, es fällt ihm schwer, seine Frau als gleichberechtigte Partnerin und sexuelle Freundin zu sehen. Die Männer lernen es, außerhalb einer vorgegebenen Beziehung sexuell zu sein. Der junge Mann erfährt Verlangen, Erregung und Orgasmus, ohne von seiner Partnerin etwas zu brauchen. Wenn er dann dreißig und älter wird, braucht er eine kooperative, gebende Beziehung, um Sex genießen zu können. Seine voreheliche Erfahrung hindert ihn daran, auf einer solchen Beziehung zu bestehen, und erst recht, sich darauf einzulassen. Es hilft aber ebensowenig, wenn beide Partner sich von dem neueren falschen Standard beeinflussen lassen, nach dem Männer wie Frauen sich den aggressiven Wettkampfregeln zu unterwerfen haben, die einst das sexuelle Verhalten des Mannes beherrschten. So ist es wichtig für die augenblickliche Befriedigung, aber auch, um als Erwachsener sexuelle Erfüllung zu erlangen, daß die jungen Männer (und Frauen) Richtlinien aufstellen, damit sie Entscheidungen bezüglich ihres vorehelichen Sexualverhaltens treffen können, die es ihnen erlauben, sich in ihrer Sexualität wohlzufühlen.

Eine der größten Schwierigkeiten beim vorehelichen Sex ist natürlich die Partnerwahl. In der Vergangenheit war ganz klar, was von jungen Leuten erwartet wurde. Aber heute, wo allgemein akzeptiert wird, daß sich Männer wie Frauen sexuell ausleben, ergeben sich neue Probleme. In einer Gesellschaft, in der es größtenteils dem Individuum überlassen bleibt, wie es sich verhält, wird die Last der Entscheidung viel größer. Wir verfügen nicht mehr über die klaren Ge- und Verbote der Gesellschaft, auf die wir zurückgreifen können. Die Doppelmoral wurde verstanden, wenn sie auch falsch war. Die neuen vorehelichen Standards sind dagegen ausgesprochen verwirrend und unklar. Der vorherrschende voreheliche Standard von Sex mit Zärtlichkeit ist psychologisch vernünftiger, aber komplex und schwer in die Praxis umzusetzen. In gewisser Weise sind wir wie Kinder, denen die Mutter die Keksdose überläßt; die Frage lautet plötzlich nicht mehr: »Wie viele Kekse bekomme ich?«, sondern: »Wie viele Kekse und von welcher Sorte will ich?« Sind wir gezwungen, die Größe unseres Appetits zu beweisen, indem wir so viele verschlingen, wie wir nur bekommen können? Das Problem ist für die Männer größer, denn ihnen hat man eingetrichtert, daß ein echter Mann sich niemals eine Gelegenheit zum Sex entgehen läßt. Deshalb ist es für uns besonders wichtig, einige Grundregeln aufzustellen, um mit unseren sexuellen Beziehungen fertigzuwerden.

Intimitätskreise

Fangen wir damit an, unser normales Gesellschaftsleben zu durchleuchten. Wenn wir an die Menschen denken, deren Leben das unsere berührt, so wird deutlich, daß wir mit vielen Menschen auf unterschiedlichen Niveaus zu tun haben und daß diese Beziehungen nach dem Grad an Intimität eingeordnet werden können, die sie mit sich bringen. Zwischenmenschliche Beziehungen sind natürlich höchst komplex, und jeder Versuch, sie in Kategorien einzuordnen, ist willkürlich. Trotzdem ist es den Versuch wert, denn indem wir das tun, gewinnen wir eine gewisse Klarheit und Perspektive die zwischenmenschlichen Beziehungen im allgemeinen und die sexuellen Beziehungen im besonderen betreffend.

Die Beziehungen des Durchschnittsmenschen lassen sich in fünf Kategorien einteilen. Wir können uns diese Kategorien als eine Reihe konzentrischer Kreise vorstellen. Je näher am Zentrum, desto mehr Intimität ist im Spiel; je größer der Kreis, desto weniger Intimität. Wird die Beziehung enger, wächst der Grad an Vertrauen, Liebe und Gefühlen, aber auch die individuelle Verletzlichkeit.

Zum Kreis E - dem äußeren Kreis - gehören all jene Menschen, deren Leben auf gewisse Weise mit dem Ihren verknüpft ist, von denen Sie aber praktisch nichts wissen, manchmal nicht einmal den Namen. Diese Gruppe, deren Anzahl praktisch unbegrenzt ist, kann Verkäufer einschließen, Busfahrer, Behördenangestellte, Menschen, denen Sie auf der Straße begegnen. Ihre Interaktion mit ihnen ist rein zufällig und erfordert keinerlei Vertrautheit.

Der nächste Kreis - D - umfaßt die Personen, mit denen Sie einen gewissen Grad an Kontakt aufgebaut haben, aber keine richtige persönliche Beziehung - Menschen, die Sie regelmäßig sehen und mit denen Sie gelegentlich über relativ neutrale Themen plaudern. Sie kennen vielleicht ihre Namen und wissen einige Dinge über sie, aber wenn sie plötzlich aus Ihrem Leben verschwinden würden, würde das bei Ihnen keinerlei emotionale Reaktionen hervorrufen. Zu jeder Zeit können einhundert oder mehr derartige Menschen in Ihrem Leben sein, und im Laufe eines ganzen Lebens vielleicht Tausende.

Beziehungen, die einen gewissen Grad an echter Vertrautheit in sich bergen, beginnen mit C. Dies sind Menschen, die Sie als Freunde bezeichnen, Menschen, mit denen Sie einige Ihrer Gefühle teilen und deren Haltung Ihnen gegenüber wichtig ist. Sie mögen diese Menschen, und wenn sie aus Ihrem Leben verschwinden würden, dann würde eine deutliche Lücke entstehen, wenn auch keine verheerende. Kreis-C-Freunde sind diejenigen, die aus Ihrem Leben verschwinden, wenn sich die Umstände ändern - Sie ziehen um, wechseln den Arbeitsplatz, etc. Der Durchschnittsmensch hat vielleicht fünf bis fünfzehn solcher Freunde gleichzeitig, und wahrscheinlich mehr als einhundert im Laufe seines ganzen Lebens.

Kreis B umfaßt enge Freunde, Menschen, die viel von Ihnen wissen und denen Sie genug vertrauen, um Ihre geheimen Gefühle mit ihnen zu teilen. Der Mensch hat im Durchschnitt immer einen, zwei oder drei solcher Freunde und vielleicht zehn bis fünfundzwanzig im ganzen Leben. Mit diesen Menschen versuchen Sie den Kontakt zu halten, selbst wenn Ihre Lebensumstände sich ändern. Die engen Kreis-B-Freundschaften sind ein wichtiger Bestandteil Ihres Lebens und tragen zu Ihrer Selbstachtung bei. Wenn eine enge Beziehung dieser Art zu Ende geht, erzeugt das für gewöhnlich ein Gefühl von Trauer und Schmerz.

Kreis A umfaßt nur sehr enge, intime Beziehungen, wie man sie zu seinem besten Freund hat, einer(m) Geliebten, Ehepartner, oder zu einem Erwachsenen, der als Vertrauter und Mentor fungiert. Diese Beziehungen erfordern nicht nur emotionale Vertrautheit, sondern auch echtes Engagement. Wir lassen zu, daß die Menschen aus Kreis A unsere innersten Gedanken kennen, sich unserer persönlichen Stärken und Schwächen bewußt sind. Dies sind Menschen, denen wir vertrauen, die wir lieben, und wir erwarten wirklich von ihnen, für uns »da zu sein«. Wenn eine Kreis-A-Beziehung endet, sind wir zutiefst verletzt und empfinden starke Verlustgefühle. Im ganzen

Leben hat man normalerweise nicht mehr als sieben bis zehn Kreis-A-Beziehungen, und für viele Menschen gibt es vielleicht nur eine oder zwei.

Wir können dieses Intimitätskreis-Konzept heranziehen, um den Wert zu erforschen, der als Grundlage für unsere Entscheidung über eine sexuelle Beziehung dient. Gemäß der alten Doppelmoral (die davon ausging, daß ein Mann jederzeit willens und fähig sein sollte, mit irgendeiner Frau irgendwo und irgendwann Sex zu haben) wäre jede Frau aus irgendeinem dieser Kreise eine mögliche Sexualpartnerin. Andererseits wurde von der Frau erwartet, nur Sex mit einem Mann des A-Kreises zu haben - nämlich mit ihrem Ehemann oder Verlobten. Die Doppelmoral verlangte vom Mann, zu heucheln und zu manipulieren, um so eine mögliche Partnerin zu überzeugen, daß seine Gefühle tiefergingen, als es tatsächlich der Fall war, daß sein Niveau an Liebe und Gefühl dem des A-Kreises nahekam.

Doch ein solches Verhalten ist eine armselige Vorbereitung auf eine reife Beziehung. So ist es für uns von Vorteil, offen und ehrlich zu sein, wenn es darum geht, welchem Intimitätskreis eine bestimmte Frau, die uns anzieht, angehört. Das heißt nicht unbedingt, daß wir nur mit Frauen der Kreise A und B sexuell verkehren dürfen. Es heißt jedoch, daß wir uns nicht unter falschen Voraussetzungen auf ein sexuelles Erlebnis einlassen sollten. So wäre es für einen Mann und eine Frau akzeptabel, deren Vertrautheitsgrad sie nur in Kreis D einordnet, Sex miteinander zu haben, vorausgesetzt, sie wissen beide, wo sie füreinander stehen, und respektieren einander. Wenn die Frau jedoch mit einer Kreis-D-Beziehung unzufrieden ist und sich einen Vertrautheitsgrad wünscht, der durch Kreis B charakterisiert wird, dann wäre es unakzeptabel für den Mann vorzugeben, daß eine solche Beziehung existiert, nur um mit ihr schlafen zu können. Dieses Intimitätskreis-Konzept läßt sich ebenso auf Frauen anwenden und könnte sich insgesamt als Richtschnur bewähren.

Am Gelegenheitssex ist nichts schlimm, solange sich die Beteiligten keinen Illusionen hingeben und Safer Sex praktizieren, sowohl zur Verhütung von Schwangerschaften als auch von Krankheiten. Dennoch ist Sex im allgemeinen befriedigender, wenn ein gewisser Grad von Vertrautheit zwischen den Partnern besteht. Einmal ist es in einer intimeren, vertrauensvolleren Beziehung leichter, ehrlich über seine sexuellen Wünsche und Reaktionen zu sprechen, und diese Kommunikation führt zu gesteigerter sexueller Befriedigung. Angenommen, Sie sind daran interessiert, die Qualität Ihres Sexuallebens zu verbessern, dann täten Sie wahrscheinlich gut daran, Ihre Partner unter den Menschen zu wählen, die mindestens dem Kreis C angehören. Da die Kreise C, B und A wahrscheinlich nicht mehr als fünfzehn bis zwanzig Personen gleichzeitig umfassen, ist eine derartige Entscheidung ein großer Schritt auf dem Weg zur Vereinfachung Ihrer sexuellen Beziehungen. Diese Richtlinie gilt gleichermaßen für homo- wie für heterosexuelle Beziehungen. Vertrauen und Vertrautheit sind in einer sexuellen Beziehung zwischen zwei Angehörigen desselben Geschlechts ebenso wichtig wie zwischen einem Mann und einer Frau.

Die Verwendung des Intimitätskreis-Konzeptes, um Ihr Sexualleben zu planen und zu ordnen, mag anfangs seltsam scheinen. Die meisten von uns neigen zu der Annahme, daß Sex spontan sein sollte, daß das bewußte Planen ihrer sexuellen Aktivität diese verschlechtern würde. Tatsächlich kann jedoch das Planen häufig erst die wahre Spontaneität ermöglichen, denn es vermag dazu beizutragen, Probleme zu vermeiden - wie etwa Krankheiten oder ungewollte Schwangerschaft - und gleichzeitig Gefühle wie Selbstsicherheit zu steigern. Das wichtigste bei all dem ist, niemals zu vergessen, daß die Sexualität ein wesentlicher Bestandteil von Ihnen als Mensch ist, und daß sie Ihr Leben bereichern sollte, anstatt Schwierigkeiten zu machen.

Der erste Geschlechtsverkehr

Nirgendwo ist Planung notwendiger - und nirgendwo wird sie häufiger gemieden - als beim ersten Beischlaf. Da es gewöhnlich für einen Mann wichtig ist, ob er im Alter von fünfzehn oder fünfunddreißig stattfindet, sollte der erste Beischlaf idealerweise geplant sein, sollten adäquate Verhütungsmittel verwendet werden und sollte er in einer lockeren Atmosphäre stattfinden. Das Erlebnis würde noch bereichert, wenn das Paar sich miteinander wohl fühlen würde und sich wenigstens ein- oder zweimal auf entspanntes Liebesspiel beschränkt hätte, ehe es zum Geschlechtsverkehr übergeht. Dieses erste Erlebnis sollte nicht als Leistungsbeweis gesehen werden, sondern als ein natürlicher Vorgang, der sich aus wachsender Vertrautheit und Erregung ergibt.

Leider erleben nur wenige Männer (wenn überhaupt welche) ihre Einführung ins Sexualleben unter solch idealen Umständen. Die typischen ersten Erfahrungen mit dem Geschlechtsverkehr sind durch große Sorgen gekennzeichnet, die teils auf Versagensängste, teils auf die Furcht vor Entdeckung zurückzuführen sind. Nur eines von drei Paaren benutzt beim ersten Mal Verhütungsmittel. Hierbei ist das häufigste das Kondom, und es wird für gewöhnlich hastig und ungeschickt übergestreift. Da der erste Verkehr meistens ein Augenblick höchster Angst und Ungeschicklichkeit ist, ist es überraschend, wenn überhaupt etwas klappt. Ungefähr 25 Prozent der Männer fühlen sich als Versager, weil sie unfähig sind, eine Erektion zu bekommen oder zu halten, oder auch weil sie ejakulieren, ehe der Penis in die Vagina eingedrungen ist. Die Mehrzahl der Männer ejakuliert beim ersten Mal sehr schnell. Deshalb ist es wichtig, das erste wenig erfolgreiche oder wenig erfreuliche Erlebnis nicht überzubewerten. Vergessen Sie nicht, daß Spaß am Sex Praxis und Kooperation erfordert. Vor allem aber dürfen Sie nie vergessen, daß der Mann keine Sexmaschine ist, von der man erwarten kann, daß sie einwandfrei funktioniert, sobald der Knopf »sexuelle Erregung« gedrückt wird.

Voreheliche Sexualität als Lernerfahrung

Wenn ein junger Mann in der Lage ist, den vorehelichen Sex nicht als ein Gebiet zu sehen, auf dem er sich beweisen muß, sondern eher als eine Gelegenheit, etwas zu lernen, eine Zeit der Lehre vor der langen Periode reifer Sexualität, dann wird ein Großteil des Druckes, der auf der vorehelichen Sexualität lastet, verringert werden. Je weniger man im Sex eine Leistung sieht und je mehr man daran als an eine Möglichkeit der persönlichen Erfüllung und Bereicherung denkt, desto mehr kann man ihn genießen. Wenn wir erst einmal fähig sind, uns an die Tatsache zu gewöhnen, daß wir noch immer lernen und daß wir dabei nicht allein sind, können wir auch unsere eigenen Fehler akzeptieren, voller Zuversicht, daß wir von diesen frühen Erfahrungen profitieren und daß sie unser späteres Sexualleben bereichern. Es macht immer Spaß, etwas zu lernen - warum sollte der Sex da eine Ausnahme bilden?

Ein Gefühl der Zufriedenheit geht von dem Wissen aus, daß man von einer Beziehung zur nächsten lernt, Enttäuschungen zu überwinden, effektiver miteinander zu kommunizieren und geschickter und gefühlvoller Liebe zu machen. Sie müssen sich auch darüber klarwerden, daß manche sexuelle Beziehungen Fehler sind, die Leid verursachen und ein schlechtes Gefühl zurücklassen. Aber auch diese negativen Vorkommnisse können als Lernerfahrung dienen. Der wahre Wert der vorehelichen Sexualität liegt nicht darin, sich als sexueller Supermann zu beweisen, sondern in dem Gefühl, daß Sie als Mensch und Persönlichkeit wachsen und lernen, Ihre Sexualität zu einer positiven Kraft in Ihrem Leben zu machen und sie gleichzeitig in Einklang mit Ihren Gefühlen zu bringen.

Der Prozentsatz der Männer, denen das gelingt, ist noch immer nicht groß, aber es laufen genügend herum, so daß man hoffen kann, daß angenehmer, erfreulicher und lernorientierter vorehelicher Sex in Zukunft in sein wird.

Jon

Jon ist ein Beispiel dafür. Er ist vierundzwanzig Jahre alt, mit abgeschlossenen Studium, und arbeitet jetzt für eine PR-Firma. Jon liebt seine Arbeit, reist gern und ist im großen und ganzen mit seinem Sexualleben zufrieden. Bis zum Alter von neunzehn Jahren hatte er keinen Geschlechtsverkehr und war damals ein wenig in Sorge, hinter seinen Freunden herzuhinken. Doch diese Ängste vergingen, als er anfing, sexuell aktiv zu werden. Die meisten seiner Affären waren recht intim. Er hat etwa vier Partnerinnen in derselben Anzahl von Jahren gehabt. Er verspürte nicht den Drang, mehr Frauen zu »erobern«, nur um an Ansehen bei seinen männlichen Freunden zu gewinnen. Bei seiner ersten Affäre benutzten weder Jon noch seine Partnerin irgendein Verhütungsmittel, und zweimal hatten sie große Angst, sie könnte schwanger sein. Seitdem hat er sorgfältig verhütet und streift ein Kondom über, wenn seine Partnerin nicht die Pille nimmt oder die Spirale oder ein Diaphragma benutzt. In letzter Zeit hat Jon sexuelle Beziehungen von kürzerer Dauer gehabt – zwei One-Night-Stands und zwei Affären, die nur ein paar Wochen dauerten. Aus diesen Erfahrungen hat er gelernt, daß es ihm mehr Spaß macht, auch sexuell, wenn er ein echtes Gefühl von Kameradschaft für die Frau verspürt. Außerdem hat er herausgefunden: Je mehr er eine Frau als Mensch mag, desto eher ist er bereit, sich auf mehr sexuelle Spielarten einzulassen. Darüber hinaus findet er, daß sein eigenes Vergnügen gesteigert wird, wenn eine Frau reagiert und das sexuelle Erlebnis mit ihm wirklich genießt. Jon glaubt, daß er erst heiraten wird, wenn er Ende Zwanzig ist, und er freut sich darauf, in der Zwischenzeit den Sex als unverheirateter Mann zu genießen. Er sieht in der Ehe keinen Abstieg nach dem vorehelichen Sex, sondern eine Gelegenheit, das Wissen anzuwenden, das er sich angeeignet hat, um so eine langdauernde intime Beziehung aufzubauen. Ich denke, er wird viel Erfolg haben.

Abschließende Gedanken

Nicht jeder hat vielleicht so viel Glück wie Jon. Für Jugendliche und junge Erwachsene ist das Leben häufig verwirrend und voller Konflikte, und negative Erfahrungen auf dem einen oder anderen Gebiet stellen sich fast zwangsläufig ein. Aber wenn Sie daran denken, daß befriedigende sexuelle Beziehungen voraussetzen, daß man sich miteinander wohl fühlt, und daß sexuelle Erfahrungen, die nicht so gut gelaufen sind, zum Lernen dienen, dann haben Sie bereits einen wichtigen Fortschritt auf dem Weg zu einem guten Sexualleben gemacht. Der junge Mann muß, wenn er die Verantwortung für seine Sexualität übernimmt, lernen, Experimente nicht nur zu schätzen und sich mit verschiedenen Techniken anzufreunden, sondern auch der Partnerin seine Gefühle zu vermitteln und die Vertrautheit zu genießen.

FÜNFTES KAPITEL

Lust, nicht Vaterschaft: Schwangerschaftsverhütung

Für gewöhnlich sehen wir im Sex ein Mittel intimer Kommunikation, gemeinsames Vergnügen. Und bestimmt ist dieser Aspekt für die Männer und Frauen von heute bei weitem der wichtigste. Aber es gibt natürlich noch einen anderen Aspekt, mit dem wir ins reine kommen müssen, denn dessen Einfluß ist äußerst wichtig. Ich meine den Sex als Mittel zur Fortpflanzung.

Immer schon haben die Menschen geglaubt, daß die Fortpflanzung Sinn und Zweck der Sexualität ist. Spaß am Sex ist demnach die Belohnung, die uns die Natur gewährt. In unserer fortgeschrittenen Gesellschaft, in der die medizinischen Möglichkeiten sicherstellen, daß nahezu alle Kinder überleben und selbst ins fortpflanzungsfähige Alter kommen, stellt die biologische Funktion der Sexualität ein ernstes Problem dar. Paare, die sich der Lust hingeben, ohne einen Gedanken an die Konsequenzen zu verschwenden, finden sich wahrscheinlich mit mehr Kindern wieder, als sie unterbringen, kleiden und ernähren können. Wenn sich alle Paare so verhalten würden, würde die Gesellschaft schon bald kollabieren.

Die Antwort auf dieses Problem heißt Verhütung. Verhütungsmittel wirken, indem sie den Fortpflanzungsprozeß unterbrechen. Mit anderen Worten, sie trennen Sex von Fortpflanzung. So macht es uns die Verhütung möglich, Sex zu genießen, ohne ungeplant Kinder zu zeugen. Wirksame Verhütungsmittel sind eine der größten Errungenschaften, ein bedeutsamer Sieg im Kampf des Menschen um die Kontrolle über sein Leben.

Einstellungen gegenüber der Verhütung

Bedenkt man die Vorteile, die die Verhütung der Menscheit geschenkt hat, ist die Haltung des Durchschnittsmannes der Geburtenkontrolle gegenüber lamentabel. Viele Männer, besonders die unverheirateten, glauben, Verhütung wäre ausschließlich Sache der Frau.

»Warum sollte man unter der Dusche einen Regenmantel tragen?« ist eine typische Männer-Antwort auf den Vorschlag, ein Kondom zu benutzen. Das ist natürlich völlig unlogisch. Denn unter der Dusche einen Regenmantel zu tragen wäre eine ausgesprochen sinnvolle Vorsichtsmaßnahme, wenn die Konsequenzen des Nackt-Duschens ebenso negativ wären wie eine ungewollte Schwangerschaft.

Warum sind eigentlich so viele von uns nicht bereit, die Verantwortung für die Schwangerschaftsverhütung zu übernehmen? Die Antwort auf diese Frage hängt teilweise mit der männlichen Einstellung zusammen, die auch die Basis für die Doppelmoral bildete. War der Sex etwas, was sich Männer mit Hilfe von Heuchelei von den Frauen holen mußten, dann folgte daraus, daß der Mann keinen Grund sah, warum er die Verantwortung für die Konsequenzen seines Verhaltens übernehmen sollte. Wenn Frauen die Opfer beim Sex waren, dann konnten sie ebensogut auch die Opfer der Folgen sein – so ungefähr lautete die Argumentation, warum Männer sich nicht um Verhütung kümmerten. Sex ist Sache des Mannes, Verhütung und Kinder sind die Domäne der Frau. Es stimmt zwar, daß nur wenige Männer so offensichtlich gefühllos sind. Doch das Bild des Ausbeutenden, des »Macho«-Mannes, ist zu einer Art Ideal geworden, das viele von uns nachahmen, ohne darüber nachzudenken. Indem wir versuchten, zu dem stereotypen Mann zu werden, den die Gesellschaft billigt, haben wir uns auf eine Art und Weise verhalten, die viel irrationaler und erniedrigender war, als uns bewußt war.

Das »Macho«-Ideal ließ uns keinen Raum, um die Verantwortung für Empfängnis und Empfängnisverhütung zu übernehmen. Statt dessen mußten wir die Rolle des lockeren Verführers spielen, der wenig oder gar keine Lust hat, die Verantwortung für seine Partnerin zu übernehmen. Diese Situation mußte zwangsläufig eine schmerzliche psychische Erfahrung ergeben, einen Loyalitätskonflikt. Während uns die normale menschliche Empfindung und der gesunde Menschenverstand zuflüsterten, daß wir Vorsichtsmaßnahmen gegen eine ungewollte Schwangerschaft treffen sollten, vernahmen wir gleichzeitig den von der Gesellschaft gebilligten Code, der uns riet, »es durchzuziehen - und zum Teufel mit den Folgen«. Die Frau zu fragen, ob sie verhütete, paßte nicht zu einer romantischen Verführung.

Verzerrte oder falsche Kenntnisse bezüglich der menschlichen Fortpflanzung sind ein weiterer Grund für die Unlust des Mannes, sich mit der Geburtenkontrolle zu befassen. Da die Schwangerschaft im Körper der Frau und nicht im Mann abläuft, geht er davon aus, daß die Verantwortung für die Empfängnisverhütung ebenfalls ausschließlich Sache der Frau ist. Von diesem Standpunkt aus betrachtet, gilt die Schwangerschaft der Frau als eine unbequeme Besonderheit ihrer körperlichen Ausstattung - eine Schwäche, für die sie keine besondere Rücksicht erwarten darf. Schwangerschaft ist ein Frauenproblem. Der logische Fehler hierbei ist, daß die Schwangerschaft tatsächlich ein Zustand ist, der nur die Frauen betrifft, die Empfängnis jedoch nicht. Geschlechtsverkehr findet mit beiderseitigem Einverständnis zwischen einem Mann und einer Frau statt - oder sollte es wenigstens. Zur Empfängnis kommt es, wenn männlicher Samen und weibliches Ei, von denen jedes genau die Hälfte der benötigten Chromosome enthält, um menschliches Leben zu schaffen, verschmelzen und sich zu einem Fötus entwickeln. Es ist also ganz klar: Wo immer der Embryo auch heranwächst, die Verantwortung für sein Entstehen liegt im gleichen Maße bei Mann und Frau - genau wie die Verantwortung dafür, eine Empfängnis zu verhüten.

Selbst wenn eine Frau Ihnen erklärt, Sie könnten ohne Verhütungsmaßnahmen Verkehr haben, weil es nicht ihre gefährliche Zeit wäre, können Sie sich nicht von jeder Verantwortung lossagen. Was den Eisprung angeht, so herrscht große Unsicherheit unter den Frauen, und da die Mehrzahl der jungen Mädchen keinen regelmäßigen Achtundzwanzig-Tage-Rhythmus hat, ist das wahrscheinlichste Ergebnis über kurz oder lang die Befruchtung.

Ein weiterer Grund für die vorherrschende männliche Einstellung der Verhütung gegenüber liegt in der falschen Verbindung, die einige Männer zwischen Männlichkeit und Zeugungsfähigkeit herstellen.

Glaubt ein Mann, daß er seine Männlichkeit demonstriert, indem er eine Frau schwängert, dann heißt er insgeheim vielleicht die Gelegenheit willkommen, dies auch zu tun. Tatsächlich besteht nicht der geringste Zusammenhang zwischen Ihrer sexuellen Potenz und Ihrer Zeugungsfähigkeit, die hauptsächlich davon abhängt, ob Sie eine normale Menge beweglicher Spermien ausstoßen, eine Tatsache, die sich weder auf Ihren Trieb noch auf Ihre sexuelle Geschicklichkeit auswirkt. Ein Mann kann ein großartiger Liebhaber und dennoch steril sein, oder er kann sehr fruchtbar sein und dennoch wenig erfolgreich in seiner sexuellen Funktion und seiner Fähigkeit, seine Partnerin zu befriedigen. Übrigens möchten viele Männer lieber einen Sohn und geben der Frau die Schuld, wenn sie immer wieder Töchter zur Welt bringt. Tatsächlich sind es jedoch die männlichen Spermien, die entscheiden, ob das Baby männlich oder weiblich ist.

Der Mythos der sexuellen Romantik

Manche Männer vermeiden es auch, die Verantwortung für die Verhütung zu übernehmen, weil sie fürchten, ein solch realistisches Thema könnte die romantische Stimmung zerstören, auf die sie sich verlassen, um die Einwände ihrer möglichen Partnerin bezüglich des Geschlechtsverkehrs beiseite zu fegen. Die Frau macht sich häufig der Mittäterschaft schuldig, denn auch sie versucht vielleicht die Fiktion aufrecht zu erhalten, daß sie beide sexuell so sehr erregt sind, daß sie wegen etwas so Banalem wie einem Verhütungsmittel nicht aufhören können. Eine derartige Selbsttäuschung ist besonders beim ersten Geschlechtsakt verbreitet, wenn Erregung und Angst besonders groß sind. Etwa zwei Drittel der Paare, die zum ersten Mal miteinander schlafen, verhüten nicht. Die Paare selbst erkennen den Mangel an vernünftiger Vorsicht vielleicht gar nicht, ein Ergebnis ihrer eigenen Schuldgefühle und Verwirrung, was die Sexualität angeht. Statt dessen halten sie ihr Verhalten für Romantik und glauben, daß Sex am besten ist, wenn er spontan und ungeplant stattfindet. Es besteht kein Zweifel daran, daß eine gewisse Spontaneität die Freude am Sex noch steigert. Aber Spontaneität und Planung schließen sich gegenseitig nicht aus. Außerdem ist eine ungewollte Schwangerschaft ein viel zu hoher Preis für die Erhaltung einer romantischen Illusion. Doch viele zahlen diesen Preis. Aus den Statistiken geht hervor, daß ungefähr eine von drei Frauen, die sich auf vorehelichen Geschlechtsverkehr einlassen, schwanger wird. Und eine von vier Frauen ist zum Zeitpunkt ihrer Hochzeit schwanger (bei sehr jungen Paaren sogar eher zwei von dreien). Als Richtlinie können wir davon ausgehen: Solange ein Paar sich noch nicht verbindlich für eine effektive Verhütung entscheiden kann, sollte es auf den Geschlechtsverkehr verzichten.

Verantwortungsbewußt handeln

Wenn Sie erst einmal überzeugt sind, daß Sie Ihren Teil an Verantwortung für die Empfängnisverhütung übernehmen sollten, wie setzen Sie diese Überzeugung dann in die Praxis um? Zugegeben, es mag für einen Mann, und hier besonders für einen unverheirateten, nicht ganz einfach sein, sich aktiv um die Verhütung zu kümmern. Der Entschluß eines Paares, miteinander zu schlafen, wird meistens nicht durch Worte ausgedrückt, sondern mit Blicken, Zeichen und Körpersprache. »Eins führte zum andern, und plötzlich lagen wir im Bett« drückt die Erfahrung vieler Paare aus. Das Problem besteht nun darin, diese nonverbale und höchst angenehme Folge von Ereignissen zu durchbrechen, um über Verhütung zu sprechen und dabei nicht die Stimmung zu zerstören.

Es gibt keine einfache Lösung, aber doch verschiedene Dinge, die Sie im Kopf behalten sollten. Vielleicht fürchten Sie, Ihre Partnerin würde weniger von Ihnen halten, wenn Sie jetzt ein so prosaisches Thema wie Verhütung anschneiden, mitten in der Leidenschaft, oder sie würde Sie für eine übervorsichtige, unromantische Seele halten. Aber es ist unwahrscheinlich, daß eine Frau so reagiert. Schließlich ist sie es, die Gefahr läuft, schwanger zu werden, also sind alle Maßnahmen, die zur Verhütung getroffen werden, definitiv in ihrem Interesse. Viel wahrscheinlicher ist es deshalb, daß sie Ihre Sorge als Zeichen dafür nimmt, daß ihr Wohlergehen Ihnen am Herzen liegt. Anstatt also ihren Zorn zu erregen, wird Ihr Interesse an der Verhütung vielmehr dafür sorgen, daß sie in Ihnen einen verantwortungsbewußten und fürsorglichen Liebhaber sieht.

Natürlich *kann* ein Anschneiden des Themas Verhütung die romantische Stimmung stören. Man sollte einfach nicht vergessen, daß es weniger stimmungstötend wirkt, je natürlicher und offener darüber gesprochen wird. Eine Möglichkeit wäre es, sie direkt zu fragen, ob sie die Pille nimmt, oder die Spirale oder ein Diaphragma. Vorausgesetzt, es handelt sich bei beiden Partnern um Personen, die wissen, was sie tun, dürfte etwas Realismus, der in gutem Glauben eingebracht wird, kein unüberwindliches Hindernis darstellen, weder für den Mann noch für die Frau.

Verhütungsmittel für den Mann

Eine andere Lösung dieses Problems besteht für den Mann darin, selbst für die Verhütung zu sorgen. Von allen verfügbaren Methoden sind nur zwei auf den Mann ausgerichtet - das Kondom und die Vasektomie. Diese Situation resultiert hauptsächlich aus der Tatsache, daß es nach der Ejakulation in die Vagina mehr Möglichkeiten gibt, eine Empfängnis zu verhüten, als vorher. Doch die Vorherrschaft von Verhütungsmethoden für die Frau spiegelt auch die Einstellung unserer Gesellschaft wider, daß es sich um die Verantwortung der Frau handelt. In der Vergangenheit hat sich die Forschung auf Techniken konzentriert, die die Frau und nicht den Mann betreffen. Nichts deutet darauf hin, daß sich dies in der nahen Zukunft ändern wird. Es war von einer neuen Technik zur reversiblen Vasektomie die Rede, bei der ein Ventil in den Samenkanälen eingebaut werden sollte, mit dem man den Fluß von Sperma an- und abstellen kann; doch diese Prozedur verursacht noch viele technische Probleme. Es hat auch Gerüchte von einer wirksamen Pille für den Mann gegeben, aber es wird wahrscheinlich noch geraume Zeit dauern, bis ein solches Produkt zur Verfügung steht.

Trotzdem ist die Annahme unbegründet, die Technologie wäre am Mann vorübergegangen, denn die beiden Verhütungsmethoden, die ihm zur Verfügung stehen, sind zufällig die wirksamsten und unproblematischsten von allen. Das Kondom hat den ganz besonderen Vorteil, daß es das einzige Verhütungsmittel ist, das gleichzeitig auch vor Geschlechtskrankheiten schützt. Für einen alleinstehenden Mann oder einen, der sich auf außereheliche Verhältnisse einläßt, kann der Schutz vor Krankheiten besonders wichtig sein, vor allem, wenn er verschiedene Sexualpartner hat. Kondome werden in den meisten Drogerien verkauft, man kann sie aber auch über den Versandhandel beziehen. Kondome setzen weder Arztbesuch noch Rezept voraus, und sie sind relativ preisgünstig. Die Qualität von Kondomen ist in den letzten Jahren deutlich besser geworden, so daß sie sich jetzt bedeutend weniger auf die Empfindungsfähigkeit auswirken. Es gibt sie aus Gummi und Latex, beschichtet und unbeschichtet, und neuerdings sogar in verschiedenen Farben und Geschmacksrichtungen. Entgegen der weitverbreiteten Ansicht sind nur sehr wenige Kondome fehlerhaft (vorausgesetzt, Sie kaufen keine Billigware), deshalb ist es nicht nötig, sie zu testen, indem man sie aufbläst oder mit Wasser füllt. Tatsächlich führt das möglicherweise sogar zu Beschädigungen. Schließlich ist das Kondom eines der wenigen Mittel, das keinerlei Nebenwirkungen aufweist.

Um effektiv zu sein, muß das Kondom jedoch richtig verwendet werden. Es sollte erst direkt vor dem Geschlechtsverkehr übergestreift werden, wenn der Penis erigiert ist. Manche Männer machen es sich zur Gewohnheit, ohne Kondom in die Frau einzudringen, sich dann zurückzuziehen und es überzustreifen, wenn sie fühlen, daß sie kurz vor der Ejakulation stehen – eine extrem gefährliche Technik, von der ich nur abraten kann. Selbst wenn der Mann sich seiner Fähigkeit, die Ejakulation zu kontrollieren, ganz sicher ist, besteht doch noch immer ein beachtliches Risiko. Denn schon geraume Zeit vor der Ejakulation tritt aus den Cowper-Drüsen eine Flüssigkeit aus, die genügend Sperma zur Befruchtung enthält. Deshalb ist auch der Coitus interruptus eine unzuverlässige Verhütungsmethode, selbst wenn sich der Mann vor der Ejakulation zurückzieht.

Das Kondom sollte so angelegt werden, daß an der Spitze des Penis ungefähr ein Zentimeter frei bleibt, damit die Samenflüssigkeit aufgefangen werden kann (manche Kondome sind mit einem Samenreservoir ausgestattet). Gleich nach der Ejakulation sollte der Penis aus der Vagina zurückgezogen werden, und dabei sollten Sie den Ring an der Peniswurzel festhalten, damit sich kein Ejakulat in die Vagina ergießen kann. Vergessen Sie nicht, daß Kondome zum einmaligen Gebrauch gedacht sind; es wäre falsche Sparsamkeit, sie noch einmal zu benutzen.

Die Vasektomie ist eine total effektive Verhütungstechnik. Ihr größter Nachteil ist die Tatsache, daß sie nicht rückgängig zu machen ist. Deshalb sollte nur ein Mann, der so viele Kinder hat, wie er möchte (oder sich absolut sicher ist, keine zu wollen), und der mit seiner Frau über dieses Thema gesprochen hat, eine Vasektomie in Betracht ziehen. (Wir kommen auf dieses Thema im neunten Kapitel noch ausdrücklich zurück.)

Verhütung in der Ehe

Bislang haben wir uns auf die Verhütung bei unverheirateten Paaren konzentriert. Der Grund dafür ist, daß eine falsche Einstellung hierzu und Mißverständnisse bei unverheirateten Männern am deutlichsten und häufigsten sind. Ich gehe davon aus, daß verheiratete Männer diese verantwortungslose, rücksichtslose Haltung nicht im selben Maße vertreten wie unverheiratete, und sei es auch nur, weil sie es sich nicht leisten können. Da der Mann von Gesetzes wegen für die Kinder verantwortlich ist, die seine Frau bekommt, muß er sich auch für Verhütung interessieren. Leider jedoch werden die Gewohnheiten und Einstellungen, die ein Mann vor der Ehe entwikkelt, häufig mit in die Ehe hineingenommen. Das gilt nirgendwo mehr als auf dem Gebiet der Verhütung.

Die meisten Ehepaare machen eine schwere Zeit durch, bis sie zu einer Einigung über Familienplanung kommen und sich für ein effektives Verhütungsmittel entscheiden. Das zeigt sich deutlich in Statistiken, aus denen hervorgeht, daß eine von vier Bräuten bei der Hochzeit schwanger ist. Dazu kommt, daß ungefähr 40 Prozent der in einer Ehe geborenen Kinder nicht geplant sind, und nicht einmal fünf Prozent der Ehemänner begleiten ihre Frauen zum Gynäkologen, um über Empfängnisverhütung zu sprechen. Untersuchungen zur Ehe haben ergeben, daß es das beste ist, wenn ein Ehepaar nach der Hochzeit mindestens zwei Jahre wartet, ehe es das erste Kind bekommt. Aber das Durchschnittspaar bekommt sein erstes Kind bereits nach einem oder anderthalb Jahren Ehe.

Das wichtigste, was wir Männer begreifen müssen, ist, daß Verhütung eine gemeinsame Verantwortung bedeutet, aus dem einfachen Grund, weil Zeugung und Erziehung eines Kindes auch gemeinsam erfolgen. Wir können uns nicht vor unserem Teil an Verantwortung mit dem Hinweis drücken, daß sowohl die Empfängnis als auch die Schwangerschaft im Körper der Frau ablaufen. Paare müssen miteinander darüber sprechen können, ob sie Kinder wollen, wie viele sie wollen und in welchen Abständen. »Lassen wir der Natur ihren Lauf« mag ja gefühlsmäßig befriedigender sein, aber Untersuchungen haben gezeigt, daß es keine bessere Methode gibt, eine Ehe kaputt zu machen, als wenn ein Paar Kinder bekommt, ehe es dafür bereit ist, oder aber mehr Kinder hat, als es emotional, praktisch und finanziell verkraften kann. Wenn sie besprochen haben, wie sie über Kinder denken, sollten die Paare gründlich über ihre Einstellung zu den für sie in Frage kommenden Verhütungsmitteln diskutieren. Über eines müssen sich beide Partner klar sein: Ein »perfektes« Verhütungsmittel gibt es nicht! Jedes Paar muß sich der möglichen Probleme und Nebenwirkungen der speziellen Verhütungstechnik bewußt sein, für die es sich entscheidet.

Verhütungsmittel für Frauen

Die Pille – das beliebteste von Frauen benutzte Verhütungsmittel – stellt gleichzeitig auch die wirksamste Methode zur Geburtenkontrolle dar, wenn die Frau sich genau an die Vorschriften hält und darauf achtet, die Pille täglich zu nehmen. Die künstlichen Hormone in der Pille verhindern den Eisprung, und so kann keine Schwangerschaft eintreten. Eine Frau, die die Pille nimmt, wird auch weiterhin regelmäßig ihre Menstruation haben. Wichtig sind jedoch ärztliche Untersuchungen (normalerweise alle sechs Monate oder mindestens einmal im Jahr), denn bei manchen Frauen kann die Pille ernsthafte Nebenwirkungen auslösen.

Das Intrauterinpessar oder auch Spirale - das in seiner Wirksamkeit nur von der Pille übertroffen wird - besteht aus einer Stahl-, Polyäthylen- oder Kupferschlinge oder einem Ring, der von einem Arzt in den Uterus eingesetzt wird. Dort verbleibt es, bis es einen Grund gibt, es herauszunehmen (etwa wenn das Paar sich ein Kind wünscht), oder bis es nach zwei bis drei Jahren vom Arzt ausgewechselt werden muß. Einer der Vorzüge der Spirale liegt darin, daß sie keine tägliche Routine erfordert, wie die Pille, und auch nicht vor jeder sexuellen Begegnung angewendet werden muß, wie es beim Diaphragma oder beim Kondom der Fall ist. Das Nylonfädchen sollte monatlich überprüft werden, um sicherzugehen, daß die Spirale nicht verrutscht ist. Obwohl niemand sicher sagen kann, wie die Spirale eine Schwangerschaft verhindert, geht man meist davon aus, daß sie das Einnisten eines Eies im Uterus verhindert. Ich möchte hier darauf hinweisen, daß manche Frauen unangenehme Nebenwirkungen durch die Spirale erleben, wie etwa starke Blutungen. Das größte Risiko der Spirale besteht darin, daß sie die Uteruswand durchstoßen, zu Infektionen und Entzündungen führen kann. Aus diesen Gründen ist die Spirale heute nicht mehr so beliebt, und wenn sie verwendet werden soll, muß sich die Frau sicher sein, daß ihr Gynäkologe Experte beim Einsetzen der Spirale ist.

Das Diaphragma ist eine halbrunde, dünne Gummikappe, über einen flexiblen Ring gespannt. Sie soll den Eingang zum Muttermund verschließen und wird vor dem Verkehr in die Vagina eingesetzt. Ein Spermizid in Creme- oder Gelform wird in die Gummikuppel und um den Rand des Diaphragmas geschmiert; diese Creme tötet die Spermien ab. Richtig angewendet ist das Diaphragma ein sicheres und höchst wirksames Verhütungsmittel. Es sollte nicht früher als zwei Stunden vor dem Verkehr eingesetzt werden, und wenn Sie ein zweites Mal miteinander schlafen wollen, muß mit Hilfe eines speziellen Einführungsgerätes erneut Gel oder Creme aufgetragen werden. Die Frau muß das Diaphragma noch mindestens sechs Stunden nach dem Verkehr in ihrem Körper belassen.

Das häufigste Argument gegen das Diaphragma ist, daß es die Spontaneität sexueller Beziehungen behindere, weil es kurz vor dem

Geschlechtsverkehr eingesetzt werden muß. Das Diaphragma ist jedoch in letzter Zeit überraschend in der Beliebtheitsskala gestiegen, was daran liegt, daß es keine Nebenwirkungen hat und es der Frau ermöglicht, direkt die Verantwortung für die Verhütung zu übernehmen. Manche Paare machen das Einsetzen des Diaphragmas zu einem Teil des Vorspiels. Die Hauptschwierigkeit liegt darin, es wirklich jedesmal zu benutzen - viele Paare werden faul oder lassen sich von der Leidenschaft des Augenblicks mitreißen, oder aber sie haben das Gefühl, es »bloß dieses eine Mal« riskieren zu können. Auch gehen Frauen, die beim Verkehr für gewöhnlich einen Orgasmus haben, ein größeres Risiko ein, vor allem, wenn sie eine Stellung wählen, bei der die Frau oben ist. Denn das Diaphragma kann zeitweise vom Muttermund fortgleiten.

Weitere Formen der weiblichen Geburtenkontrolle sind die Anwendung von Schaum oder einem Schwamm. Aber wenn diese auch in gewisser Weise wirken, so sind sie doch nicht zum regelmäßigen Gebrauch geeignet.

Da die drei beliebtesten und wirksamsten Arten weiblicher Verhütung alle eine gynäkologische Untersuchung und ein Rezept erfordern, besteht der nächste Schritt in einem Besuch des Gynäkologen. Der Mann kann seine Partnerin in die Praxis begleiten und an dem Gespräch über dieses Thema teilnehmen. Ist das nicht möglich, könnte er anschließend mit seiner Partnerin über ihren Besuch sprechen und seine Unterstützung bei der Methode anbieten, für die man sich entschieden hat. Er sollte niemals denken, daß sie allein dafür verantwortlich ist.

Nehmen wir einmal an, ein Paar hätte sich für die Pille entschieden. Der Mann sollte sich an die Vorstellung gewöhnen, daß - sollte seine Partnerin einmal einen Tag auslassen - es nicht *sie* ist, die vergessen hat, ihre Pille zu nehmen, sondern daß sie *beide* es sind, die vergessen haben, »ihre« Pille zu nehmen. Dasselbe gilt auch für die Spirale und das Diaphragma. Statt daß die Frau das Diaphragma allein und heimlich einsetzt, könnte der Mann lernen, es zu einem Teil des Liebesspiels zu machen. Wenn sie eine Spirale benutzt, könnte er es sich zur Gewohnheit machen, monatlich die Fäden zu überprüfen, um sich zu vergewissern, daß noch alles richtig sitzt. Es gibt mehr als zwanzig verschiedene Arten der Pille und mindestens fünf verschiedene Typen von Spiralen. Während die Hauptverantwortung der Beratung, welche Art für das Paar in Frage kommt, beim Gynäkologen liegt, kann der Mann einen intelligenten Beitrag zur Diskussion und Entscheidung leisten. Das gemeinsame Befinden über die Verhütung kann die Zusammengehörigkeitsgefühle in allen Bereichen der Beziehung noch vergrößern.

Die extremste Form der Geburtenkontrolle ist die Abtreibung. Man kann sie wohl kaum für ideal erklären, denn abgesehen von religiösen und moralischen Gesichtspunkten ist sie teuer, bedeutet einen kleinen chirurgischen Eingriff und kann, wie man zugeben muß, schwere psychische Reaktionen nach sich ziehen. Aber manchmal ist es die einzig mögliche Alternative. Wenn eine ungewollte Schwangerschaft eintritt und Mann und Frau beschließen, daß eine Abtreibung die beste Lösung ist, dann sollte der Mann seine Partnerin alle Unterstützung angedeihen lassen, derer sie bedarf.

Bleiben Sie im Gespräch

Es ist wichtig zu erkennen, daß die Frage der Verhütung nicht für immer und ewig geregelt ist, sobald man den ersten Besuch beim Gynäkologen gemacht hat. Eine Frau bleibt bis zu den Wechseljahren fruchtbar, die normalerweise zwischen fünfundvierzig und fünfundfünfzig eintreten. Ein Mann ist bis sechzig und darüber hinaus zeugungsfähig. Deshalb müssen Paare von Zeit zu Zeit die Verhütungsmethoden besprechen, die sie benutzen, um sicher zu sein, daß sie noch immer ihren Bedürfnissen entsprechen.

Sechstes Kapitel

Ehe: die Entscheidung für eine intime Bindung

Die Einwohner der hinterwäldlerischen Gemeinde Dogpatch in Al Capps Comic »Li'l Abner« feiern den Sadie Hawkins Day. Es ist der Tag, an dem die Männer zur Jagd freigegeben sind und jede Frau, der es gelingt, einen ungebundenen Mann in die Falle zu locken, darf ihn als Ehemann beanspruchen. Dieser Feiertag ist bei den weiblichen Singles von Dogpatch sehr beliebt. Sie freuen sich darauf, einen Ehemann einzufangen, der unter normalen Umständen unerreichbar wäre. Aber für die Männer ist der Tag ein reiner Horror, und die Junggesellen setzen alles daran, sich »unsichtbar zu machen«, um solch einem Schicksal zu entgehen, das für gewöhnlich als »schlimmer als der Tod« bezeichnet wird.

Was die Verfolgung am Sadie Hawkins Day so lustig macht, ist die erschreckend genaue Karikatur der männlichen Haltung gegenüber der Ehe. Wie die Männer von Dogpatch gehen auch wir nur unter Protest ein Ehe ein. Es wird angenommen, daß die Vorzüge einer Ehe - Nähe, Vertrautheit, emotionale Sicherheit - in erster Linie für die Frauen interessant sind, wohingegen Männer »Freiheit« und »eine gute Zeit« schätzen. Von Frauen wird erwartet, daß sie ständig bemüht sind, Männer in die Ehe zu locken, sie ihrer Freiheit zu berauben und sie zu zahmen, gehorsamen Ehemännern zu machen. Wie nahe wir der Sadie-Hawkins-Day-Mentalität kommen, zeigt sich an der Art, wie wir auf die Heiratspläne eines männlichen Freundes reagieren. Die Sprache, die wir in einer solchen Situation verwenden, entspricht der Beschreibung einer Niederlage in einer Schlacht. »Schon wieder ein guter Mann weniger«, sagen wir vielleicht, oder: »Da beißt noch ein Mann ins Gras«.

Am deutlichsten wird der Unterschied zwischen der männlichen und weiblichen Einstellung der Ehe gegenüber bei den Feiern, die der Hochzeitszeremonie vorausgehen. Während die Braut und ihre

Gruppe sich ganz klar auf die Ehe freuen – und nach vorne schauen –, zeigen sich auf der Gegenseite, beim Abschied vom Junggesellendasein, Trunkenheit und Obszönität in verschiedenen Stadien. Hier handelt es sich um einen letzten Blick zurück auf die Freuden des Single-Daseins.

Die wahre männliche Einstellung der Ehe gegenüber

Die Statistiken zeigen, daß über 90 Prozent der Männer in diesem Land irgendwann in ihrem Leben heiraten. Die Ehe wird weder unmodern, noch ist sie dem Untergang geweiht. Selbst bei einer stark gestiegenen Scheidungsrate sind es doch die Männer, die häufiger eine zweite Ehe eingehen als die Frauen. Wenn wir es wirklich ernst meinen mit unserem Kampf gegen die Bemühungen der Frauen, uns in einer Ehe zu versklaven, müssen wir außerordentlich schlechte Krieger sein, denn unsere Verluste sind unglaublich hoch. Entweder dies, oder in unserer Haltung steckt eine ganze Menge Heuchelei und wir unterwerfen uns der Ehe nicht gar so unwillig, wie wir vorgeben.

Ich denke, die zweite Erklärung ist die wahrscheinlichere. Schließlich sind es nicht nur Frauen, die sich die Kameradschaft und emotionale Sicherheit wünschen, die eine Ehe bieten kann. Die Ehe verspricht ein sexuelles und emotionales Band mit einem anderen Menschen, das tiefer und befriedigender sein wird, als es in irgendeiner anderen Beziehung möglich ist. Frauen gehen auf dieses Versprechen von ganzem Herzen ein, denn sie haben von Kindesbeinen an gelernt, die Ehe als wünschenswertes Ziel anzusehen. Männer dagegen glauben, sie müßten etwas zurückhalten, denn die Ehe stimmt nicht mit dem Bild überein, das sie als Ideal akzeptieren. So kommt es, daß der Durchschnittsmann insgeheim vielleicht sucht, was die Ehe bietet; aber um den Schein zu wahren, muß er sich als ein weiteres Opfer des Sadie Hawkins Day darstellen.

Das Problem bei dieser Einstellung liegt darin, daß ein Mann, der vorgibt, die Ehe nur unter Druck einzugehen, leicht das Gefühl bekommen kann, man könnte von ihm nicht mehr als seine Einwilligung zur Ehe verlangen. Es ist typisch für die Männer unserer Gesellschaft zu glauben, daß sie für die Ehe weder viel emotionale Energie noch Engagement aufbringen müßten. Für die Frau soll die Ehe alles sein, die Grundlage ihres Lebens. Für einen Mann ist die Ehe bloß eine von vielen Verpflichtungen, und keineswegs die wichtigste. Viele Männer glauben, die Ehe wäre einfach eine Art Erfüllung verschiedener vorgeschriebener Pflichten, und diese Erfüllung würde sie automatisch über jede Kritik erhaben machen. Diese Haltung wird durch einen Cartoon wiedergegeben, in dem Mann und Frau im Wohnzimmer inmitten all der Gegenstände sitzen, die ein bequemes Mittelschichtsleben ausmachen. Der Mann wirft seiner Frau über den Rand der Zeitung hinweg einen konsternierten Blick zu und sagt: »Natürlich liebe ich dich – das ist mein Job.« Viele Männer erwarten eine Ehe ohne viel Gefühl und sind damit zufrieden.

Eine Ehe, die in diesem Sinne geführt wird, kann nur unbefriedigend sein. Ein Mann übernimmt die Verantwortung in der Ehe genauso, wie er die Verantwortung in seinem Beruf übernimmt, aber hier hört die Ähnlichkeit zwischen beidem auch schon auf. Ein großes, gut eingeführtes Unternehmen mag in der Lage sein zu überleben, wenn die Mehrzahl seiner Angestellten ihre Aufgabe gelangweilt und routinemäßig erfüllt. Bei einer Ehe aber gibt es keine Aktionäre, keine öffentlichen Mittel, keine Möglichkeit, emotionales Kapital aufzunehmen. Die ehelichen Bande aus Respekt, Vertrauen und Vertrautheit müssen von dem Paar selbst aufgebaut und gestärkt werden. Entropie, die Tendenz eines Systems zusammenzubrechen, wenn es sich selbst überlassen bleibt, wird in einer Ehe sehr schnell wirksam. Anders ausgedrückt: Eine Liebe, die nicht wächst, stirbt. Wenn ein Mann eine befriedigende und sichere Ehe führen will, dann muß er mehr von sich einbringen.

Falsche Gründe, eine Ehe einzugehen

Da die Ehe eine derart uneingeschränkte Mitarbeit erfordert, wäre es dumm, sie einzugehen, wenn man nicht wenigstens bereit ist, sich für ihr Gelingen zu engagieren. Es stimmt schon, daß in unserer Gesellschaft starker Druck ausgeübt wird, damit wir heiraten. Von einem gewissen Alter an gelten unverheiratete Leute als ein wenig seltsam und männliche Single über fünfunddreißig als schwul. Trotzdem sollten Sie dem gesellschaftlichen Druck widerstehen und die Ehe als eine von vielen Möglichkeiten ansehen, die Ihnen offenstehen. Sie sollten nur heiraten, wenn Sie sicher sind, daß die Ehe Ihren eigenen Bedürfnissen und Wertschätzungen im Leben entspricht.

Der erste Schritt herauszufinden, ob Sie aus den richtigen Gründen heraus heiraten, besteht darin, sich zu fragen, ob Sie die Ehe um ihrer selbst willen wählen, oder weil Sie einer anderen Situation entkommen wollen. So kann sich ein Mann etwa zur Hochzeit entschließen, weil er dem Streß von Verabredungen ein Ende machen will, oder weil er nicht länger einsam sein möchte. Vielleicht sieht er in der Ehe auch den einzigen Ausweg aus einem unangenehmen oder langweiligen Familienleben, oder er läßt sich von Eltern oder Freunden so lange unter Druck setzen, bis er seinen ledigen Status aufgibt. Einer der schlimmsten Gründe für eine Ehe ist der Versuch, eine echte oder vermutete homosexuelle Neigung zu vertuschen. In derartigen Situationen ist die Ehe keine positive Entscheidung, sondern eine Art Fluchtversuch.

Ein Mensch sollte immer dann äußerst mißtrauisch werden, wenn ein eingeschlagener Kurs der »letzte Ausweg« zu sein scheint. Wenn Menschen heiraten, weil sie glauben, allmählich »zur Ruhe kommen« zu müssen, verwenden sie nicht genügend Zeit und Aufmerksamkeit darauf, den geeigneten Ehepartner zu finden. Sie sind so wild darauf, verheiratet zu sein, daß sie am Ende an dem hängen bleiben, was gerade bequem war oder zur Verfügung stand. Ist ein Partner auf diese Weise ausgesucht worden, wird das Paar bald feststellen, daß es sich nicht respektiert oder daß die Interessen und Wertmaßstäbe so unterschiedlich sind, daß sie nicht unter einen Hut zu bringen sind. Diese Probleme können noch zu den normalen Schwierigkeiten hinzukommen, die zwei Menschen dabei haben, sich an die Eigenheiten des anderen zu gewöhnen und die Schwierigkeiten des Alltags zu bewältigen.

Für manche Männer ist die Ehe ein Zeichen, daß sie jetzt ein unabhängiger Erwachsener geworden sind. Doch weisen Männer, die bei der Hochzeit jünger als einundzwanzig sind, später eine höhere Scheidungsrate auf. Sie müssen erst Ihre eigene Persönlichkeit entwickeln, sich Ihre Ziele stecken, ehe Sie heiraten. Deshalb ist es für die meisten Männer besser, mit der Ehe zu warten, bis sie mindestens Mitte Zwanzig sind.

Eine ungewollte Schwangerschaft ist ebenfalls ein schlechter Grund zu heiraten. Vielleicht erscheint es Ihnen galant, die Frau zu heiraten, die sie geschwängert haben, und ein solches Handeln mag lobenswert gewesen sein, als man für die Geburt eines nichtehelichen Kindes noch damit bezahlte, von der Gesellschaft ausgestoßen zu werden. Heutzutage ist es viel besser, die Ehe an und für sich zu überdenken, nicht als eine Möglichkeit, eine Abtreibung oder Adoptionsfreigabe zu vermeiden. Es wäre nun aber auch ein Fehler, ins andere Extrem zu verfallen und die Ehe automatisch als Lösung für eine ungewollte Schwangerschaft zu verdammen. Es ist Tatsache, daß eine von vier Bräuten bei der Hochzeit schwanger ist, und daß einige dieser Paare ausgezeichnete Ehen führen - besonders jene, die bereits geplant hatten zu heiraten und nur den Zeitpunkt aufgrund der Schwangerschaft vorverlegten.

So, wie es vom männlichen Standpunkt aus betrachtet eine galante, aber unrealistische Geste darstellt, die Frau zu heiraten, die Sie geschwängert haben, so bildet die Absicht, den Mann zu verändern, den törichten weiblichen Gegenpart. Die Frau, die einen Alkoholiker oder Spieler heiratet, oder einen Mann, der ständig die Stellung verliert, und glaubt, ihr guter Einfluß würde ihn ändern, ist ausgesprochen unrealistisch. Der Mann ist dafür verantwortlich, sein Leben zu ändern. Derartige Probleme zu behandeln ist Sache einer Therapie, nicht einer Ehe. Ganz gleich, wie gut die Absichten einer Frau auch sein mögen, es ist unwahrscheinlich, daß sie Erfolg hat. Ebensowenig ist es ihre Aufgabe, das zu tun. Ein Mann, der sich ändern will und die Verantwortung für eine Veränderung übernimmt, kann sicherlich von einer Ehefrau, die ihn unterstützt, profitieren. Aber sie kann es nicht für ihn tun; er muß sich selbst ändern, vielleicht mit ihrer Hilfe. Eine gute Ehe fördert bei jedem Menschen das Beste zutage.

Positive Gründe für Ehe und Partnerwahl

Soviel zu den schlechten Gründen. Gibt es auch gute? Ja, es gibt einige wirkliche Vorteile, auf die man sich in der Ehe freuen kann. Eine gute Ehe sorgt für ein stabiles und emotional befriedigendes Leben. Indem es die Höhepunkte ebenso miteinander teilt wie den Alltag, hat ein Ehepaar Gelegenheit, emotionale Vertrautheit zu entwikkeln. In einer Ehe lassen sich die Bedürfnisse eines Menschen, geliebt, respektiert und sicher zu sein und einen anderen Menschen zu lieben und für ihn zu sorgen, besser befriedigen als in jeder anderen zwischenmenschlichen Beziehung. Natürlich hat auch die Ehe ihre Schattenseiten. Ehepaare können sich miteinander langweilen, das Gefühl bekommen zu ersticken. Die Einblicke in den Charakter des anderen, die die Vertrautheit einem Paar ermöglicht, können ebenso herangezogen werden, um zu verletzen, wie, um zu helfen. Doch wenn es zu derartig negativen Auswirkungen kommt, dann liegt die Ursache für gewöhnlich in einer unzureichend überlegten Ehe, mangelndem Engagement oder mangelnder Kommunikation. Die Sicherheit und Vertrautheit einer guten Ehe sind die besten Erfahrungen, die das Leben zu bieten hat.

So, wie es gute und schlechte Gründe für eine Ehe gibt, gibt es auch wirksame und unwirksame Wege, einen Partner zu finden. Das vielleicht wichtigste Element ist Respekt. Gemeinsam mit Ihrer Ehefrau entscheiden Sie über Ihr Leben - etwa, welche Art von Familienleben Sie sich vorstellen, wo und wie Sie wohnen, welche Arbeit Sie tun und wie sie in Ihr übriges Leben integriert wird, was für Sie im Leben wichtig ist. Wenn die erste Verliebtheit erst einmal vergangen ist (was höchstens ein oder zwei Jahre dauert), sind dieser Unterbau aus Respekt, Vertrauen, emotionaler und sexueller Vertrautheit und die Organisation des Alltags die Schlüsselelemente einer befriedigenden Ehe.

Worum Sie sich unbedingt bemühen sollten, ist Kommunikationsfähigkeit. Unter Kommunikation verstehe ich die Fähigkeit und Bereitschaft, wichtige Aspekte Ihres Lebens und Ihrer Persönlichkeiten miteinander zu teilen, und zwar nicht nur diejenigen, die Sie gut dastehen lassen. Ein Ehepartner sollte der Mensch sein, mit dem Sie sowohl über Ihre Ängste und Ihre Wut als auch über Ihre Hoffnungen und Träume sprechen können. Wenn Sie Ihrer Partnerin von Ihren Schwächen ebenso wie von Ihren Stärken erzählen, so ist das eine gute Möglichkeit, Vertrautheit in einer Ehe aufzubauen. Seiner Ehefrau gegenüber Schwächen einzugestehen - vor allem Gefühle von Unsicherheit und Unzulänglichkeit, von Trauer oder Depression - fällt keinem Mann leicht. Von Kindesbeinen an lernen wir, daß wir eine Situation immer im Griff haben müssen - oder zumindest diesen Anschein erwecken sollten - und daß Frauen »den starken, schweigsamen Typen« bewundern. Natürlich ist Stärke eine bewundernswerte Eigenschaft bei einem Menschen, egal ob Mann oder Frau. Aber kein vernünftiger Mensch würde von seinem Partner erwarten, immer und überall stark zu sein. Ihre Frau muß bereit und fähig sein, Sie so zu akzeptieren, wie Sie sind, und nicht so, wie sie Sie sich wünscht. Besonders wichtig ist, daß sie die Schwierigkeiten und Schwächen akzeptiert, die zu Ihnen gehören, ohne Sie deshalb herabzusetzen.

Sie müssen sich beide im gleichen Maße einbringen. Ihre Partnerin sollte nicht die Rolle einer Therapeutin oder eines Beichtvaters übernehmen. Auch sie sollte sich Ihnen gegenüber offen über ihre Gedanken und Gefühle äußern, sowohl die positiven wie die negativen. Ein ehrlicher Gedankenaustausch trägt dazu bei, die Unzufriedenheiten und Mißverständnisse aufzudecken, die zwangsläufig in jeder Ehe auftreten.

Obwohl die meisten Ehepartner nach ein paar Jahren ausgesprochen sensibel für die Stimmungen und emotionalen Befindlichkeiten des Partners werden, darf man doch nicht erwarten, daß sie Gedanken lesen können. Deshalb verliert die verbale Kommunikation nie an Bedeutung. Wenn Kummer und Freude einander nicht mitgeteilt, sondern unterdrückt werden, kann das Paar weder sein Vergnügen voll miteinander teilen noch Probleme erkennen und verarbeiten. Deshalb ist es wichtig, daß Sie sich eine Partnerin suchen, der Sie vertrauen und mit der Sie ebenso über Ihre Gefühle wie über Probleme und deren mögliche Lösung sprechen können.

Eine weitere wichtige Grundregel besteht darin, sich für eine Frau zu entscheiden, deren Interessen und Wertmaßstäbe mit den Ihren übereinstimmen. Wenn Paare gemeinsame Interessen haben, werden sie in aller Regel auch mehr Spaß miteinander haben. Natürlich müssen nicht all Ihre Interessen und Werte übereinstimmen. Es ist sogar gut, wenn Sie ein paar Interessen nicht mit Ihrer Angetrauten teilen. Das schenkt Ihnen Bereiche, in denen Sie als Einzelperson wachsen und sich eigenständig entwickeln können. Die besten Ehen sind jene, in denen es sowohl gemeinsame als auch eigene Interessenbereiche gibt, in denen die Partner viel gemein haben, und doch jeder immer wieder neue Impulse in die Ehe einbringt.

Bevor Sie heiraten, sollten Sie realistisch über die wichtigsten Punkte sprechen, die Sie beide betreffen. Einige der Fragen, über die man sich austauschen sollte, sind: Will man Kinder haben, und wenn ja, wann? Wie wird das Geld verwaltet und ausgegeben, welche finanziellen Prioritäten sollen gesetzt werden? Wo wird gewohnt? Welche Rollen wird jeder Partner im Hinblick auf Karriere, Haushalt und Kindererziehung übernehmen? Wie wichtig ist die Sexualität in der Ehe, und wird das Paar an der Monogamie festhalten, oder können gewisse Arten von außerehelichen Affären toleriert werden? Wie wichtig ist es jedem Partner, aus dieser Beziehung eine stabile Ehe zu machen? Wie soll der Kontakt des Paares zu der angeheirateten Familie aussehen? Das sind grundlegende Probleme, über die man sich vor der Ehe ernsthaft unterhalten sollte, wenigstens soweit, daß man Richtlinien ausarbeitet.

Paare, die kurz vor der Ehe stehen, tendieren stark dazu, Schwierigkeiten, die auf sie zukommen, herunterzuspielen. Das gilt besonders für jüngere Menschen, die glauben, den Glanz ihrer Beziehung nur mit romantischer Verklärung aufrecht erhalten zu können, und blauäugig glauben, daß sich eventuelle Probleme von ganz allein lösen werden. Doch eine Ehe nur auf Verliebtheit aufzubauen ist so, als wollte man ein Haus auf Sand bauen - es geht schief. Wenn eine Ehe gut und lange funktionieren soll, sind Kommunikation und Planung erforderlich.

Gute Ehe - ein Prozeß

Man muß lernen, verheiratet zu sein. Für diesen Lernprozeß ist es förderlich, wenn wir als Kinder oder Jugendliche gute Vorbilder hatten. Es ist günstig für eine Ehe, wenn einer oder beide Partner von Eltern aufgezogen wurden, die selbst glücklich verheiratet waren. Für solche Menschen scheint eine gute Ehe die Norm, und sie werden den Verhaltensmustern folgen, die in ihrer Familie galten. Ein Mensch, der nicht so viel Glück hatte, muß eine andere Strategie verfolgen und versuchen, aus den Schwächen seiner Eltern zu lernen. Er wird sich mehr anstrengen müssen, um eine gute Ehe führen zu können.

Sowohl Emily als auch ich gehören zur zweiten Kategorie. Die Ehen unserer Eltern waren sehr belastend und unglücklich. Wir waren fest entschlossen, keine derartige Ehe zu führen. Mit unseren Anfangserfolgen waren wir so zufrieden, daß sich eine gewisse Langeweile einschlich. Wir erkannten beide, daß wir ein passables Level erreicht hatten, und waren im Grunde ganz zufrieden, riskierten allerdings die Stagnation. Zu dieser Zeit entschlossen wir uns bewußt, weiter an der Entwicklung unserer Beziehung zu arbeiten. Das war für Emily einfacher als für mich. Wie die meisten Männer versprach ich mir von der Ehe weniger als meine Frau. Der Versuch, effektiv miteinander zu kommunizieren, zärtlicher zu sein, als Paar zu denken und nicht als Single, der zufällig verheiratet ist, all das erforderte von mir viel mehr Anstrengung als von ihr. Ich habe festgestellt, daß es sich gelohnt hat - sowohl für mich als Mann als auch für uns als Paar. Seitdem haben wir mehrmals eine Zeit der Neubewertung durchlaufen, und ich glaube, daß dies für eine Ehe von enormem Nutzen sein kann. Die Ehe ist wie ein Garten; sie braucht eine solide Grundlage, muß aber auch beständig gepflegt und neu bepflanzt werden. Sie müssen Zeit und psychische Energie aufwenden, wenn Ihre Ehe nicht aufhören soll zu blühen.

Es ist viel leichter und macht auch mehr Spaß, eine gute Ehe noch zu verbessern, als zu versuchen, eine schlechte, festgefahrene zu retten. Leider versuchen viele Paare erst, ihre Ehe zu verändern, wenn sich ernste Probleme und eine Menge Wut, gegenseitige Ablehnung und Resignation angesammelt haben. Das alte Sprichwort, daß Vorbeugen besser ist als Heilen, gilt ganz besonders für eheliche Beziehungen.

Ehelicher Sex

Bislang haben wir über die Rolle der Sexualität in der Ehe nichts Besonderes gesagt. Natürlich nimmt der Sex einen wichtigen Platz ein, aber erst, wenn wir die Ehe im größeren Zusammenhang betrachtet haben, können wir deutlich erkennen, welcher Platz das ist. Hier gehen die Meinungen auseinander. Ein Standpunkt ist, daß Sex eine Art Grundstein für die eheliche Beziehung darstellt - wenn die Sexualität gut ist, ist auch alles andere gut. Daraus wird abgeleitet, daß man die Ursache für Probleme in einer Beziehung immer in unbefriedigendem Sex suchen kann. Andere glauben, daß die Sexualität von untergeordneter Bedeutung ist, daß das wichtigste Element die Liebe ist, die ein Paar füreinander empfindet. Ist ihre Beziehung in diesem Punkt gut, dann ist Sex nicht so wichtig.

Diese extremen Einstellungen sind simplifizierend und falsch. Sex erfüllt in einer Ehe eine ganze Reihe von Zwecken. In erster Linie ist er eine Möglichkeit, Gefühle von Vertrautheit zu schaffen und zu stärken. Außerdem bietet Sex eine Art von Bestätigung und geteilter Freude für Sie beide als Mensch und als Teil eines Paares. Darüber hinaus kann Sex Spannungen lösen, kann ein Refugium sein vor den Problemen mit Rechnungen, Kindern und dem Streß des alltäglichen Lebens. Aber Sex ist auf keinen Fall der einzige und wichtigste Maßstab für eine eheliche Beziehung. Es ist ohne weiteres möglich, daß ein Paar eine gute sexuelle Beziehung und dennoch ernste Probleme in anderen Bereichen hat, die zum Bruch führen können.

Sex ist sicherlich kein unwichtiger Punkt. Am besten sieht man darin einen Aspekt der Gefühle und Interaktion eines Paares. Es ist nichts Eigenständiges, sondern vielmehr ein wesentlicher Bestandteil der Beziehung. Ein beliebtes Sprichwort unter Therapeuten besagt, daß guter Sex ungefähr 15 bis 20 Prozent der Ehe ausmacht. Wenn er unbefriedigend ist, kann er jedoch auf 75 Prozent anwachsen. Sex kann eine Ehe entweder beleben oder ihr auch noch die letzten positiven Gefühle entziehen. So kann ein Paar intellektuell und emotional gut zusammenpassen und dennoch ein unbefriedigendes Sexualleben führen. Aber Sie können nicht unendlich lange in einer derartigen Situation leben, jedenfalls nicht, ohne Ihre Beziehung in Gefahr zu bringen. Wenn ein Paar wirklich entschlossen ist, eine gute

Ehe zu führen und soviel Freude und Erfüllung herauszuziehen wie nur möglich, wird es mit einer schlechten sexuellen Beziehung nicht zufrieden sein, sondern wird sich bemühen, diesen Aspekt seines Lebens zu verbessern.

Das Gefühl von Nähe und Vertrautheit ist sehr wichtig im Sexualleben eines Paares. Wenn man liebt und sich geliebt fühlt, so ist dies der wichtigste Faktor dafür, daß ein Paar Liebe machen will. Viele Männer ignorieren das; sie neigen zu dem Gefühl, Sex wäre ein Teil des Lebens, der mit nichts anderem zu tun hat. Tatsächlich sind die Nähe und Zärtlichkeit, die zwei Menschen außerhalb des Schlafzimmers füreinander empfinden, von größter Bedeutung für ihr Sexualleben. Wenn ein Ehemann etwa zeigt, daß ihm seine Frau wichtig ist, indem er seine Hoffnungen und Ängste mit ihr teilt, indem er sich an der Hausarbeit beteiligt oder untertags anruft, einfach nur, um »Hallo« zu sagen, oder indem er einen besonderen Abend für sie beide plant, dann schafft er damit ein Gefühl von Nähe, das es ihnen ermöglicht, ihre gemeinsamen sexuellen Erfahrungen häufiger zu genießen. Der Geschlechtsverkehr ist nur eine Art, Zärtlichkeit auszudrücken und sexuelles Vergnügen zu teilen. In Verbindung mit der Ehe ist die Sexualität nur eine Möglichkeit für die Partner, ihre Vertrautheit miteinander zum Ausdruck zu bringen.

Dieser Punkt ist besonders wichtig für Männer, die das Gefühl haben, jeder Akt von körperlicher Zärtlichkeit müßte im Geschlechtsverkehr gipfeln. Eine solche Einstellung, die für eine überraschend große Zahl von Männern typisch ist, ist ein Auswuchs der Tendenz, den Ausdruck von Sexualität in Schubladen zu sortieren, ihn als einen spezifischen Akt zu sehen, der nach einem unveränderbaren Drehbuch ausgeführt werden muß. Wenn jede Umarmung, jeder Kuß, jede Liebkosung zum Beischlaf führen, dann fängt die Frau bald an, körperliche Berührungen zu meiden, weil sie das Gefühl hat, besser gar nicht erst damit anzufangen, wenn sie nicht bis ans Ende gehen will. Paradoxerweise ist diese Haltung des »Verkehr oder gar nichts« schuld, wenn ein Paar nicht mehr so häufig miteinander schläft. Wenn Ehepartner ihre Zuneigung nicht mehr frei zeigen können, sowohl im Schlafzimmer als auch außerhalb, ohne daß dies den Koitus nach sich zieht, dann verlieren sie in jeder Beziehung. Das allgemeine Niveau von Zärtlichkeit und Sinnlichkeit in ihrer Beziehung sinkt, und sie schlafen im Endeffekt seltener miteinander. Sich innerhalb und außerhalb des Schlafzimmers zu berühren, ohne irgendwie zu erwarten, daß jede Berührung zum Beischlaf führt, sorgt für eine Art der Kommunikation, die mehr Zärtlichkeit, mehr Sinnlichkeit und häufigeren Geschlechtsverkehr fördert.

Sexuelle Kommunikation

Partner, die offen über eine Vielzahl von Themen sprechen und in der Lage sind, einander negative Gefühle ebenso mitzuteilen wie positive, sind besser auf eine gegenseitige Kommunikation vorbereitet, die für ein gutes sexuelles Funktionieren notwendig ist. Jeder Mensch hat das Recht und die Pflicht, den anderen wissen zu lassen, ob ihm eine bestimmte Art der Stimulierung angenehm ist oder nicht. Ganz gleich, wie gut Ihre Partnerin als Liebhaberin ist, sie kann unmöglich wissen, was Sie anmacht oder nicht, wenn Sie ihr nicht eine Art Feedback liefern. Die Männer haben das Gefühl, sie müßten wissen, was einen guten Liebhaber ausmacht, wie sie ihre Frauen befriedigen können, ohne Führung oder Anleitung. Aber natürlich geht es in diesem Buch gerade darum, daß Männer mehr über ihre Sexualität (und die ihrer Partnerinnen) lernen *müssen,* um deren Potential zu begreifen. Und Männer wie Frauen sollten Energie aufwenden, um ihre sexuellen Vorlieben und Abneigungen mitzuteilen, ehe sie in der Lage sind, eine befriedigende sexuelle Beziehung aufzubauen. Aus Studien geht hervor, daß Paare mindestens sechs Monate benötigen, um eine funktionierende und befriedigende sexuelle Beziehung aufzubauen.

Wenn Sie bezweifeln, daß das so ist, dann sollten Sie diesen Test bei sich selbst machen. Versuchen Sie, ob Sie alle Körperteile Ihrer Partnerin aufzählen können, an der sie gern stimuliert wird. Welche Art der Stimulierung gefällt ihr jeweils in diesen Bereichen (kräftig, leicht, kitzeln, reiben, küssen, lecken, streicheln?) Welche Umgebung findet sie am erregendsten? Kennen Sie ihre beiden liebsten Stellungen? Welche Art von Nachspiel hat sie am liebsten? Wenn Sie bei einer dieser Fragen unsicher sind, dann gibt es noch Dinge, die

Sie lernen müssen, und die beste Art, sie zu lernen, besteht im Experimentieren mit verschiedenen Aktivitäten, wobei Sie einander verbal oder nonverbal Ihre Eindrücke mitteilen sollten. Den Männern ist es häufig peinlich, eine derartige »Untersuchung« durchzuführen, weil sie fürchten, sich ungeschickt zu verhalten und zurückgewiesen zu werden. Aber diese Art von Aktivität steigert nicht nur Ihre Kenntnisse über die sexuelle Reaktion des anderen, sondern kann auch ein besonders intimes und abenteuerliches Erlebnis sein. Im Laufe Ihrer Ehe können Sie so etwas gelegentlich machen. Die sexuellen Vorlieben der Menschen verändern sich, wenn sie neue sensible Bereiche entdecken und lernen, ihren Körper auf neue Art zu erfahren. Paare müssen einander diese Veränderungen mitteilen, um sexuell in Kontakt zu bleiben.

Es kann nicht deutlich genug gesagt werden, daß die sexuelle Kommunikation in der Ehe in beiden Richtungen verlaufen muß. So, wie Ihr Wunsch nach einer guten Ehe Sie dazu verpflichtet, die Signale Ihrer Partnerin zu empfangen, was für sie angenehm ist oder nicht, so sind Sie auch verantwortlich dafür, ihr Ihre eigenen Vorlieben mitzuteilen. Selbstkasteiung und Entsagung haben in einer sexuellen Beziehung wenig zu suchen. Zuerst einmal müssen Sie natürlich wissen, was Sie wollen, und ein wenig Erforschung allein oder auch mit Ihrer Partnerin kann nützlich sein, um das zu erkunden. Der zweite Schritt besteht darin, diese Vorlieben Ihrer Partnerin mitzuteilen. Das steigert nicht nur Ihre Chancen, das zu bekommen, was Sie sich wünschen, sondern mindert auch die Unsicherheit und Ängste Ihrer Partnerin, wie sie Ihnen Freude bereiten kann.

Es ist wichtig, zwischen einer Forderung und einer Bitte zu unterscheiden. Eine Bitte berücksichtigt die Gefühle Ihrer Frau, denn sie erlaubt es ihr, »nein« zu sagen. Eine Forderung tut das nicht. So wichtig es für Sexualpartner ist, offen um die Art von Stimulierung bitten zu können, die sie vorziehen, so wichtig ist es auch, daß sie sich nicht gedrängt fühlen, irgend etwas gegen ihren Willen zu tun. Sex kann nicht gut sein, wenn er erzwungen ist. Natürlich werden nicht alle Vorlieben und Abneigungen Ihrer Ehefrau mit den Ihren übereinstimmen, und so wird jeder von Ihnen dem anderen entgegenkommen müssen. Wenn Sie Ihrer Frau Ihre Wünsche aufzwingen, bekommen Sie kurzfristig zwar Ihren Willen, aber langfristig führt das zu Angst und Wut. Unter diesen Umständen wird aus der sexuellen Gemeinsamkeit ein Machtkampf. Und der geht für gewöhnlich über das Schlafzimmer hinaus. Selbst wenn ein Partner vor den Forderungen des anderen kapituliert, so wird die Abneigung des Verlierers die Freude des Gewinners an der Erfahrung doch schmälern. Vergessen Sie nicht: Sex soll Spaß machen und kein Kampf um Macht und Vorherrschaft sein.

Die Wichtigkeit der Kommunikation im Sex zeigt sich am deutlichsten in jenen Fällen, in denen die sexuelle Beziehung eines Paares vollkommen zum Erliegen kommt. Schuld daran ist selten mangelndes Interesse an Sex, wenn auch einer von beiden Partnern so tun mag, als wäre das der Grund. Noch ist es üblich, daß das Paar sich gegenseitig so wenig reizvoll findet, daß sie keine Lust haben, miteinander ins Bett zu gehen. In manchen Fällen bleiben sie in anderen Bereichen des Lebens Freunde. Es ist nur auf sexuellem Gebiet, daß keine Kommunikation mehr stattfindet.

Jerry und Fran

Das Einfrieren der sexuellen Beziehungen schafft eine Kälte, die auch jeden anderen Aspekt der Ehe durchdringt. Manchmal kann die Kommunikation irgendwann wieder aufgenommen werden, und wenn es so ist, dann geschieht das häufig mit einem Knall, der zeigt, wie intensiv die unterdrückten Gefühle waren. Bei einem Ehepaar mittleren Alters, das wegen einer Therapie zu mir kam, handelte es sich um einen derartigen Fall. Jerry war ein typischer Geschäftsmann, der ganz in seiner Arbeit aufging. Er und Fran hatten seit dreizehn Jahren nicht mehr miteinander geschlafen und sich seit etwa acht Jahren nicht mehr zärtlich berührt. Fran wünschte die Scheidung, aber Jerry war dagegen und erklärte, dies würde sein berufliches Ansehen zerstören. Außerdem wollte er die Kameradschaft und Stabilität der Ehe nicht missen. Schließlich kamen die beiden überein, es mit einer Sexualtherapie zu versuchen.

Bei der ersten Sitzung unterhielten wir uns über sexuelle Kommunikation und die Bedeutung zweckfreier Berührungen. Ich beschrieb ihnen eine Übung, mit der sie anfangen sollten, ein Liebesspiel ohne Berührung der Genitalien. Keiner schien recht glücklich mit der Idee, aber beide versprachen, es zu versuchen.

Als sie zur nächsten Sitzung kamen, stellte ich überrascht fest, daß Jerry eine Klappe über dem rechten Auge hatte, die die dunkle Schwellung nicht völlig verbarg. Als ich mich erkundigte, was geschehen war, sahen sie einander verlegen an. Dann erzählten sie mir, nicht ohne einen gewissen Humor, ihre Geschichte. Wie ich es vorgeschlagen hatte, hatten sie ihre erste Liebesspiel-Sitzung damit begonnen, zusammen etwas zu trinken und sich ein paar Minuten intim zu unterhalten. Ich hatte vorgeschlagen, daß sie dabei Händchen halten sollten, aber als Jerry nach Frans Hand griff, zuckte sie zurück und erklärte, sie hätten sich seit Jahren nicht an der Hand gehalten, und sie fände es dumm, jetzt damit anzufangen. Hastig tranken sie ihre Gläser leer und gingen zum nächsten Schritt über - gemeinsames Duschen. Fran trat als erste in die Kabine und fing an, sich einzuseifen. Dann kam Jerry, und als er nach dem Waschlappen griff, streifte er versehentlich ihre nackte Schulter. Dies löste unterdrückten Schmerz und Wut in Fran aus, denn sie fuhr impulsiv herum und rammte ihm ihr Knie zwischen die Beine, stieß ihn aus der Dusche, packte ihn an den Haaren und schlug ihn.

Nachdem Fran ihre Wut überwunden hatte und sich entschuldigte, und nachdem Jerry sich von seiner anfänglichen Überraschung und seinem Schmerz erholt hatte, folgte die schockierte Erkenntnis, wie fremd sie einander körperlich und sexuell geworden waren. Zum ersten Mal begriffen sie, wie stark die Gefühle waren, die sie in sich verschlossen hatten, und beide waren stark motiviert, die Therapie fortzusetzen und ihre sexuellen Probleme zu lösen. Ihre Kommunikationsfähigkeit verbesserte sich so dramatisch, daß sie rasche Fortschritte bei der Therapie machten und auch weiterhin erfolgreich ihre eheliche und sexuelle Beziehung aufleben ließen.

Sex in der Ehe

Nicht jede Ehe leidet unter einem Kommunikationsproblem, das so stark ist wie das von Jerry und Fran, aber die meisten Ehen könnten von dem Versuch profitieren, innerhalb und außerhalb des Schlafzimmers sensibler und expliziter miteinander zu kommunizieren.

Kommunikation, Spontaneität und die Bereitschaft zum Experiment sind die Schlüsselelemente, die verhindern, daß die sexuellen Beziehungen eines Ehepaares langweilig und zur Routine werden. Diese Elemente müssen von beiden Partnern gefördert werden. Jeder ist dafür verantwortlich, dem anderen seine Gefühle mitzuteilen, seine Gedanken und Empfindungen, Vorlieben und Abneigungen, und auch empfänglich für diejenigen seines Partners zu sein. Beide können zu Abwechslung und Spontaneität in der Beziehung beitragen.

Wenn es um Sex geht, bedeutet das zum Beispiel, nicht immer dieselbe Stellung zu wählen. Es bedeutet das Experimentieren mit verschiedenen Methoden oder Stilarten des Geschlechtsverkehrs – ernsthaft, spielerisch, ruhig, aufgeregt, schnell oder ausgedehnt und romantisch. Es bedeutet das Experimentieren mit dem Liebesspiel zu verschiedenen Tageszeiten, wann immer sich die Gelegenheit ergibt, ohne sich an das ungeschriebene Gesetz zu halten, die »richtige« Zeit für Sex wäre kurz vor dem Einschlafen. Es kann auch bedeuten, Sex nicht nur im Schlafzimmer zu haben, sondern vielleicht auf dem Sofa im Wohnzimmer, auf dem Teppich oder vor dem Kamin. Es bedeutet, sich die Mühe zu machen, die Liebe kreativ zu verfeinern, etwa mit Musik, Duft, Lotionen, Kerzen oder aber einer Flasche Champagner »danach«. Derartige Variationen und Neuerungen sind keine Kinkerlitzchen, sondern vielmehr Teil des Liebesaktes selbst.

Abschließende Gedanken

Im Idealfall heiratet ein Mann aus freien Stücken. Er muß realistische Erwartungen an die Ehe stellen, darf sie nicht romantisch verklärt oder zynisch sehen und glauben, daß sich nichts mehr ändert, wenn man erst einmal verheiratet ist. Eine gute Ehe erfordert fortgesetztes Engagement, Energie und Kommunikation. Ist der Mann erst einmal verheiratet, ist er es sich (und seiner Frau) schuldig, alles zu versuchen, um seine Ehe zum Erfolg zu bringen – nicht aus Rücksicht auf die Institution der Ehe, sondern weil eine gute Ehe Quelle von Lust, Sicherheit und Vertrautheit sein kann. Die Gedanken, die Arbeit und die Energie, die nötig sind, damit eine Ehe gut wird, lohnen sich!

Siebtes Kapitel

Schwangerschaft und Geburt: Es ist auch *Ihr* Kind

Ein weitverbreiteter Irrglaube stellt Väter als wichtigtuerische Zuschauer bei der Geburt dar, deren einzig wirklicher Beitrag das Sperma ist, das die Dinge ins Rollen bringt. Dieser Mythos wurde in zahllosen Romanen, Filmen und Fernsehshows dargestellt. Die Standardszene zeigt zuerst die schüchterne Ankündigung der Ehefrau, daß sie schwanger ist, und die erstaunte Reaktion des Ehemannes. Scheinbar haben die Entscheidung, ein Kind zu bekommen, die ausgebliebene Periode der Ehefrau und ihr Arztbesuch, um einen Schwangerschaftstest machen zu lassen, ohne sein Wissen stattgefunden. Er lebt in ungetrübtester Ignoranz, und dabei bleibt es auch, bis das Kind da ist. Wir sehen den werdenden Vater, wie er mit übertriebener Sorge um seine Frau herumflattert, sobald sie eine Treppe erklimmt oder irgend etwas hochhebt, das schwerer ist als ein Viertelliter Milch. Wenn die Wehen einsetzen, sehen wir ihn im Wartezimmer auf- und ablaufen wie einen Tiger im Käfig und die Krankenschwester mit idiotischen Fragen bestürmen. Wird ihm sein Sprößling dann präsentiert, hat er zwei linke Hände und läßt sich nur mit Mühe überzeugen, daß das Baby nicht kaputtgeht, wenn er es auf den Arm nimmt. Ist es ein Junge, so demonstriert er seine Bereitschaft, das Kind zu erziehen, indem er einen Fußball oder Baseballschläger mit ins Krankenhaus bringt. Ist es jedoch ein Mädchen, so tut er gar nichts. Seine einzige Aufgabe wird darin bestehen, für seine Tochter zu sorgen und sie vor räuberischen Männchen zu beschützen.

Während des ganzen Vorgangs wird der Mann also nicht bloß als nebensächlich, sondern auch als überflüssig dargestellt, und er darf nur deshalb einen Platz in der Familie einnehmen, weil er derjenige ist, der monatlich das Geld heimbringt. Das Grundthema des Szenarios ist klar: Frauen, ganz allein die Frauen sind verantwortlich für

Zeugung, Geburt und Erziehung der Kinder; der Mann wird nur toleriert.

Kein Mann sollte zulassen, daß seine Rolle als Vater auf solch armselige Dimensionen reduziert wird. Die Vaterschaft ist eine Erfahrung im Leben, die ihresgleichen sucht, und sie kann einzigartige emotionale Gratifikationen einbringen. Da diese Erfahrung potentiell reich und erfüllend ist, sollte sie bewußt gelebt werden. Ein Mann sollte sich für die Vaterschaft entscheiden, sollte alles genießen, was sie zu bieten hat, und diese Erfahrung nicht nur passiv über sich ergehen lassen.

Der Entschluß, kein Kind zu bekommen

Aber der Entschluß zur Vaterschaft legt auch nahe, daß ein Mann die Möglichkeit haben muß, *nicht* Vater zu werden. Früher, bevor effektive Verhütungsmittel zur Verfügung standen, vor der Bevölkerungsexplosion und ehe der Arbeitsmarkt für die Frauen geöffnet wurde, wurde es als gegeben vorausgesetzt, daß ein Paar bald nach der Hochzeit das erste Kind bekam. Heute jedoch gibt es keinen Grund mehr, so zu denken. Für ein Paar, das heutzutage heiratet, sind Kinder zunehmend eine Option, kein Muß. Es gilt nicht mehr, noch ist es realistisch zu behaupten, Sinn und Zweck der Sexualität wäre die Fortpflanzung. Sex ist zufällig die Art, wie wir Kinder zeugen, aber er erfüllt auch noch andere, ebenso wichtige Aufgaben. Paare sollten also kein schlechtes Gewissen haben, wenn sie die Sexualität um ihrer selbst willen genießen.

Es gibt eine Menge guter Gründe, sich gegen Kinder zu entscheiden. Ein Kind bringt beachtliche Kosten mit sich. Krankenhausrechnungen, Arztbesuche, Babymöbel und andere Notwendigkeiten addieren sich zu enormen Ausgaben. Wenn das Kind älter wird, steigen die Kosten sogar noch. Kleidung, Schule, Spielzeug, Unterhaltung, schließlich möglicherweise ein Studium, all das fügt sich zu einer ständig wachsenden Summe zusammen. Selbst wenn Paare genug haben, um ein angenehmes Leben zu führen, sollten sie begreifen, daß ein Kind die Summe Geld reduzieren wird, die sie für sich selbst ausgeben können, und daß es auf diese Weise ihren Lebensstandard senkt.

Manche Paare sind nicht bereit, Kinder zu bekommen, weil dies bedeutet, daß die Ehefrau ihre Karriere aufgeben muß (entweder vorübergehend oder auf Dauer), um daheim zu bleiben und sich um das Kind zu kümmern. Eine Alternative für die Frau wäre es natürlich, ihre Karriere fortzusetzen, während der Ehemann daheim bliebe. In manchen Fällen könnte ein solches Arrangement geradezu ideal sein, aber es ist doch immer noch die Ausnahme. Wenn weder Ehemann noch Ehefrau bereit sind, ihre Arbeit aufzugeben, geht die Tendenz heute dahin, jemanden einzustellen, der sich um Kind und Haus kümmert, oder auf eine Tagesmutter zurückzugreifen. Doch selbst mit dieser Art von Unterstützung kann der Streß, ein Kind aufzuziehen und gleichzeitig zwei Karrieren auszubauen, beträchtlich sein. Der Druck zieht häufig nach sich, daß etwas aufgegeben wird, entweder die Ehe oder die Karriere der Frau.

Paare, die die Freiheit und Kameradschaft in ihrem Zweier-Team besonders genießen, sind vielleicht nicht bereit, das geschaffene Gleichgewicht durch ein drittes Familienmitglied zu gefährden. Babys erfordern viel Zeit und Energie. Paare, die ihr gesellschaftliches Leben und ihre »Frei-Zeit« für unerläßlich halten, sollten ernsthaft über die Konsequenzen nachdenken, ehe sie ein Kind bekommen.

Schließlich entscheiden sich manche Paare vielleicht einfach deshalb gegen ein Kind, weil sie Kinder nicht besonders mögen. Das ist kein Grund zur Scham. Es heißt ja nicht, daß ein Mensch unnatürlich wäre oder daß es ihm an Herzlichkeit fehlt. Aber wenn man Kinder nicht mag oder sich in ihrer Gegenwart nicht wohl fühlt, dann hat es wohl kaum Sinn, welche zu bekommen. Außerdem sollten Paare nicht vergessen, daß ein Kind eine langfristige Verpflichtung bedeutet – für mindestens achtzehn Jahre sind die Eltern größtenteils für das Wohlergehen des Kindes verantwortlich. Ein Paar sollte diese Verpflichtung lange und nüchtern überdenken, sollte all die Forderungen und Einschränkungen in Betracht ziehen, die daraus folgen, ehe es den Entschluß faßt, ein Kind zu bekommen. Paare sollten auch erkennen, daß es verschiedene positive Argumente dafür gibt, keine Kinder zu bekommen, einschließlich der größeren Freiheit zu reisen, alternative Lebensweisen zu probieren und leben zu können, wo sie wollen, anstatt die Gegend aufgrund von Schulen und Spielplätzen auszuwählen. Die Tendenz steigt, daß Paare die Vor- und Nachteile von Kindern realistisch abwägen.

Der Entschluß zur Vaterschaft

Der Hauptgrund, sich für ein Kind zu entscheiden, ist der, daß es sich um eine der ganz besonderen Erfahrungen im Leben handelt. Die Entscheidung von Mann und Frau ist in erster Linie emotional. Die nächste Entscheidung, die das Paar treffen muß, ist, wann es das Kind haben möchte, denn im Idealfall sollte die Geburt geplant sein und nicht dem Zufall überlassen bleiben. Wenn sich die Eheleute darüber im klaren sind, daß die Elternschaft eine Menge Arbeit und Streß bedeutet, und nicht nur Freude und Zufriedenheit, dann werden sie dem Kind positiver gegenüberstehen, wenn es erst einmal da ist. Das gilt ganz besonders für das erste Kind.

Ungewollte Kinderlosigkeit

Bei etwa 20 Prozent aller Paare, die sich für ein Kind entscheiden, klappt es nicht auf Anhieb. Wenn ein Paar dieses Problem hat, sollte es sich nicht schämen, sondern einen Spezialisten aufsuchen (für gewöhnlich einen Gynäkologen, Endokrinologen oder Urologen), um die Ursachen der Unfruchtbarkeit herauszufinden. Auf diesem Gebiet wird heute viel geforscht, und neue Möglichkeiten werden entwickelt, um das Problem zu lösen. Die Paare müssen aktive und bewußte Patienten sein, die mit ihrem Arzt zusammenarbeiten.

Es ist wichtig, daß der Mann den Unterschied zwischen Unfruchtbarkeit und Sexualität erkennt. Unfruchtbarkeit bedeutet, daß das Paar Schwierigkeiten dabei hat, ein Kind zu empfangen. Der Grund hierfür kann beim Mann, bei der Frau oder bei beiden liegen. Doch es hat nichts mit dem Sexualtrieb des Mannes, mit seiner geschlechtlichen Identität oder seiner Fähigkeit als Liebhaber zu tun. Zeugungsprobleme sind für ein Paar schon stressig genug, auch ohne daß noch unangebrachte Gefühle von sexuellem Versagen hinzukommen. Ein Mann, der biologisch nicht in der Lage ist, ein Kind zu haben, ist trotzdem noch sexuell voll funktionsfähig. Bei meiner Arbeit ist mir klargeworden, daß Unfruchtbarkeit eines der belastendsten Probleme ist, denen eine Ehe ausgesetzt sein kann. Der Prozeß der Feststellung (Messen der Basaltemperatur, Geschlechtsverkehr nach einem festen Zeitplan, ständig neue Tests und Untersuchungen, chirurgische Eingriffe, etc.) verschlingt viel Zeit und geht psychisch an die Substanz. Die Paare haben das Gefühl, ihr Leben würde sich nur um das Fruchtbarkeitsproblem drehen, und jeder Monat ist wie eine emotionale Berg- und Talbahn aus Hoffnungen und größter Enttäuschung, wenn die Periode einsetzt.

Wenn das Problem auf die geringe Spermamenge oder -beweglichkeit des Mannes zurückzuführen ist, dann bedeutet dies eine besonders große Belastung für seine Selbstachtung, auch wenn er sich vom Verstand her sagt – und es vom Arzt immer wieder bestätigt bekommt –, daß es sich um ein medizinisches Problem handelt, an dem man nicht die Männlichkeit messen kann. Bei etwa 40 Prozent der Fälle liegt die Ursache beim Mann. Die Varikozele-Operation ist ein Standardeingriff. Hierbei wird der Verlauf des Samenstranges im Hoden chirurgisch in die richtige Position gebracht und so versucht, die Beweglichkeit der Spermien zu verbessern. Medikamente und Hormongaben sind weitere medizinische Möglichkeiten zum Beheben von Zeugungsproblemen.

Paare, die zeugungsunfähig sind, müssen folgende Alternativen sorgfältig überdenken: kinderlose Ehe, Adoption, künstliche Befruchtung mit Sperma des Ehemannes oder eines Spenders und Invitro-Fertilisation. Ehe Sie Ihre Entscheidung treffen, raten wir Ihnen zu einem ausführlichen Gespräch miteinander, mit dem Arzt, der Familie und guten Freunden.

Der richtige Zeitpunkt für Nachwuchs

Wann sollte ein Paar Kinder bekommen? Es kann keine festen Regeln dafür geben, aber Untersuchungen zeigen, daß es am günstigsten zu sein scheint, wenn ein Paar nach der Heirat mindestens zwei Jahre wartet, ehe es das erste Kind bekommt. Wenigstens so lange dauert es, bis das Paar zu einer starken und engen Einheit herangewachsen ist. Das Warten gibt dem Paar Gelegenheit, eine funktionierende Beziehung aufzubauen, die auf der intimen Kenntnis der Gefühle, Gewohnheiten und Vorlieben des anderen beruht. Wenn das Baby dann kommt, sind sie eher in der Lage, die Anforderungen zu erfüllen, die es an ihr Leben stellt, als wenn es früher gekommen wäre. Mann und Frau, die ein Kind entweder vor oder kurz nach der Hochzeit bekommen, stehen vor der Aufgabe, sich bereits an eine dritte, äußerst anspruchsvolle Person gewöhnen zu müssen, wenn sie gerade erst damit anfangen, sich aneinander zu gewöhnen.

Ungewollte Schwangerschaften

Wenn wir von Familienplanung sprechen, dann natürlich mit Einschränkungen. Nichts im Leben kann oder sollte hundertprozentig nach Plan verlaufen, und dies gilt für das Zeugen eines Kindes ebenso wie für alles andere. Unfälle passieren selbst Leuten, die regelmäßig und bewußt verhüten. Wenn eine Frau ungewollt schwanger wird, muß eine Entscheidung getroffen werden, was zu tun ist. Soll sie die ungewollte Schwangerschaft austragen, oder sollte lieber eine Abtreibung vorgenommen werden? Mann und Frau müssen diese Entscheidung gemeinsam treffen. Es stimmt schon, daß sich die Frau der Geburt oder Abtreibung unterziehen muß, und darum könnten ihre Gefühle dieser Angelegenheit gegenüber stärker und direkter sein als die des Mannes, aber trotzdem sind es immer noch Mann und Frau zusammen, die als Eltern mit dem Kind umgehen müssen, und das darf nicht vergessen werden.

Gemeinsam einen Entschluß zu fassen kann dazu beitragen, die Ehe für beide Partner enger und wichtiger zu machen. Entscheidet man sich für die Abtreibung, kann der gemeinsame Entschluß hierzu auch die Last der Verantwortung verringern. Ganz offensichtlich ist die Abtreibung eine extreme Form der Geburtenkontrolle, bringt sie doch einen chirurgischen Eingriff für die Frau und psychische und emotionale Schwierigkeiten für beide Partner mit sich. Sie sollte nicht leichtfertig vorgenommen werden.

Wenn eine ungewollte Schwangerschaft eintritt, wird das Paar natürlich überlegen, ob es zu diesem Zeitpunkt ein Kind will, und tatsächlich entscheiden die meisten Paare, daß sie nun, da das Kind schon einmal empfangen wurde, auch eines haben wollen. Aber wenn klar ist, daß die Ankunft eines Kindes (des ersten oder eines weiteren) sich negativ auf die Familie auswirken würde, aus welchem Grund auch immer, kann eine Abtreibung die beste mögliche Alternative bedeuten. »Es ist immer noch Platz für eines mehr« ist vielleicht kein so guter Wahlspruch in solchen Situationen, denn manchmal *ist* einfach kein Platz mehr.

Ihre Beteiligung an der Schwangerschaft

Ist die Entscheidung für ein Kind erst einmal getroffen und die Frau schwanger, ergeben sich verschiedene neue Probleme. Soll der Ehemann aktiv an der Schwangerschaft teilhaben, oder soll er einer von den treuherzigen überflüssigen Männern sein, die wir in Fernsehserien und Seifenopern sehen? Nun, wann haben Sie zum letzten Mal an etwas Spaß gehabt, mit dem Sie nichts zu tun hatten? Es macht nicht sehr viel Laune, nur Zuschauer zu sein, warum also beteiligen Sie sich nicht von ganzem Herzen an der Entwicklung Ihres Kindes?

Körperlich kann die Schwangerschaft nicht geteilt werden. Aber es gibt andere Möglichkeiten. Eine Art ist sehr praktisch: Das Paar kann sich gemeinsam über die Schwangerschaft informieren. Beide können zusammen den Geburtshelfer aufsuchen und einen Geburtsvorbereitungskurs besuchen. Diese Geburtsvorbereitung besteht aus einer Reihe von Unterrichtsstunden, in denen die Frau Übungen lernt, die ihr helfen, die Schmerzen bei den Wehen und der Geburt zu beherrschen und zu verringern. Das Paar kann diese Übungen zusammen praktizieren. Die Übungen sind so gedacht, daß der Ehemann ihr im Entbindungszimmer helfen kann. Das Wissen, das er aus dem Kursus mitnimmt, ermöglicht es ihm, ein helfendes Mitglied des Entbindungsteams zu werden und, was noch wichtiger ist, seine Frau aktiv zu unterstützen.

Obwohl heute nur eines von drei Paaren Kinder nach dieser Methode bekommt, handelt es sich um eine Methode, die die emotionale Zufriedenheit deutlich steigern kann. Für die Frau bedeutet sie nicht nur die Gelegenheit, den außergewöhnlichen Prozeß der Geburt bei vollem Bewußtsein zu erleben, sondern auch einen liebenden und vertrauten Freund an der Seite zu haben, der gelernt hat, ihre Bedürfnisse vorauszuahnen und darauf zu reagieren. Für den Mann trägt es dazu bei, eine tiefe Bindung zu seiner Familie zu entwickeln, ein Zugehörigkeitsgefühl. Ich persönlich finde, daß das stimmt. Die Geburt meiner Kinder mitzuerleben stellte zweifellos Höhepunkte in meinem Leben dar.

Veränderungen während der Schwangerschaft

Ganz gleich, wie sehr sich ein Mann in der Schwangerschaft seiner Frau engagiert, es gibt doch immer einen grundlegenden Punkt, der nicht geteilt werden kann - nämlich das Austragen und die Geburt des Kindes. Das kann zu psychischen Problemen in der Beziehung führen.

Die Schwangerschaft zieht körperliche, hormonelle und emotionale Veränderungen nach sich. In der Schwangerschaft fühlt sich eine Frau anders als je zuvor. Und dies kann ein Mann manchmal nicht ganz nachvollziehen, da er niemals dieselbe Erfahrung gemacht hat oder machen wird. Als Folge davon fühlt sich der Ehemann vielleicht abgeschoben. Er kann das scheinbar kindische, aber doch ganz normale Gefühl haben, daß seine Frau ihm nicht genug Aufmerksamkeit schenkt. Das führt dazu, daß er sich emotional und sexuell von ihr zurückzieht. Diese Gefühle sind tatsächlich weit verbreitet, und es gibt wohl nur wenig, was man dagegen tun könnte. Was sich jedoch vermeiden läßt, ist das Entstehen einer tiefen Kluft in der Beziehung.

Wenn Sie einmal einen Moment überlegen, werden Sie erkennen, daß es für Ihre Frau ebenso schwierig ist, Ihre Gefühle zu verstehen, wie es Ihnen schwerfällt nachzuvollziehen, was sie durchmacht. Die Antwort ist, sich gegenseitig seine Ängste und Hoffnungen mitzuteilen. Sie sind dafür verantwortlich, mit Ihrer Frau alle Zweifel oder negativen Gefühle zu teilen, die in Ihnen aufkommen, so albern oder unmännlich sie Ihnen auch erscheinen mögen. Das Teilen von negativen und positiven Gefühlen ist eine weitere Möglichkeit, die Erfahrung der Schwangerschaft auszuweiten und sie für Sie beide bedeutsamer zu machen.

Sex während der Schwangerschaft

Eine Schwangerschaft kann manchmal zu einer Verfremdung in der Beziehung zwischen Mann und Frau führen, weil sie sich auf ihr Sexualleben auswirkt. Das ist vollkommen unnötig. Im Gegensatz zu einer weitverbreiteten Ansicht ist der heranwachsende Fötus eines der am besten geschützten Lebewesen. Im allgemeinen kann der Geschlechtsverkehr während der gesamten Schwangerschaft beibehalten werden, einschließlich des letzten Drittels, es sei denn, die Frau leidet unter Blutungen, starken Krämpfen, Schmerzen, oder die Fruchtblase platzt. Außer in den seltenen Fällen, in denen der Geburtshelfer Beschränkungen vorschreibt, kann ein Paar auch während der Schwangerschaft ein aktives Sexualleben führen. Ja, im zweiten Drittel der Schwangerschaft kann die verstärkte Durchblutung des Beckens die Frau sogar sexuell sensibler werden lassen.

Wahrscheinlich werden Sie sich während der Schwangerschaft für andere Stellungen entscheiden. Wenn der Bauch dicker wird, wird die Missionarstellung zunehmend unbequem. Ein ausgezeichneter Ersatz ist die Stellung, bei der man hintereinander liegt und der Mann von hinten eindringt. Eine der besten Stellungen während der Schwangerschaft ist eine, in der die Frau sich zurücklehnt (wobei Kissen ihren unteren Rückenbereich stützen) und ihr Gesäß auf dem Rand eines Sofas, Sessels oder Bettes ruht, während die Füße am Boden sind. Dann kniet sich der Mann zwischen ihre Beine. Er legt sich Kissen unter die Knie, um seine Genitalien auf dieselbe Höhe mit denen der Frau zu bringen, und so kann er bequem in sie eindringen.

Ist das erst einmal gelungen, ist dies eine der angenehmsten Positionen, da sie nicht nur jeglichen Druck vom Bauch der Frau fernhält, sondern es den Partnern auch erlaubt, sich zu berühren, zu liebkosen und miteinander zu schlafen. Manche Paare stellen fest, daß sie während der Schwangerschaft eine langsamere, sanftere Art von Verkehr vorziehen als vorher, und diese Stellung bietet sich dazu hervorragend an. Jedes Paar sollte experimentieren, um die Stellung und den Stil herauszufinden, mit der/dem Sex für beide am schönsten ist.

Eine Geburt selbst ist sehr anstrengend und bringt ernstes Wundsein im vaginalen Bereich mit sich. In den meisten Fällen wird ein Dammschnitt gemacht, und dieser braucht Zeit zum Heilen. Die meisten Ärzte raten deshalb, vier bis sechs Wochen nach der Geburt enthaltsam zu leben. Nicht nur, weil der Geschlechtsverkehr in dieser Zeit schmerzhaft sein könnte, sondern auch, weil ein erhöhtes Infektionsrisiko besteht. Diese Zeit der Abstinenz kann manchmal bewirken, daß sich ein Ehepaar voneinander entfremdet. Tatsächlich ist eine erste Schwangerschaft (entweder in den drei Monaten vor oder den ersten drei Monaten nach der Geburt) die Zeit, in der ein Ehemann am häufigsten fremdgeht.

Es ist die Zeit, die unmittelbar auf die Geburt folgt - wenn Geschlechtsverkehr unmöglich ist und die Frau häufig müde ist und ihre Energie größtenteils auf das Bemuttern des Babys verwendet -, die für alle am anstrengendsten ist. Statt nun Sex außerhalb der Ehe zu suchen, sollte ein Mann mit seiner Frau über sein Bedürfnis nach Zärtlichkeit und nach einem sexuellen Ventil sprechen. Dies ist eine Zeit, in der Mann und Frau sich auf ihre Beziehung stützen sollten, in der sie Halt aus ihrer Ehe ziehen und nicht zulassen dürfen, daß sie zerbricht. Der Ehemann, dem es wichtig ist, die gute Qualität seiner Ehe zu erhalten, sollte darüber nachdenken, sein Sexualleben auf eine Art und Weise zu ändern, die seine eheliche Beziehung nicht gefährdet. Er könnte masturbieren, um die sexuelle Entspannung zu finden, die er braucht, oder er könnte seine Frau bitten, ihn manuell oder oral zu stimulieren. Unter den Umständen glaubt ein Mann vielleicht, daß seine Frau genug zu tun hat und nicht mit seinen sexuellen Bedürfnissen belästigt werden will, aber in den meisten Fällen stimmt das nicht. Wenn er seinen Wunsch ausdrückt, sexuell mit ihr aktiv zu werden, dann kann ein Mann seiner Frau zeigen, daß sie ihm wichtig ist und daß er sie auch weiterhin anziehend findet.

Wendy und Phil
Bei Wendy und Phil traten sexuelle Probleme auf, als Wendy schwanger wurde. Phil, von Beruf Soldat, hatte Schwierigkeiten damit, Wendy zu bitten, ihn sexuell zu stimulieren. Nachdem ihr Kind geboren war und sie vorübergehend den Verkehr aufgeben mußten, merkte Phil, daß er Wendy nicht bitten konnte, ihn mit der Hand zu erregen, bis er zum Orgasmus kam. Endlich tat er es doch, aber sein geringes Selbstwertgefühl ließ den Versuch nicht gerade überzeugend werden. »Worin besteht der Unterschied, ob ich es tue oder du?« antwortete Wendy. Phil mußte ihr erklären, daß es nicht dasselbe war, daß er sie ansehen, berühren, sie neben sich spüren konnte, wenn sie ihn streichelte, und daß ihm das sehr wichtig war. Phils Erklärung war für Wendy sehr bedeutsam, denn sie half ihr zu erkennen, daß sie noch immer anziehend für ihn war und daß er mit ihr zusammensein wollte. Sie hatte das Gefühl, Phil etwas zu »geben«, und konnte seine Lust genießen und ihn nicht nur mechanisch mit der Hand befriedigen. Auch die zärtlichen Umarmungen, Küsse und Liebkosungen zwischen ihnen wurden wieder häufiger. Das Ergebnis war, daß die schwierigen ersten Wochen nach der Geburt des Kindes für sie leichter wurden.

Vater sein

Wenn er die Freuden und Schwierigkeiten der Schwangerschaft und Geburt miterlebt hat, gibt es keinen Grund, warum ein Mann nicht auch weiterhin voll teilnehmen sollte, indem er zusammen mit seiner Frau lernt, für das Kind zu sorgen. Warum sollen Sie sich damit zufriedengeben, nur gelegentlich auszuhelfen, wenn Sie auch ein vollwertiger Partner bei der Kinderpflege sein können? Natürlich widerspricht diese Einstellung dem traditionellen Vaterbild. Aber in diesem wie in so vielen anderen Fällen bringen uns die traditionellen Vorstellungen um einen großen Teil des Vergnügens und der emotionalen Befriedigung, die wir aus dem Leben ziehen können. Es ist nichts als natürlich, für ein Baby Liebe und Zärtlichkeit zu empfinden, besonders für das eigene. Babys sind unglaublich weich, sie riechen gut (außer, wenn die Windel gewechselt werden muß), und sie tun amüsante und bezaubernde Dinge. Es ist eine allgemein menschliche, nicht allein eine weibliche Reaktion, ein Kind halten, umarmen und mit ihm spielen zu wollen. Es gibt keinen logischen Grund, warum wir uns um dieses Vergnügen bringen sollten, bloß weil ein »richtiger Mann« traditionsgemäß keine Gefühle wie Liebe, Wärme und Zärtlichkeit zeigen darf. Ein Mann kann liebevoll sein, das tut seiner Männlichkeit keinen Abbruch, im Gegenteil.

Für ein Kind zu sorgen erfordert Zeit und Mühe, aber die Belohnungen wiegen die nötige Arbeit mehr als auf. Sie sollten Ihrer Frau klarmachen, daß Sie teilhaben und die Arbeit mit ihr teilen möchten. Sie kann Ihnen helfen zu lernen, was Sie vom Wickeln, Füttern, Baden usw. wissen müssen. Wenn keiner von Ihnen viel darüber weiß, könnten Sie gemeinsam etwas zu diesem Thema lesen oder Freunde und Verwandte um Hilfe bitten, oder Sie können einen Kursus über Kinderpflege besuchen. Das aktive Zusammenarbeiten von Mann und Frau bei der Erziehung und dem Alltag mit dem Kind ist eine der besten Möglichkeiten, ein wirklich vertrauensvolles Familienklima zu schaffen. Ein weiterer Vorzug liegt darin, daß die Frau mehr Energie und Aufmerksamkeit auf ihre emotionale und sexuelle Beziehung verwenden kann, wenn der Mann seinen Teil der Last an der Sorge für das Kind übernimmt.

ACHTES KAPITEL

Sex, Ihre Kinder und Sie

Geburtshelfer stellen immer wieder fest, daß ein männliches Neugeborenes bereits seine erste Erektion hat, bevor der Arzt auch nur Zeit hatte, die Nabelschnur zu durchtrennen. Sex ist ein natürlicher physiologischer Bestandteil unseres ganzen Lebens, und neueste Untersuchungen haben sogar ergeben, daß männliche Föten bereits im Mutterleib Erektionen haben. Es dauert nicht lange, bis Babys für sich selbst die Sexualität entdecken. Die meisten Kinder finden sehr schnell heraus, daß sie sich angenehme Gefühle verschaffen können, indem sie ihre Genitalien berühren.

In der frühen Entwicklung des Kindes unterscheiden sich sexuelle Empfindungen nicht von anderen angenehmen Gefühlen. Kinder werden durch Erlebnisse erregt, die nicht spezifisch sexuell sind (das gilt übrigens auch für Erwachsene - wahrscheinlich öfter, als wir zugeben). Die sexuelle Identität eines Menschen, die Gefühle, die seinen Körper und seine Genitalien betreffen - Komponenten seiner Persönlichkeit, die dazu bestimmt sind, eine mächtige und wichtige Rolle in seinem späteren Leben zu spielen -, werden in diesen frühen Jahren geformt. Kinder sind nicht asexuell, auch wenn viele Menschen das immer noch glauben. Sie lernen vielmehr, sexuelle Wesen zu sein, und die Sexualität selbst - sozusagen der Rohstoff - ist von Anfang an vorhanden.

Elterliche Vorbilder

Ein Kind lernt in erster Linie anhand von Beispielen, was Sexualität bedeutet. Die ersten und prägendsten Beispiele sind die Eltern selbst. Viele unserer sexuellen Muster, der Einstellungen unserem

Körper gegenüber, ja, unsere persönliche und sexuelle Identität überhaupt hängen mit Lernerfahrungen aus der Kindheit zusammen. Das bedeutet viel Verantwortung für die Eltern. Die meisten Eltern wollen für ihre Kinder das Beste, und dazu gehört auch der Wunsch, daß sie eine gesunde sexuelle Einstellung haben. Aber wir können unseren Kindern nur dabei helfen, diese zu bekommen, wenn wir selbst eine positive Haltung unserer eigenen Sexualität gegenüber einnehmen.

Die eigene sexuelle Erziehung

Die meisten Männer halten ihre eigene kindliche Sexualerziehung für armselig und im großen und ganzen negativ. Sie müssen sich dieser unangenehmen Dinge bewußt werden und lernen, Ihrem Kind zu einer besseren Entwicklung zu verhelfen, als Sie selbst sie gehabt haben. Die Mühe, die wir für die Erforschung und Entwicklung unseres sexuellen Bewußtseins und die Verbesserung der sexuellen Beziehung zwischen uns und unserem Partner aufwenden, macht sich auf zwei Arten bezahlt: Erstens heimsen wir die Vorteile in Form von Lust und emotionaler Befriedigung ein. Zweitens werden wir zu guten Beispielen für unsere Kinder und können sie auf den Weg zu einer bewußten und sich annehmenden Sexualität als Erwachsene bringen.

Nur wenige von uns haben eine Sexualerziehung genossen, die diesen Standard erfüllt. Man kann wohl sagen, daß die Mehrheit der heutigen Erwachsenen in Haushalten großgeworden ist, in denen Nacktheit verpönt war, Masturbation streng unterdrückt wurde und eine Diskussion über Sex sich auf kurze, peinliche Gespräche zwischen Vater und Sohn oder Mutter und Tochter beschränkte, wenn die Kinder schon fast erwachsen waren. Häufig wurden in diesem Gespräch keine wirklichen Informationen gegeben, sondern nur vage Ermahnungen. Die Sexualerziehung in der Schule fehlte für gewöhnlich oder bestand bestenfalls aus Rudimenten, und die religiöse Sexualerziehung zog allzuhäufig Schuldgefühle nach sich. Was immer Sie an Informationen erhielten, stammte wahrscheinlich von

Ihren Freunden, aus Sex-Magazinen, Pornofilmen und Büchern oder aus dem, was Sie selbst herausfinden konnten.

Vater-Kind-Beziehung

Als Männer haben wir noch eine zusätzliche Schwierigkeit, eine gesunde sexuelle Identität zu entwickeln - eine, die aus der fehlenden Wärme und Kommunikation der meisten Jungen mit ihrem Vater herrührt. Untersuchungen zeigen, daß sowohl Mädchen als auch Jungen sich ihren Müttern viel näher fühlen als ihren Vätern. Frauen berichten, sich ihren Kindern näher zu fühlen und sie auch mehr zu genießen, als die Männer es tun. Im allgemeinen interagieren Jungen und ihre Väter nur in streng festgelegten Bereichen wie Sport oder Camping-Ausflügen. Eines der größten Bedürfnisse eines kleinen Jungen ist es jedoch, ein Gefühl dafür zu bekommen, was es heißt, ein Mann zu sein. Es ist schwer für ihn, dieses Gefühl zu entwickeln, wenn er nicht mit seinem Vater über seine Empfindungen sprechen und Fragen diskutieren kann, die die Veränderungen in seinem Körper, Masturbation, die Bedeutung von Erektionen, Geschlechtskrankheiten und die Haltung Frauen gegenüber betreffen.

Eine klare Identität als männliches Kind (die im Alter von zwei bis drei Jahren aufgebaut werden muß), wird es dem Jungen erleichtern, mit traditionell »unmännlichen« Aktivitäten umzugehen, wie dem Kümmern um Babys oder Kochen. Wenn sich der Vater gern mit Aktivitäten wie Kinderpflege, Kochen und Putzen befaßt, so kann er ein ausgezeichnetes Vorbild für den Jungen sein. Solange der Junge sich als Mann identifiziert, hat er eine individuelle Entscheidungsfreiheit und kann seine Aktivitäten und Interessen flexibel gestalten. Er kann sich als Mann fühlen, ob er nun Geige spielt oder Sport treibt. Eine sichere und solide Akzeptanz seiner Männlichkeit ist die Grundlage, auf der ein Junge das wachsende Bewußtsein für die Sexualität begreifen und damit umgehen lernen kann.

Auch Mädchen brauchen eine enge Beziehung zu ihrem Vater, um ein gesundes Bewußtsein für sich als weibliches Wesen zu entwickeln. Es ist sehr traurig, daß Vater und Tochter in unserer Gesellschaft immer stärker getrennt werden, je älter das Mädchen wird. Auch als Jugendliche muß sie noch das Gefühl haben, geliebt, unterstützt und als Persönlichkeit anerkannt zu werden, vom Vater wie von der Mutter. Aber der Vater meidet seine Tochter in diesem Stadium häufig, weil er unsicher ist, wie er mit einer jungen Frau und ihrer Sexualität umgehen soll.

Eltern als Sexualerzieher

Als Väter haben wir die Verantwortung, die erwachende Sexualität unserer Kinder zu leiten und zu formen. Es erfordert eine besondere Anstrengung unsererseits, diese Verantwortung zu erfüllen, da wir zuerst die Auswirkungen unserer eigenen unzulänglichen Sexualerziehung überwinden müssen. Darüber hinaus ist es heutzutage besonders schwierig, da sich in unserer Zeit die Ansichten zu diesem Thema schnell und häufig wandeln. Die puritanische Gleichsetzung von Sex mit Sünde und die uralte Doppelmoral verschwinden. Das ist an und für sich eine gute Sache, aber es bringt Eltern doch auch in eine zwiespältige Lage und macht es ihnen schwer, Richtlinien zu geben, die realistisch sind und ihren Kindern dennoch helfen.

Eltern glauben vielleicht, in einer Situation zu liberal zu sein, in einer anderen zu restriktiv. Da es Aufgabe der Eltern ist, den Kindern die Grenzen von annehmbarem und unannehmbarem Verhalten zu zeigen, ist es besonders wichtig zu sehen, was sich auf die Entwicklung eines Kindes auswirken wird. Ich werde mich bemühen, einige Richtlinien für derartige Entscheidungen anzubieten, wobei ich besonders an die Väter denke. Einige dieser Richtlinien basieren auf Untersuchungsergebnissen, einige haben sich aus der Erziehung meiner eigenen Kinder ergeben, die inzwischen alle drei Jugendliche sind. Natürlich unterscheiden sich die sexuelle Einstellung und Wertung von Familie zu Familie. Es ist gewiß möglich, übertrieben lax bei seinen Richtlinien zur Sexualität zu sein, so wie man auch übertrieben streng sein kann. Aber zwischen diesen beiden Extremen gibt es eine breite Spanne gesunder und konstruktiver Erziehungsmaßnahmen. Es gibt veschiedene Arten, ein Kind aufzuziehen, so daß es sich mit seiner Sexualität wohl fühlt, und ich hoffe, daß die folgenden Richtlinien Ihnen bei Ihrer Aufgabe helfen werden.

Die Zärtlichkeit der Väter

Im allgemeinen sind Männer gehemmter als Frauen, wenn es darum geht, ihren Kindern gegenüber offen Zärtlichkeit zu zeigen. Manche Väter sind noch zärtlich kleinen Babys gegenüber, aber jenseits vom hei-tei-tei-Alter werden die Umarmungen, Küsse und lieben Worte des Vaters immer seltener. Wie es scheint, nimmt die Fähigkeit des typischen Vaters, Zärtlichkeit zu zeigen, im selben Maße ab, wie seine Kinder sich des Vaters als Person bewußt werden; es ist fast so, als hätte er Angst, dabei erwischt zu werden. Es stimmt schon, daß ein Kind, wenn es älter wird, weniger Schmusen und Umarmen wünscht und braucht. Aber kein Kind (und auch kein Jugendlicher oder junger Erwachsener) entwächst dem Bedürfnis, sich von seinen Eltern geliebt zu fühlen. Wenn ein Elternteil aufhört, seine Liebe körperlich oder verbal zu zeigen, dann weiß das Kind nicht wirklich, daß diese Liebe noch existiert.

Viele Kinder sind sich der Liebe ihres Vaters nur bewußt, weil ihre Mutter es ihnen gelegentlich sagt (»Du weißt, daß dein Vater dich sehr liebhat«), für gewöhnlich, um den Gegenbeweis anzutreten, wenn er das Kind geschlagen oder ausgeschimpft hat. Diese Kälte seitens des Vaters wird als ein Aspekt der traditionellen Männerrolle gerechtfertigt: Es ist Sache der Frau, zärtlich zu den Kindern zu sein, nicht die des Mannes. Seine Rolle besteht darin, für Disziplin zu sorgen, sicherzustellen, daß sie zu kompetenten, erfolgreichen Menschen heranwachsen. Dieser Mangel an Zärtlichkeit zwischen einem Mann und seinen Kindern beraubt sie alle der Freude an der Eltern-Kind-Beziehung. Darüber hinaus zwingt er das Kind, mit der Unsicherheit zu leben, nie wirklich zu wissen, ob sein Vater es liebt.

Aber lassen Sie uns fair den Vätern gegenüber sein. Wir sind nicht deshalb so wenig zärtlich mit unseren Kindern, weil wir kalte, lieblose Menschen sind. In den meisten Fällen stimmt es, wenn die Mutter ihrem Kind versichert, daß der Vater es liebhat. Der Vater liebt sein

Kind, aber es fällt ihm schwer, dies zu zeigen, weil er irrationale Ängste vor sich und seinem Körper hat. Lassen Sie uns diese Ängste genauer betrachten.

Weitverbreitet unter Männern ist die Tendenz, körperliche Zärtlichkeit nur in Verbindung mit dem Geschlechtsverkehr zu sehen. Liebe durch Berührungen, Küsse, Umarmungen zu zeigen - auf Arten, die nicht zu sexueller Erregung und Geschlechtsverkehr führen müssen - ist eine Ausdrucksform, mit der sich viele Männer einfach nicht wohl fühlen. Eine der ermutigendsten Entwicklungen unter jungen Leuten von heute ist die, daß junge Männer den körperlichen Kontakt und selbst das Umarmen von Freunden (männlich wie weiblich) als Zeichen von Zuneigung akzeptieren können. Aber der Durchschnittsmann assoziiert körperlichen Kontakt mit einem anderen menschlichen Körper leider nur mit zwei Dingen: mit Sex und aggressiven Kontakt-Aktivitäten wie Sport oder Kampf. Zum zweiten kann man wohl auch Eltern-Kind-Interaktionen rechnen, und vielleicht erklärt das, warum der körperliche Kontakt, den die meisten Väter mit ihren Kindern haben, über Herumtoben abläuft.

Sexueller Kontakt hat in einer Eltern-Kind-Beziehung nichts zu suchen. Tatsächlich herrschen sehr starke kulturelle Tabus gegen unangemessene, sexuelle Berührungen zwischen Eltern und Kind. Wenn ein Mann jedesmal, wenn er körperliche Zärtlichkeit ausdrückt, an Sex denkt, wird er natürlich Probleme haben, seinen Kindern gegenüber zärtlich zu sein. Da das Problem des sexuellen Kindsmißbrauchs und Inzests zunehmend publik wird, haben Männer noch mehr Grund, zärtliche Berührungen mit ihren Kindern zu meiden.

Viele Männer fürchten die Möglichkeit, durch den körperlichen Kontakt mit ihren Kindern sexuell erregt zu werden, und so meiden sie schließlich jeglichen Kontakt. Diese Assoziation zwischen Zärtlichkeit und Sex manifestiert sich im Kopf des Mannes in verschiedenen Situationen und hemmt ihn immer mehr, je älter das Kind wird. Viele Väter sind nicht mehr zärtlich mit ihren Söhnen, wenn diese ein bestimmtes Alter erreichen (schon mit fünf oder sechs Jahren), aus Angst, daß ein solches Verhalten als homosexuell ausgelegt werden oder ihre Söhne beeinflussen könnte, homosexuell zu werden. Aber auch ihren Töchtern gegenüber zeigen sie keine Zärtlichkeit mehr (für gewöhnlich mit Beginn der Pubertät), aus Furcht, als »geiler alter Bock« angesehen zu werden.

Eine der größten Ängste des Vaters ist es, eine Erektion zu bekommen, während er mit seinem Kind spielt oder zärtlich ist. Er glaubt, dies wäre ein Zeichen für perverse oder unnatürliche Gefühle. Aber wenn eine Erektion normalerweise auch ein Zeichen sexueller Erregung ist, so kommt sie manchmal auch ohne sexuellen Hintergrund zustande. Eine Erektion während einer Vater-Kind-Interaktion ist kein Zeichen dafür, daß ein Vater mit seinem Kind sexuellen Kontakt wünscht. Es bedeutet einfach nur, daß er körperliches Vergnügen empfindet, was nicht unbedingt sexuell sein muß. Selbst wenn die schlimmsten Befürchtungen des Mannes wahr werden und das Kind die Erektion bemerkt und eine Bemerkung dazu macht, so kann sie einfach damit erklärt werden. Es gibt keinen Grund, sich vor dem Kind zu schämen oder zu glauben, daß das peinlich wäre. Im Gegenteil: Wenn Sie auf natürliche, entspannte Art reagieren, ist dies eine Möglichkeit, dem Kind zu vermitteln, daß die Genitalien ein normaler Teil des menschlichen Körpers sind und nichts, dessen man sich schämen muß.

Ich möchte hier ganz deutlich klarstellen, daß ich und auch andere Sexualtherapeuten und -erzieher gegen unangebrachte sexuelle Berührungen, Exhibitionismus oder Voyeurismus in einer Familie sind. Bei den meisten Fällen von Kindsmißbrauch oder Inzest kommt es nicht zu Gewaltanwendung oder Geschlechtsverkehr, aber sie bedeuten doch eine äußerst negative Erfahrung für das Kind und verhindern seine gesunde sexuelle Entwicklung. An unangebrachten sexuellen Berührungen in der Familie sind Brüder, Cousins, Onkel und Freunde der Familie beteiligt, seltener die Väter. Obwohl häufiger Mädchen die Opfer sind, ist das Opfer doch in etwa einem Drittel der Fälle männlichen Geschlechts. Jungen werden den Mißbrauch noch weniger zugeben, weil sie sich besonders schämen, da hier das besondere Stigma der Homosexualität eine Rolle spielt (in 95 Prozent der Fälle von sexuellem Mißbrauch von Mädchen sind die Täter männlich, ebenso in 85 Prozent der Fälle von Mißbrauch von Jungen).

Es gibt einen deutlichen Unterschied zwischen ehrlicher und gesunder Zärtlichkeit zwischen einem Vater und seinem Kind und sexuellem Mißbrauch: Zärtlichkeit wird frei gegeben und empfangen, spart die Genitalien aus, findet bekleidet statt und ist der ehrliche Ausdruck liebevoller Gefühle. Sexueller Mißbrauch ist erzwungen, befriedigt die sexuellen Bedürfnisse des Mannes, umfaßt unangebrachte Berührungen und erweckt im Kind unangenehme Gefühle und ein schlechtes Gewissen.

Zärtlichkeiten vor den Augen der Kinder

Vielen Männern ist es unangenehm, vor ihren Kindern zärtlich zu ihrer Frau zu sein. Auch hier ist die auf den Geschlechtsverkehr ausgerichtete Ansicht von körperlicher Zärtlichkeit die Ursache. Wenn ein Kuß oder eine Umarmung immer das Vorspiel zum Verkehr bedeuten, wird sich ein Mann komisch vorkommen, wenn seine Kinder zusehen, wie er zärtlich zu seiner Frau ist. Sieht er jedoch in körperlicher Zärtlichkeit eine ganz normale Art, Liebe auszudrücken, ohne daß es zu weiteren sexuellen Handlungen führen muß, dann wird er nicht an derartigen Hemmungen leiden. So kann es sehr wichtig sein - nicht nur für uns, sondern auch für unsere Kinder - zu lernen, sowohl innerhalb als auch außerhalb des Schlafzimmers zärtlich miteinander umzugehen. Kinder müssen sehen, wie ihre Eltern zärtlich zueinander sind, so, wie sie diese Zärtlichkeit auch selbst brauchen. Wenn zärtliches Verhalten zwischen den Eltern als normal erlebt wird, lernt das Kind, daß es sich um einen natürlichen Bestandteil des Lebens handelt.

Selbstverständlich sind der Art von Zärtlichkeit, die ein Paar vor seinen Kindern austauscht, Grenzen gesetzt. In manchen Büchern wird die extreme Ansicht vertreten, daß nicht einmal der Geschlechtsverkehr der Eltern vor den Kindern geheimgehalten werden sollte. Aber das schadet einem Kind mehr, als daß es ihm guttut. Kinder müssen lernen, daß eine sexuelle Beziehung zwischen Erwachsenen intim ist, etwas Privates. Wenn sie lernen, daß es erlaubt ist, sich auf sexuelles Verhalten einzulassen, während andere anwesend sind, so ist dies eine sehr schlechte Vorbereitung auf ihr späteres Leben. Sinnliches und/oder sexuelles Verhalten der Eltern ruft in den Kindern ungute, peinliche Gefühle hervor. Viele Kinder, deren Eltern sich stolz damit brüsten, sexuell liberal zu sein, könnten Ihnen erzählen, welche Last es für sie bedeutet, einen solchen Lebensstil aufgezwungen zu bekommen. Beim Sex ist es wie beim materiellen Luxus: Sie können leicht über Bord gehen, wenn Sie versuchen, Ihren Kindern die Dinge zu geben, die Sie selbst nie hatten.

Statt seine intimsten Augenblicke mit den Kindern zu teilen, wäre ein Ehepaar weit besser beraten, Regeln festzusetzen, die die Intimsphäre alle Beteiligten schützen. Im Austausch dafür, daß sie ihren Kindern ein gewisses Maß an Privatsphäre einräumen, können die Eltern klarmachen, unter welchen Umständen sie auf keinen Fall gestört werden wollen.

Harold und Susan

Ein uns bekanntes Ehepaar mit drei Kindern im Alter von sechs, neun und elf Jahren hat ein sehr befriedigendes Arrangement getroffen. Nach dem Abendessen verbringen Harold und Susan häufig ein paar Minuten bei einer Tasse Kaffee mit einem ruhigen Gespräch. Die Kinder wissen, daß ihre Eltern in dieser Zeit nicht gestört werden wollen, also spielen sie, machen Hausaufgaben, und wenn das Telefon läutet, nehmen sie die Anrufe entgegen.

Ein zweiter Aspekt betrifft die Zeit, die Harold und Susan in ihrem Schlafzimmer verbringen. Wenn die Tür offen ist, wissen die Kinder, daß sie einfach hereinkommen können. Wenn sie jedoch geschlossen und abgesperrt ist, dürfen sie ihre Eltern nur in Notfällen stören. Die Kinder waren natürlich neugierig, was hinter der verschlossenen Schlafzimmertür vorgeht, und Harold und Susan sind ganz offen mit dieser Neugier umgegangen. Sie haben den Kindern erklärt, daß sie sie lieben und gern mit ihnen zusammen sind, daß sie aber auch Zeit füreinander brauchen. Wenn die Schlafzimmertür versperrt ist, liegen sie vielleicht einfach nur beieinander, sie lieben sich oder genießen einfach einen Augenblick allein zusammen. Die Kinder scheinen das zu verstehen und zu akzeptieren, wenngleich sie kichern und ihre Bemerkungen darüber machen. Die wichtigste Beziehung in einer Familie ist die zwischen der Ehefrau und dem Ehemann; wenn diese gehegt und gepflegt wird, wird die Kindererziehung viel leichter. Es ist gut für Kinder zu sehen, daß ihre Eltern ebenso Einzelpersonen mit eigenen Interessen sind wie Ehemann und Ehefrau, die Zeit für sich allein als Paar benötigen.

Sexuelle Selbsterforschung bei Kindern

Wichtig für die Erziehung eines sexuell gesunden Kindes ist, daß die Eltern das Kind seinen eigenen Körper erforschen lassen, daß es ihn kennen und akzeptieren lernt. Die Eltern müssen es gutheißen, wenn das Kleinkind seine Genitalien anfaßt, dürfen ihm keinen Klaps auf die Finger geben und sagen: »Pfui, das ist schmutzig.« Wenn das Kind dann größer wird, so im Alter von drei, vier Jahren, kann man ihm erklären, daß diese Selbststimulierung und Selbsterforschung gesund und akzeptabel sind, aber besser in der Abgeschiedenheit des eigenen Zimmers und nicht in der Öffentlichkeit stattfinden sollten. Das kann auf eine Art und Weise geschehen, die dem Kind zeigt, daß sein Körper gut ist und daß es in Ordnung ist, ihn zu berühren, aber daß es dafür einen besseren Ort und Zeitpunkt gibt.

Viele von uns sind mit der Warnung groß geworden, daß es schreckliche Folgen haben würde, wenn ein männliches Kind seinen Penis »unnötig« berühren würde. Da niemand dieses »Unnötig« genau definieren konnte, ging die Tendenz dahin, das Kind zu bestrafen, wann immer es dabei ertappt wurde, daß es sich länger als ein paar Sekunden berührte. Diese Einstellung kann sich negativ auswirken, denn wenn das Kind bestraft wird oder wenn es verboten ist, seinen Körper zu berühren, dann kann es leicht zu dem Schluß kommen, sein Körper und/oder seine Genitalien seien schlecht oder schmutzig. Im späteren Leben wird es Schwierigkeiten haben, seine sinnlichen und sexuellen Gefühle zu genießen.

Es ist nicht nur völlig normal, daß ein Kind seinen Körper untersucht, es ist auch natürlich für Kinder, sich auf sexuelle Spiele einzulassen. »Doktor«- oder »Vater-Mutter-Kind-Spiele« sind Ausdruck ganz normaler Neugier und Teil des Lernprozesses, sich in Beziehung zu anderen Menschen zu sehen. Diese Körpererforschung findet wahrscheinlich zwischen gleichgeschlechtlichen Kindern ebenso statt wie zwischen Kindern verschiedenen Geschlechts, und auch unter Geschwistern. Es ist kein Zeichen für spätere Promiskuität, Inzest oder latente Homosexualität. Sorgen sollten Sie sich erst machen, wenn die sexuellen Aktivitäten erzwungen werden, aggressiv sind oder deutliche Altersunterschiede (fünf Jahre oder mehr) auftreten. Das freiwillige, erforschende Spiel ist eine Art, etwas über andere Menschen zu erfahren, über Männer wie über Frauen. Wenn die Eltern überreagieren und das Kind für seine Neugier bestrafen, wird es zu dem Schluß kommen, daß forschende sexuelle Interaktionen mit anderen Menschen etwas Schlechtes oder Abstoßendes seien. Besser wäre es, die Aktivität zu akzeptieren und nur dann einzugreifen, wenn sie erzwungen zu werden scheint oder längere Zeit alle anderen Aktivitäten in den Hintergrund drängt. Man sollte das Spiel jedoch auch dann nicht unterbinden, indem man den Kindern erklärt, daß es böse ist, sondern indem man ihnen ein anderes Spiel vorschlägt. So bekommt das Kind die Botschaft, daß sexuelle Spiele unter Kindern akzeptabel sind und weder für das Kind noch für die Eltern eine Quelle der Beunruhigung darstellen. Aber es gibt auch hierfür einen richtigen Ort und eine richtige Zeit; nicht in der Öffentlichkeit, nicht als vorherrschende Aktivität, und nicht auf aggressive oder gezwungene Art und Weise.

Gespräche zwischen Eltern und Kind

Zwar ist es von alters her üblich, daß der Vater den Sohn und die Mutter die Tochter aufklärt, doch muß man sich nicht sklavisch an diese Tradition halten. Es wäre sehr vernünftig, über Sexualität in der ganzen Familie zu diskutieren. Das verstärkt das Gefühl, daß Sex ein normaler, positiver Bestandteil des Zusammenlebens ist, und nichts, worüber man hinter vorgehaltener Hand sprechen muß. Die Sexualerziehung kann schon beginnen, wenn das Kind noch sehr klein ist. Sie kann sich aus seiner eigenen Erforschung seines Körpers ergeben, wobei die Eltern ihm die richtigen Bezeichnungen für die Genitalien nennen. Das kleine Kind kann lernen, im Umgang mit Worten wie »Penis« und »Vulva« sicher zu werden, statt auf Verniedlichungen wie »Zipfel« oder »Muschi« zurückgreifen zu müssen. Was nun die Frage angeht, wieviel ein Kind über Sex wissen sollte, so ist es am besten, sich von der Neugier des Kindes leiten zu lassen. Das ermöglicht es ihm, schrittweise vorzugehen und diese Schritte selbst zu bestimmen. Wenn Sie offen und positiv reagieren, lernt das Kind, daß man über Sex ruhig nachdenken und reden kann, und daß es jederzeit wieder fragen darf. Eltern sollten nicht glauben, sie müßten ihrem fünfjährigen Kind alles erzählen, von Verhütung bis Homosexualität, wenn es fragt, woher die kleinen Babys kommen. Versuchen Sie dem Kind die Information zu geben, die es in diesem Augenblick haben möchte, und zwar mit Worten, die es verstehen kann. So werden Sie zu »ansprechbaren« Eltern, und das Kind wird sich wieder an Sie wenden, wenn es erneut eine Frage hat.

Die vielleicht beste Form der Sexualerziehung ist eine Kombination aus Schul- und Religionsunterricht zusammen mit der informellen Aufklärung durch die Eltern. Die Eltern möchten vielleicht eines der Bücher über Sexualität zu Hilfe nehmen, die eigens für Kinder geschrieben worden sind. Doch statt dem Kind das Buch in die Hand zu drücken mit der Aufforderung, es zu lesen und zu kommen, wenn noch Fragen offen sind, sollten Sie es auf eine Art und Weise versuchen, die es Ihnen ermöglicht, auf einem persönlicheren Level miteinander umzugehen. Zuerst lesen Sie selbst das Buch, dann weisen Sie das Kind auf einige Stellen hin, die Sie besonders interessant fanden, oder erzählen ihm von den falschen Vorstellungen, die Sie selbst als Kind hatten. Statt einer reinen Frage- und -Antwort-Stunde kann das Gespräch zu einem gemeinsamen Erlebnis werden, bei dem Sie nicht nur Informationen vermitteln, sondern auch Gefühle, Einstellungen, Wertungen und Erfahrungen. Wenn Sie sich rechtzeitig daran gewöhnen, macht es spätere Gespräche über Sex einfacher, offener und ehrlicher.

Kommunikation über sexuelle Themen mit Heranwachsenden

Die Pubertät ist eine schwierige und streßgeladene Entwicklungsphase, in der ein Individuum den Übergang vom Kind zum Erwachsenen vollzieht. Die physischen und psychischen Veränderungen sind tiefgreifend und schnell. Innerhalb weniger Jahre muß das Kind sich an ganz andere Bedürfnisse, Erwartungen und Verantwortungen gewöhnen. In vielen Kulturen, in denen man erkannt hat, daß diese Veränderung sowohl schwierig als auch äußerst bedeutsam ist, wird dieser Übergang ins Erwachsenenalter mit einem Initiationsritual vollzogen. In unserer Gesellschaft jedoch gibt es so etwas nicht. Deshalb ist die Rolle des Vaters in diesem Prozeß besonders wichtig.

Zuerst einmal muß er sich immer wieder klarmachen, daß der Jugendliche dabei ist, eine selbstbestimmte, autonome Persönlichkeit zu werden, die fähig ist, eigene Entscheidungen zu treffen. Er darf nicht versuchen, dieselbe Kontrolle über die Handlungen eines Jugendlichen auszuüben, wie er es getan hat, als das Kind noch jünger war. Er kann gewisse Regeln festsetzen, Richtlinien für sein Verhalten aufstellen, aber er kann nicht erwarten, immer genau zu wissen, wo sich der Jugendliche aufhält, oder seine Aktivitäten so überwachen, wie er es früher getan hat.

Dem jugendlichen Kind muß man zutrauen, seine eigenen Entscheidungen zu treffen. Eine der wichtigsten Lektionen besteht darin zu lernen, daß sein Handeln Folgen hat, und daß es, und nur es allein, für die Dinge, die es tut, zur Rechenschaft gezogen werden kann. Deshalb sollten Eltern niemals die Rolle des Tyrannen spielen und eiserne Kontrolle über die Aktivitäten des Kindes ausüben, aber ebensowenig sollten sie sich verantwortlich oder schuldig fühlen, wenn ein Kind Fehler macht. In beiden Fällen würden die Eltern dem Heranwachsenden keinen Gefallen damit tun, wenn sie seinen Reifeprozeß behindern.

Gleichzeitig müssen sich die Eltern aber auch bewußt sein, daß ein Heranwachsender Unterstützung benötigt. Die ersten versuchsweisen Schritte des Jugendlichen in die Welt der Erwachsenen mit ihrer Freiheit und Verantwortung mögen aufregend sein, aber sie sind auch ziemlich verwirrend und erschreckend (sowohl für den Jugendlichen als auch für die Eltern). Der Jugendliche muß die Einstellungen und Ansichten der Eltern zu solchen Dingen wie Rendezvous, Petting, Verhütung, vorehelicher Geschlechtsverkehr und Geschlechtskrankheiten kennen. Die Eltern sollten sich darüber im klaren sein, daß ein Sexualverhalten, das für einen Dreizehnjährigen eindeutig unangebracht ist, bei einem Siebzehnjährigen schon eher zu akzeptieren ist. Die Eltern müssen für sich selbst (wie auch für den Jugendlichen) deutlich machen, welche Art von Verhalten sie tolerieren, selbst wenn sie es nicht unterstützen, und welches nicht.

Sind diese Regeln erst einmal festgelegt, muß der Jugendliche sicher sein können, daß beide Elternteile - Mutter *und* Vater - ihn unterstützen und akzeptieren. Gemäß dem traditionellen Muster ist es für gewöhnlich die Mutter, auf die das Kind zählen kann, wenn es darum geht, nachgiebig zu sein und zu trösten, wenn es Schwierigkeiten gibt, während der Vater die Rolle des strengen Erziehers übernimmt. Aber es gibt keinen Grund, warum ein Mann weniger unterstützend sein sollte als eine Frau. Ein Jugendlicher braucht die Unterstützung von beiden Eltern, und es gibt keine Rechtfertigung dafür, daß ein Mann seinem Sohn oder seiner Tochter die Hälfte dieser Unterstützung entzieht, einfach um eine von der Gesellschaft vorgeschriebene Rolle zu erfüllen.

Wenn Sie als Vater Ihrem Kind den sexuellen Lernprozeß vorenthalten, nehmen Sie ihm damit auch ein positives Vater-Modell und sich selbst die Gelegenheit, Sexualerzieher für Ihre Kinder zu sein.

NEUNTES KAPITEL

Für immer unfruchtbar

Zwar gibt es viele wirksame Verhütungsmethoden, aber keine ist perfekt. Wir beurteilen Verhütungsmittel nach verschiedenen Kriterien: Zuverlässigkeit, Bequemlichkeit, in welchem Umfang sie das sexuelle Vergnügen beeinträchtigen, Freiheit von unerwünschten Nebenwirkungen und schließlich ob und wie ihre Wirkung wieder rückgängig zu machen ist. Eine Methode, die in der Mehrheit der genannten Kategorien ganz oben rangiert, ist es sicherlich wert, genauer betrachtet zu werden. Lassen Sie uns deshalb sorgfältig die Vorzüge der dauerhaften Verhütungsmethode untersuchen, die als Vasektomie oder Sterilisation des Mannes bekannt ist.

Mißverständnisse

Der Gedanke an eine Sterilisation hat leider einen recht negativen Beigeschmack. Die Sterilisation wurde als Zwangsmaßnahme ergriffen, um Personen, die als gesellschaftlich unerwünscht angesehen wurden, wie etwa geistig Behinderte, von der Fortpflanzung abzuhalten. So kommt es, daß ein Großteil der Bevölkerung in der Sterilisation in erster Linie eine Strafmaßnahme sieht.

Die Skepsis, mit der einige Menschen der Sterilisation gegenüberstehen, läßt sich darüber hinaus auf eine Verwechslung von Vasektomie und Kastration zurückführen, eine Angst, die in den meisten Männern tief verwurzelt ist. Selbst wenn ein Mann vom Verstand her begreift, daß es sich um zwei völlig unterschiedliche Operationen handelt, behält er doch eine emotionale Aversion gegen alles, was auch nur oberflächliche Ähnlichkeit mit dem gefürchteten »Verlust der Männlichkeit« aufweist. Wenn er an die Sterilisation denkt, erinnert sich ein Mann vielleicht an den Familienkater, der zum Tierarzt gebracht wurde, um »eine kleine Veränderung« vornehmen zu lassen, und der anschließend übergewichtig, zahm und nicht mehr an Sex interessiert war. Auf der Basis derartiger Assoziationen beschließt er dann, daß es am klügsten wäre, jede Situation zu meiden, die seine Hoden auch nur in die Nähe eines scharfen Instrumentes rückt.

So verständlich derartige Ängste sind, müssen wir doch ausdrücklich darauf hinweisen, daß eine Vasektomie nichts mit Kastration gemein hat, weder im Hinblick auf die Operationsmethode noch auf ihre Nachwirkungen. Unter Kastration versteht man das Entfernen der Hoden. Die Vasektomie dagegen ist ein einfacher und sicherer kleiner chirurgischer Eingriff, bei dem die beiden Samenstränge durchtrennt werden, so daß das Sperma, das in den Hoden produziert wird, nicht mehr in den Penis gelangt. Die Hoden produzieren weiterhin Sperma, aber es fließt in den Körper zurück und wird nicht Teil des Ejakulats. Das Gesamtvolumen des Ejakulats nimmt nicht merklich ab, auch wenn es kein Sperma mehr enthält. Siebenundneunzig Prozent des Ejakulats bestehen aus Samenflüssigkeit, die von der Vasektomie nicht berührt wird. Die mit der Ejakulation einhergehenden Empfindungen verändern sich überhaupt nicht, und auch das Vergnügen nimmt nicht ab. Ebensowenig ändert sich etwas an der Fähigkeit des Mannes, Erektionen zu haben.

Der Sexualtrieb wird zum Teil durch Testosteron reguliert, ein Hormon, das in den Hoden produziert wird und über den Blutkreislauf in den Körper gelangt. Die Sterilisation wirkt sich weder auf die Testosteron-Produktion noch auf die Verteilung aus. So wäre es ausgesprochen ungewöhnlich für einen Mann, der vor der Vasektomie weder Erektionsprobleme hatte noch an einem verminderten Sexualtrieb litt, wenn sich dies nach einer Vasektomie ändern sollte, da sich diese weder direkt noch indirekt körperlich auswirkt. In den seltenen Fällen, in denen es zu sexuellen Problemen kommt, ist die Ursache fast immer psychischer Natur. Tatsächlich nimmt das Sexualverlangen nach einer Vasektomie bei Mann und Frau häufig sogar *zu,* weil ihre Sexualität nicht länger von der Angst vor einer Schwangerschaft belastet ist. Zur Wiederholung: Die einzige körperliche Auswirkung einer Vasektomie besteht darin, daß die Zeugungsfähigkeit des Mannes unterbunden wird.

Es gibt einige weitverbreitete Mißverständnisse, was die Vasektomie angeht – daß es sich hierbei um eine langwierige und teure Prozedur handelt, daß sie Vollnarkose erfordert, daß ein Krankenhausaufenthalt notwendig wird, daß sie schmerzhafte Nachwirkungen mit sich bringt, und daß sie einige Zeit zur Heilung benötigt. Tatsächlich staunen Männer, die eine Vasektomie vornehmen lassen, häufig darüber, daß eine Operation, die eine so tiefgreifende Auswirkung auf ihr Leben hat, weniger schmerzhaft und unangenehm ist als ein Besuch beim Zahnarzt. Bei der Vasektomie handelt es sich um einen kleinen chirurgischen Eingriff, der sogar in der Arztpraxis vorgenommen werden kann.

Unter örtlicher Betäubung macht der Urologe zwei kleine Schnitte im Skrotum, durchtrennt die Samenstränge und bindet sie ab, und damit ist die Operation vorüber. Es kommt nur selten zu Nebenwirkungen und postoperativen Komplikationen. In schätzungsweise einem von dreihundert Fällen kann sich an dem Hoden ein Hämatom (Bluterguß) bilden. Ist dies der Fall, läßt man es entweder austrocknen oder es wird operativ entfernt, eine risikoarme, ziemlich einfache ambulante Geschichte. Die bisher durchgeführten Untersuchungen deuten darauf hin, daß es als Folge einer Vasektomie kaum ernstliche Probleme gibt.

Der Eingriff bringt nur wenig oder überhaupt keine Unannehmlichkeiten mit sich, und der Patient muß seine Aktivitäten nicht unterbrechen. Nach der Operation kann er für ein bis drei Tage Wundschmerzen haben. In dieser Zeit sollte der Patient Anstrengungen vermeiden, eventuell auch ein Suspensorium tragen. Auf keinen Fall gibt es einen Grund für ihn, der Arbeit länger als einen Tag fern zu bleiben, wenn überhaupt. Normalerweise schwellen beide Hoden ein wenig an, aber diese Schwellung vergeht nach etwa einer Woche und ist kein Grund zur Beunruhigung.

Verwendung von Verhütungsmitteln nach der Vasektomie

Der Mann ist nach der Vasektomie nicht sofort steril. Wegen des Spermas, das sich noch im oberen Teil der Samenstränge befindet, sind zehn bis sechzehn Ejakulationen nötig, um alles Sperma aus der Samenflüssigkeit zu entfernen. In dieser Zeit *müssen* andere Verhütungsmittel benutzt werden, um eine Schwangerschaft zu verhindern, und man sollte erst darauf verzichten, wenn der Arzt festgestellt hat, daß das Ejakulat keine Spermien mehr enthält. Für diese Untersuchung kann der Vasektomie-Patient Verkehr haben, wobei er ein Kondom benutzt, oder er kann masturbieren oder sich von seiner Partnerin bis zum Orgasmus stimulieren lassen und das Ejakulat in einem Behälter sammeln. Anschließend bringt er die Probe zur Untersuchung in ein medizinisches Labor. Eine ähnliche Untersuchung sollte sechs Monate später noch einmal wiederholt werden, um sich zu vergewissern, daß die Samenstränge nicht wieder zusammengewachsen sind. Dies kommt nur äußerst selten vor, aber die zweite Untersuchung ist eine wichtige Vorsichtsmaßnahme.

Reversibilität

Am häufigsten wird nach der Möglichkeit einer »reversiblen Vasektomie« gefragt. Es wird schon lange nach Methoden hierzu gesucht, und auch Experimente werden durchgeführt, aber im Augenblick sollte eine Vasektomie noch als irreversibel angesehen werden. Eine Technik, die bereits entwickelt und getestet wurde, ist ein Hahn, der in den Samenstrang implantiert wird und mit dem man den Spermienzufluß starten und stoppen kann. Aber abgesehen von den technischen Schwierigkeiten, dieses Hähnchen zu perfektionieren, gibt es noch ein zusätzliches Problem: Wenn die Spermien nicht benutzt werden, scheint die Sperma-Produktion abzunehmen, und ebenso die Beweglichkeit des erzeugten Spermas. So könnte es passieren, daß die Spermien nicht mehr wirksam sind, wenn man den Hahn wieder öffnet, und daß der Mann somit nicht mehr in der Lage wäre, eine Frau zu schwängern. Wenn diese Technik jedoch in Zukunft perfektioniert werden könnte, wäre die Vasektomie die beste Verhütungsmethode, die jemals erdacht worden ist.

Mit der Einführung der Mikrochirurgie hat die Erfolgsrate bei der Wiederherstellung der Samenstränge zugenommen. Dennoch garantiert die strukturelle Restauration der Stränge keine neue Fruchtbarkeit. Deshalb schlage ich, auch wenn die Chancen einer Reversibilität größer sind, eine andere Form der Verhütung vor, solange Sie sich nicht ganz sicher sind. Die Vasektomie sollte als dauerhafte Form der Verhütung angesehen werden.

Eine Möglichkeit, mit der Irreversibilität umzugehen, besteht für den Mann darin, Sperma in einer Samenbank zu deponieren, wo es eingefroren und aufbewahrt wird, ehe er eine Vasektomie vornehmen läßt. Sollte das Paar später beschließen, weitere Kinder zu bekommen, könnte der Samen des Mannes hergenommen werden, um die Frau künstlich zu befruchten. Es ist jedoch noch immer fraglich, wie gut die Qualität des Samens unter diesen Bedingungen bleibt, so daß ein Erfolg nicht sicher ist. Eine andere Möglichkeit wäre natürlich, Spendersamen zu verwenden. Dies ist eine weitverbreitete und akzeptierte Methode bei Unfruchtbarkeit, aber Mann und Frau wären gut beraten, ihre Gefühle sorgfältig zu prüfen, ehe sie sich für diesen Weg entscheiden.

Vorteile

Die Irreversibilität der Vasektomie ist tatsächlich ihr größter Schwachpunkt. Entsprechend den anderen Kriterien, nach denen wir den Wert einer Verhütungsmethode beurteilen, rangiert die Vasektomie recht weit oben. Sie ist fast hundertprozentig verläßlich, sie ist bequem, schränkt das sexuelle Vergnügen nicht ein und hat keine unerwünschten Nebenwirkungen.

Für Paare, deren Familienplanung abgeschlossen ist, kann die Entscheidung des Ehemannes zu einer Vasektomie die Wiederaufnahme der sexuellen Beziehungen bedeuten. Alan, achtunddreißig Jahre alt, seit sechzehn Jahren verheiratet und Vater dreier Kinder, ist ein typischer Fall. Zwei von Alans Kindern waren nicht geplant, und das Problem, eine gute Verhütungsmethode zu finden, hat sein Sexualleben stark gehemmt. Sie hatten fast alles ausprobiert und waren jetzt bei Knaus-Ogino in Verbindung mit Schaum angelangt. Unter diesen Voraussetzungen konnte Sex nicht wirklich spontan stattfinden. Alan hatte nie daran gedacht, sich einer Vasektomie zu unterziehen, bis ein Freund es machen ließ. Anfangs wollte er nicht einmal darüber sprechen, so groß war seine Angst, die Operation würde ihn weniger männlich machen oder seinen Sexualtrieb einschränken. Obwohl er erkannte, daß diese Ängste unbegründet waren, konnte er sie nicht vergessen. Seine Einstellung besserte sich, als er Bücher über Vasektomie las und sich von seinem Hausarzt über den Verlauf der Operation aufklären ließ. Anschließend besuchte er (zusammen mit seiner Frau) den Urologen. Nach vielem Nachdenken und einigen Diskussionen mit seiner Frau kam er zu dem Schluß, daß es für sie die beste Verhütungsmethode sein würde. Am Tag der Operation hatte Alan Angst, stellte dann aber zu seiner Überraschung fest, daß es »leichter war als Zahnziehen«. Es gab keine Komplikationen, und Alan und seine Frau können heute ganz spontan den Sex genießen, ohne sich wegen einer Schwangerschaft zu ängstigen. Häufigkeit und Spaß am Sex haben ein Ausmaß erreicht, welches sie zum letzten Mal vor der Geburt des ersten Kindes erlebt hatten.

Persönliche Erfahrungen

Wie Alan stellen die meisten Männer fest, daß die Vasektomie sich positiv auf ihre sexuelle Beziehung und ihr Leben im allgemeinen auswirkt. Mir persönlich jedenfalls geht es so. Einer der schwierigsten Punkte bei meiner Entscheidung für eine Vasektomie war die Tatsache, daß ich Emilys zwei Schwangerschaften sehr bewußt erlebt genossen hatte. Eine Vasektomie bedeutete, die Möglichkeit aufzugeben, noch einmal Vater zu werden. Wir kamen jedoch zu dem Schluß, daß zwei eigene und ein adoptiertes Kind für uns genug seien, und ich ließ die Operation durchführen. Ich habe es seitdem niemals bereut und finde, daß diese freiwillige Sterilität unserer sexuellen Beziehung eine Freiheit schenkt, wie wir sie nie zuvor gekannt haben.

So wie Emily und ich sollte jedes Paar offen und ehrlich über die damit zusammenhängenden Faktoren sprechen, und nur wenn beide ganz sicher sind, daß eine Vasektomie die beste Antwort auf ihre Bedürfnisse bezüglich der Familienplanung ist, sollte der Mann die Operation machen lassen.

Kandidaten für eine Vasektomie

Ganz klar, eine Vasektomie kommt nicht für jeden in Frage. Sie wäre keine kluge Entscheidung für einen jungen, unverheirateten Mann oder einen, der sich nicht sicher ist, ob er und seine Frau noch Kinder wollen. Ebensowenig wäre sie bei einem Mann angebracht, der in Scheidung lebt und vielleicht mit einer künftigen Ehefrau noch Kinder haben möchte. Aber für einen Mann, der zusammen mit seiner Ehefrau zu dem Schluß gekommen ist, daß er so viele Kinder hat, wie er will, und der nicht das Risiko einer ungewollten Schwangerschaft eingehen will, kann dies die ideale Alternative bedeuten. Alleinstehende, verwitwete oder geschiedene Männer, die ganz sicher sind, daß sie keine Kinder mehr haben möchten, können ebenfalls ausgezeichnete Kandidaten für eine Vasektomie sein. Es gibt eine Reihe von Männern, die glaubt, einer dieser Kategorien anzugehören. Jedes Jahr werden in den Vereinigten Staaten ungefähr 100 000 Vasektomien durchgeführt. In anderen Teilen der Welt nimmt die Vasektomie ebenfalls an Beliebtheit zu.

Auch die Tatsache, daß die Vasektomie eine Verhütungsmethode ist, die es dem Mann ermöglicht, die Initiative bei der Geburtenkontrolle und Familienplanung zu übernehmen, spricht stark für sie. So können wir einen wichtigen Beitrag zur Herstellung einer vertrauensvollen Atmosphäre leisten, und diese ist wesentlich für eine gute sexuelle Beziehung. Wenn eine Vasektomie im Geiste reifen Verstehens und guter Kooperation vorgenommen wird, kann sie ein Mittel sein, durch das der Mann seine Frau wissen läßt, wie sehr er sie mag und wie wichtig ihm ihre Beziehung und ihre Familienplanung ist.

Wer von beiden sollte sich sterilisieren lassen?

Es könnte der Einwand erhoben werden, daß es nicht unbedingt der Mann sein muß, der eine Sterilisation vornehmen läßt, da eine solche Möglichkeit auch der Frau offensteht. Die beiden häufigsten Sterilisationstechniken für die Frau, Tubenligation und Laporoskopie, bedeuten jedoch schwerere chirurgische Eingriffe als die Vasektomie. Sie ziehen mehr Unanehmlichkeiten und ein größeres Risiko nach sich. Wenngleich die meisten Frauen heutzutage ambulant sterilisiert werden können, unter Lokalanästhesie, so bedeutet es doch eine komplexere Operation, weil man dazu in den weiblichen Körper eindringen muß. Rein vom medizinischen Standpunkt aus gesehen ist die Vasektomie vorzuziehen, da es sich um die einfachere und sicherere Operation handelt. Dennoch werden mehr Frauen als Männer sterilisiert.

Wenn eine Vasektomie die richtige Entscheidung ist

Der Entschluß zu einer Vasektomie sollte frei gefaßt werden, wobei der Mann die Operation und ihre Auswirkungen verstehen und sich vor wie nach der Operation als Mann und sexuell wohl fühlen sollte. Sterilität ist nur für diejenigen Männer ein trauriges Schicksal, die gerne Kinder haben möchten. Ist eine Vaterschaft nicht erwünscht, ist die Sterilität etwas Positives, denn sie ermöglicht dem Mann einen seltenen Grad an Freiheit, sich in seiner Ehe sexuell zu entfalten.

ZEHNTES KAPITEL

Schluß mit dem Geschlechterkrieg

Ich begann mit diesem Kapitel, als ich mich vorübergehend in Indien aufhielt, um Workshops abzuhalten. In Indien werden die meisten Ehen arrangiert, die Männer dominieren, die Frauen gehorchen. Die Traditionalisten dortzulande hatten gegen viele der in meinen Workshops bezogenen Positionen Einwände. Sie vertraten den Standpunkt, die hohe Scheidungsrate in Amerika wäre der beste Beweis dafür, daß eine Gesellschaft nur auf doppelter Moral basieren könne.

Ich halte die traditionelle Doppelmoral keineswegs für überlegen. Allerdings ist es der Frauenbewegung leider nicht gelungen, ihr Versprechen von positiven Veränderungen sowohl für Frauen als auch für Männer wahrzumachen. Es ist an der Zeit, die Beziehungen der Geschlechter noch einmal zu überdenken und neu zu definieren, auf eine Art und Weise, die das psychische und sexuelle Wohlergehen von Männern und Frauen verbessern wird.

Ein großer Teil der Diskussion ist und war immer ideologisch, moralisch und/oder höchst emotional gefärbt. Lassen Sie uns dieses äußerst komplexe Thema daher von einem objektiveren, wissenschaftlicheren Standpunkt aus angehen. In den letzten zehn Jahren wurden Ähnlichkeiten und Unterschiede zwischen Männern und Frauen gründlich erforscht, in verschiedenen Bereichen - Körperkraft, Intellekt, Verhaltensweisen, Gesundheitszustand, sexuelle Reaktionen, emotionale und zwischenmenschliche Züge. Das objektive Untersuchungsergebnis ist überwältigend: Es gibt weit mehr Ähnlichkeiten als Unterschiede zwischen Männern und Frauen in allen Bereichen, einschließlich der sexuellen Reaktionen. Männer und Frauen erleben dieselben Phasen von Begehren, Erregung, Orgasmus und emotionaler Befriedigung. Dieselben psychischen Prozesse aus positiver Erwartung, dieselben physiologischen Prozesse der Erregung in Form von Blutandrang und Muskelanspannung, dieselben rhythmischen Kontraktionen beim Orgasmus und dieselbe Entspannungsperiode finden sich bei Männern wie Frauen. Natürlich gibt es auch Unterschiede, aber die physischen, psychischen und emotionalen Ähnlichkeiten überwiegen. Die beiden wichtigsten Unterschiede sind die unterschwellige Reaktion und die Vielfalt des Orgasmus. Die Frau benötigt für gewöhnlich längere und direktere Stimulierung, um sexuell erregt zu werden, wenngleich diese Unterschiede mit zunehmendem Alter und größerer Erfahrung abnehmen. Zweitens ist die Orgasmus-Reaktion des Mannes im Vergleich zu derjenigen der Frau direkter. Der Mann erlebt einen Orgasmus, der beim Geschlechtsverkehr eintritt, während die Frau keinen Orgasmus bekommt, oder einen einzigen oder mehrere, und diese können beim Vor/Liebesspiel, während des Geschlechtsverkehrs oder beim Nachspiel auftreten. Das heißt nicht, daß die sexuelle Reaktion der Frau besser oder schlechter ist als die des Mannes, sondern nur komplexer und variabler. Die wesentliche Übereinstimmung ist, daß Männer wie Frauen sexuelle Wesen mit der Fähigkeit sind, sexuelle Lust zu schenken und zu empfangen.

Traditionelle Geschlechterrollen

Die Sexualität ist eine bedeutende Komponente von Männlichkeit und Weiblichkeit, aber nicht die wichtigste. Nach den traditionellen doppelten Maßstäben wurden Männern und Frauen grundlegend verschiedene Rollen zugeteilt, die sich kaum überlappten. Der Mann spielt in der Gesellschaft die starke, dominierende Rolle. Er ist der Anführer, der Versorger, die leistungsorientierte Person. Die ganze Verantwortung für den finanziellen Erfolg der Familie liegt bei ihm. Außerhalb des Hauses trifft er alle Entscheidungen. Den Kindern gegenüber übernimmt er die Rolle des strengen Erziehers. Er bereitet die Jungen auf die Härte und den Wettbewerb in der erwachsenen Männerwelt vor. Seine Rolle den Töchtern gegenüber ist die des Beschützers vor räuberischen Männchen, die nur »das Eine« wollen. Er muß für seine Tochter einen guten Ehemann finden, damit sie ihm

Enkelkinder schenken und später für ihren alten Vater sorgen kann. In der Freizeit hat der Mann männliche Freunde, mit denen er trinken, Kartenspielen und Sport schauen kann. Was sein Essen, seine Kleider und seine Gesundheit angeht, so verläßt sich der Mann auf seine Frau, die sich darum kümmert.

Dem stereotypen Doppelstandard in unserer Gesellschaft zufolge übernimmt die Frau die Rolle des schwächeren, abhängigen Ehepartners. Ihre Aufgabe ist es, für ihren Mann und ihre Kinder zu sorgen, und man erwartet, daß sie aus dem, was diese erreichen, ihre Selbstachtung bezieht. Ihr Reich ist das Haus - organisieren, kochen und putzen. Am wichtigsten ist, daß sie für die emotionalen Bedürfnisse ihrer Familie zuständig ist; sie ist der erste (und für gewöhnlich einzige) Heger. Sexuelles Vergnügen ist seine Domäne, nicht ihre, aber wenn sie schon Erregung erlebt, dann hat dies beim Geschlechtsverkehr zu sein. Wenn sie einen Orgasmus hat, dann muß der genauso sein wie der des Mannes - ein einzelner Höhepunkt beim Verkehr. Wenn sie berufstätig ist, dann nur, damit die Familie mehr Geld hat, nicht, damit sie selbst Karriere macht. Es wird erwartet, daß sie keine intellektuellen Interessen hat. Ihre einzigen Freunde sind andere Frauen und Verwandte. Sie ist verantwortlich für das gesellschaftliche Leben des Paares, die Freundschaft mit anderen Ehepaaren und Familien, darf aber keine männlichen Freunde haben, weil derartige Beziehungen todsicher in außerehelichen Affären enden. (Warum sollte schließlich ein Mann mit einer Frau befreundet sein, wenn nicht, um ein sexuelles Verhältnis mit ihr zu haben?)

Diese starren, stereotypen Geschlechterrollen haben sich auf die emotionale und sexuelle Beziehung der Paare negativ ausgewirkt. Was aber ebenso wichtig ist: Sie haben die persönliche Entwicklung des Mannes und der Frau behindert. Jeder, einschließlich der Kinder, kann in Beziehungen, die auf diesen starren, irrationalen Rollen basieren, nur verlieren.

Es ist immer leichter, ein altes System zum Einsturz zu bringen, als ein neues Modell zu entwickeln, das rationaler, funktioneller und befriedigender ist. Ich will nicht sagen, daß das von mir vorgestellte Modell perfekt ist, oder das einzig Wahre, oder daß es für alle Männer oder alle Paare gilt. Was ich hier vorstelle, ist das Modell einer

Beziehung, das mit den wissenschaftlichen Informationen über die Ähnlichkeiten zwischen Männern und Frauen übereinstimmt und das positives Potential demonstriert hat, um die emotionale und sexuelle Zufriedenheit zu vergrößern.

Ein neues Modell heterosexueller Beziehungen

Es geht hier nicht um Fifty-fifty-Gleichheit in allen Bereichen des Lebens (was übertrieben idealistisch und zum Scheitern verurteilt ist). Vielmehr basiert dieses Modell auf einem Gefühl von Gerechtigkeit zwischen Männern und Frauen. Die eine Person hat vielleicht die größere Verantwortung oder Fähigkeit im einen Bereich, die andere in einem anderen. Das Wesentliche ist, daß Mann und Frau einander als menschliche Wesen ansehen, die die Kompetenz des anderen schätzen und die Macht gleichberechtigt aufteilen. Wenn sie respektvoll, gleichberechtigt und liebevoll miteinander umgehen, so dient dies auch als gutes Vorbild für die Kinder.

Die zweite Dimension hat mit dem Vertrauen zwischen Männern und Frauen zu tun. Statt Krieg gegeneinander zu führen, das andere Geschlecht als Feind zu betrachten, sollten Sie darauf vertrauen, daß die Frau nichts tun wird, um Sie absichtlich zu verletzen. Sie gehen davon aus, daß sie das Beste für Sie im Auge hat, sehen in ihr eine Freundin und Stütze. Damit Vertrauen ehrlich sein kann, muß es auf Gegenseitigkeit beruhen. Die Frau muß dasselbe Vertrauen in Ihre Motivation und Ihr Verhalten setzen. Vertrauen heißt nicht, daß es nicht manchmal Probleme geben wird, Enttäuschungen und Ärger. Es heißt, daß Sie miteinander auf vertrauensvolle Art umgehen, nichts absichtlich tun, was Ihre Partnerin verletzt, sondern versuchen, in ihrem Interesse zu handeln.

Der dritte Faktor ist ein Gefühl von Vertrautheit und Liebe zwischen dem Mann und der Frau. Hierbei handelt es sich um eine solidere und reifere Basis für eine Beziehung als die romantische Liebe, die in Büchern und Filmen verherrlicht wird. Romantische Liebe ist leidenschaftlich und verzehrend. Sie verheißt Segen, »nie sagen müssen, daß es einem leid tut«, und endet meist verheerend. Sie gibt wunderbare Träume ab, stellt aber einen dornigen und untauglichen

Weg dar, sein Leben zu gestalten. Unser neues Modell der Vertrautheit sieht es so, daß eine Beziehung teilweise auf Gefühlen aufbaut, aber mehr noch auf einem realistischen Frauenbild (im Sinne von Vertrauen, Respekt und der Kommunikation über eine Reihe von Problemen) und dem Glauben, daß Sie als Paar ein gemeinsames Leben planen und führen können. Ihre Liebe zueinander sollte tief und leidenschaftlich sein. Vertrautheit wäre mehr als nur sexuell und würde das Teilen von Gedanken, Gefühlen, Ansichten, Wertungen und Plänen umfassen. Die Sexualität zwischen einem Mann und einer Frau ist ein wesentlicher Bestandteil einer Beziehung. Die Sexualität dient dazu, eine Beziehung zu stärken, indem sie die Vertrautheit belebt und vertieft.

Die Fähigkeit, die Gedanken und Gefühle des anderen zu verstehen und darauf zu reagieren, ist wichtig. Seine eigenen Gefühle klar und deutlich auszusprechen und etwas von Ihrem Partner zu erbitten (nicht zu verlangen) ist unerläßlich. Wesentlich ist auch, daß man sich Problemen stellt, sie nicht meidet, und daß man versucht, sie zu lösen (wobei Sie Ihre Gefühle in bezug auf dieses Problem klar äußern müssen, Alternativen entwickeln, das Für und Wider objektiv abwägen, sich mit einer Lösung abfinden und die Ergebnisse analysieren sollten). Dabei sollten Sie auf konstruktive, zielorientierte Art vorgehen. Außerdem gehören zu der Beziehung zwischen einem Mann und einer Frau noch Toleranz und Humor, um auch schwierige Situationen und harte Zeiten zu meistern.

Die intimste und anspruchvollste Beziehung zwischen einem Mann und einer Frau ist eine Ehe, in der diese Einstellungen und Fähigkeiten die wichtigste Rolle spielen. Aber Elemente unseres Modells einer idealen Liebesbeziehung gelten auch für Arbeit, Freundschaft, Familie und andere soziale Zusammenhänge.

Tom und Nancy

Tom und Nancy, die seit achtzehn Jahren verheiratet sind und eine vierzehnjährige Tochter haben, sind ein gutes Beispiel für die Praktizierung dieses neuen Modells. Tom stammt aus einer Arbeiterfamilie, die sich durch viel Gewalt auszeichnete, auch durch den Mißbrauch von Frau und Kind. Als Tom sieben Jahre alt war, kam sein Vater unter Alkoholeinfluß bei einem Autounfall ums Leben. Seine

Mutter zog mit den Kindern in die mittelgroße Stadt, in der ihre Eltern lebten. Tom wuchs mit Onkeln und Großvater auf, hatte aber kein positiv besetztes männliches Vorbild.

Ein Wendepunkt in Toms Leben kam, als er siebzehn war und die High-School besuchte. Es gab da ein noch recht unreifes Mädchen, das sich verzweifelt nach Aufmerksamkeit sehnte und mit den Jungs in den Wald ging, um sie oral zu befriedigen. Eines Tages war Tom mit dreien seiner Freunde zusammen, die Witze rissen und prahlten, daß dies es war, was »das Leben wirklich zu bieten hat«. Wie die meisten Jungs in der Stadt war Tom schon ein paarmal bei einer Prostituierten gewesen. In seinem Umfeld galt es als lächerlich, mit sechzehn noch keine sexuellen Erfahrungen zu haben, und man mußte beweisen, daß man kein »Schwulie« war. Doch als sich Tom die Szene mit dem Mädchen ausmalte, begriff er, daß das nichts für ihn war. Auch wenn er zu jener Zeit noch nicht selbstsicher genug war, um etwas dazu zu sagen (was er heute bedauert, wenn er an den Vorfall zurückdenkt), so beschloß er doch, sich nicht auf diese Art von Sexualität einzulassen, bei der eine Frau ge- und mißbraucht wird.

Tom unterhielt sich mit seiner Lieblingslehrerin über diesen Vorfall und über seine Zukunftspläne. Gute Lehrer verdienen ihr Geld nicht nur im Klassenzimmer, sondern unter anderem damit, daß sie den Jugendlichen zuhören und ihnen auch außerhalb der Schule zur Verfügung stehen. Sie machte Tom Mut, seine intellektuellen Fähigkeiten zu nutzen, um weiterzukommen und eine College-Ausbildung zu machen.

Auch wenn Tom weiterhin mit seinen alten Freunden herumalberte, fing er jetzt doch an, sich neue Freunde und Freundinnen zu suchen, die dem Leben ernsthafter und verantwortungsbewußter gegenüberstanden. Nachdem er den High-School-Abschluß gemacht hatte, besuchte er noch zwei Jahre lang das örtliche College und ging schließlich auf die Universität. Das College hatte einen guten Einfluß auf Tom. Er wählte Personalmanagement als Hauptfach und arbeitete in den Ferien in einer Personalabteilung. Tom wurde sich der Gefühle bewußt, die entfacht wurden, wenn man als »Bürger zweiter Klasse« behandelt wurde, und er sah, daß häufig selbst tüchtige Frauen so behandelt wurden.

Tom beschloß, erst zu heiraten, wenn er einen guten Beruf hatte, und das hieß für ihn frühestens mit dreißig. Er genoß sein Liebes- und Sexualleben, hatte meistens eine feste Freundin. Seine Affären dauerten zwischen sechs Monaten und zwei Jahren. Ehe er sich auf Geschlechtsverkehr einließ, vergewisserte er sich immer, daß die Frau die Pille nahm oder eine Spirale eingesetzt hatte, oder daß sie ein Diaphragma benutzte. Andernfalls verwendete er ein Kondom. Wenngleich zwei seiner Beziehungen bitter endeten, waren die meisten doch gute Erfahrungen, und er hatte das Gefühl, ein respektvoller Freund der Frau zu sein und etwas über sich gelernt zu haben.

Nach dem College arbeitete er als Assistent und studierte, um seinen Magister zu machen. Eine der Frauen in seinem Kurs war Nancy. Anfangs war ihre Beziehung rein beruflich, einerseits weil Nancy einen Freund hatte, andererseits weil sich Tom von Nancys akademischen Leistungen ein wenig einschüchtern ließ. Aber als das Semester zu Ende war, lud Tom sie trotzdem zum Essen ein, und bis spät in die Nacht unterhielten sie sich über ihre persönlichen und beruflichen Pläne. Tom war sich bewußt, daß er sich sexuell zu Nancy hingezogen fühlte, und sagte sich, daß er gern mit ihr gehen würde, wenn sich die Gelegenheit je ergeben würde. Im nächsten Semester trafen sie sich zwei-, dreimal pro Woche und diskutierten akademische Belange. Gegen Ende des Semesters traten sie mit anderen Studenten einem Volleyball-Team bei. Nancy lernte die Frau kennen, mit der Tom ging, und er den Mann, mit dem Nancy eine Beziehung hatte. Tom fragte sich insgeheim, was Nancy an dem Knaben anziehend fand, denn er trank zuviel und benahm sich ihr gegenüber schlecht. Wie sie Tom eingestand: »Er behandelt mich wie den letzten Dreck, und ich weiß nicht, warum ich das hinnehme.«

Nach allen Abschlußklausuren gingen Tom und Nancy gemeinsam essen, und nachdem er einmal zuviel Wein getrunken hatte (nicht empfehlenswert, aber bei Männern recht häufig), erzählte Tom Nancy die Geschichte vom Tod seines Vaters und von dem Rat seiner Lehrerin. Nancy war eine sehr gute Zuhörerin, und das machte Tom Mut, ihr zu gestehen, wie anziehend er sie fand. Nancy ging darauf ein, und der Abend wurde romantisch und sinnlich – ohne jedoch im Bett zu enden. Am nächsten Tag rief Tom sie an und lud sie zu einem Spaziergang im Park ein. Tom erklärte ihr, daß seine Gefühle des vergangenen Abends echt gewesen waren, keine Folge des

Weines. Aber wenn sie wirklich ein Liebespaar werden sollten, so erwarte er, daß Nancy zuerst einen klaren Bruch mit ihrem derzeitigen Liebhaber herbeiführte. Er wollte kein Durcheinander, wollte nicht versuchen, sie dem anderen fortzunehmen, während sie hin- und herschwankte. Nancy war wütend auf Tom, weil sie hoffte, daß eine neue Beziehung ihr den Anstoß geben würde, die schlechte zu beenden. Sie erkannte aber, daß Tom recht hatte, daß sie dafür verantwortlich war, die alte Affäre zu beenden, und daß sie Tom nicht als Ausrede benutzen durfte. Nancy brauchte ganze sechs Wochen, um das zu schaffen, und die ganze Zeit über unterstützte Tom sie, zwang sie aber zu nichts.

Als sie schließlich ein Liebespaar wurden und auch miteinander schliefen, brachte ihnen das leidenschaftlichen Spaß. Sie taten all die Dinge, die Liebende tun – blieben ewig auf und redeten, verbrachten den nächsten Tag im Bett und liebten sich, aßen Popcorn zum Frühstück, liebten sich mitten in der Nacht am Strand und träumten von der perfekten Ehe und dem perfekten Leben. Verliebt sollte jeder einmal sein, aber dieser Zustand hält bestenfalls ein, zwei Jahre. Verliebtheit ist keine Basis für eine Ehe.

Nach dem Studium taten Tom und Nancy zwei sehr harte, aber notwendige Dinge. Sie lernten die Familie des anderen kennen und unterhielten sich offen über die Elemente in ihrem Background, die sie bewunderten und in ihrer eigenen Ehe und Familie beibehalten wollten, und die Elemente, die »Fallen« für sie bedeuteten (also Dinge, die sie sorgfältig meiden mußten). Für Tom bestand die Falle darin, die dominierende Rolle zu spielen und in der Frau ein »schwaches Wesen« zu sehen, für das gesorgt werden mußte. Nancy stammte aus einer Alkoholikerfamilie. Ihr Stiefbruder hatte sie von ihrem elften bis zu ihrem dreizehnten Lebensjahr sexuell mißbraucht. Es fiel ihr schwer, Männern zu vertrauen, und obwohl sie beruflich erfolgreich war, hing ihr Selbstbewußtsein auf persönlicher und sexueller Ebene zu stark von der Anerkennung durch andere ab. Ein Aspekt einer guten Beziehung ist der, daß sie in jedem Menschen das Beste hervorruft. Nancy wollte, daß Tom sich als kompetenter Mann sah, aber auch als jemanden, der mit anderen respektvoll und kooperativ umgehen konnte, ohne sie zu unterdrücken. Tom wollte, daß Nancy sich als stark sah, als Überlebende des Mißbrauchs, nicht als

Opfer. Sie mußte sich selbst und ihm vertrauen und persönliche und sexuelle Selbstachtung aufbauen.

Die zweite Schwierigkeit war die Entscheidung bezüglich ihrer Karrieren und wo sie leben wollten. Das alte System, wonach die Karriere des Mannes immer an erster Stelle kommt, ist zwar der Gleichberechtigung nicht förderlich, aber bestimmt leichter. Es ist schwer, zwei Karrieren zu koordinieren, besonders, wenn zwei Menschen auf demselben Gebiet arbeiten. Tom und Nancy kamen überein, sich alle Alternativen anzusehen und Entscheidungen zu treffen, die die Bedürfnisse von allen beiden berücksichtigten. Sie waren nicht so naiv zu glauben, alle Entscheidungen wären gleich oder es würde einfach sein, sie zu treffen. Sie beschlossen, sich in den drei Großstädten nach Arbeit umzusehen, in denen sie beide gern gelebt hätten. Jeder konnte ein Veto einlegen – Tom wäre zum Beispiel gern nach New York gegangen, aber Nancy fand es zu teuer und hektisch. Nancy gefielen Dallas oder Houston, aber Tom wollte Texas aus arbeitsbedingten Gründen meiden. Sie einigten sich auf Washington, D.C. Dieses Konzept des Vetos, wenn es um wichtige Entscheidungen geht, hat ihnen gute Dienste geleistet. So wünschte sich Tom nach sechs Jahren Ehe ein zweites Kind, aber Nancy sprach sich dagegen aus. Sie befürchtete, daß ein zweites Kind die Qualität ihres Lebens und ihrer Karrieren beeinträchtigen würde. Eine harte Entscheidung, aber ein Kind zu haben bedeutet eine große Verpflichtung für beide Partner. Tom erkannte, daß er Nancy nicht zwingen konnte, noch einmal schwanger zu werden.

Als sie zu heiraten beschlossen, verpflichteten sich beide, an ihrer Ehe zu arbeiten, kamen aber überein, keinesfalls aus Gründen der Tradition oder Abhängigkeit oder eines Kindes wegen zusammenzubleiben. Diese Vereinbarung sorgte dafür, daß sie immer daran arbeiteten, ihre eheliche Beziehung respektvoll, vertrauensvoll und intim zu erhalten. Sie nahmen die Ehe nicht als gegeben hin, ließen nicht zu, daß sie stagnierte. Die Sexualität spielt eine wesentliche Rolle für die Belebung der Ehe und das Aufrechterhalten eines Gefühls von intimem, emotionalem Kontakt.

Eine Ehe (und der eheliche Sex) bedarf ständiger Aufmerksamkeit und des Gefühls von Wachsen und Entwicklung. Nancy und Tom müssen sich als Einzelpersonen verändern und wachsen, und ihre

Ehe muß sich diesen persönlichen Veränderungen anpassen. Damit eine emotionale und sexuelle Beziehung wächst und gedeiht, müssen beide gute Zuhörer sein, ihre Meinung klar und deutlich aussprechen, müssen Bitten stellen, eine Reihe von Alternativen überdenken, wenn es Probleme gibt, und Entscheidungen auf respektvolle Art treffen, damit sie zu einer Vereinbarung gelangen, mit der beide leben können. Letzteres war besonders wichtig, als es um das Abwägen von Karriere und Kinderwunsch ging. Tom hätte es vorgezogen, wenn Nancy traditionsbewußter gewesen wäre, weniger ehrgeizig. Er mußte jedoch zugeben, daß ihr Einfluß ihn zu einem bewußteren Mann machten, der im Gegensatz zu vielen seiner Kollegen mit vierzig Jahren noch nicht »ausgelaugt« war. Die Sicherheit eines zweiten Einkommens ermöglichte es ihm zudem, berufliche Risiken einzugehen. Andererseits bedauerte er, daß er nicht so flexibel war, was einen Ortswechsel anging, wenn sich ihm eine bessere Arbeitsmöglichkeit bot. Das Leben besteht aus einer ganzen Reihe von Gelegenheiten, Probleme zu lösen, und Ihre Entscheidungen basieren am besten auf realistischen Alternativen; es ist keine ideale Welt, in der Sie die vollkommene Kontrolle übernehmen und alles haben können.

Tom ging mehr in der Aufgabe der Kindererziehung auf, als er es je für möglich gehalten hätte. Vom Windelwechseln über Elternabende in der Schule bis zum Einkaufen mit seiner Tochter, Gesprächen über ihre Freundschaften mit Jungen und Mädchen - Tom war ein engagierter Vater. Teilweise empfand er es als Belastung, aber dann auch wieder als sehr lohnend. Tom bedauerte seine Freunde, die nur am Rande Väter waren.

Wenn Tom und Nancy an die Zukunft denken, sind sie sich einig, daß das Leben sie auch weiterhin herausfordern wird. Sie verbringen viel Zeit mit Reden, Planen und dem Entwickeln von Zielen für den zweiten Teil ihres Lebens. Sie freuen sich darauf, ihre Tochter aufs College zu schicken, sie als Erwachsene zu erleben, und sie haben keine Angst vor dem »Leeren-Nest«-Syndrom. Sie beabsichtigen, ihren individuellen Interessen nachzugehen - Tom will ein Buch schreiben, und Nancy möchte sich für den Stadtrat bewerben. Tom hofft, sein Interesse am Wandern ausbauen (was Nancy mit ihm teilt) und seinem Hobby Golf frönen zu können, während Nancy sich weiterhin mit Teppichknüpfen beschäftigen möchte. Zusammen beabsichtigen sie zu reisen und mit ihrer Kirchengruppe sozial engagierte Projekte in Angriff zu nehmen.

Anhaltspunkte zur Neudefinition der Geschlechterrollen

Tom und Nancy sind kein perfektes Paar, aber sie haben viel erreicht, was bewundernswert ist. Teilweise rührt dies daher, daß sie gewisse Grundregeln befolgt haben, die für Angehörige beiderlei Geschlechts wertvoll sein können:

1. Frauen und Männer sind als Menschen gleichwertig.
2. Frauen und Männer sind in ihrer Geschlechterrolle offen und flexibel.
3. Frauen werden akzeptiert und verfügen über genügend Selbstvertrauen, daß sie in einer Beziehung weder bedroht noch eingeschüchtert werden.
4. Intellektuell, emotional und sexuell bestehen zwischen Männern und Frauen mehr Ähnlichkeiten als Unterschiede.
5. Nicht alle Beziehungen zu Frauen sind sexueller Natur.
6. Akzeptieren Sie sich in Ihrer Männlichkeit, so daß Sie auch einige der Wesenszüge und Interessengebiete, die für gewöhnlich als »feminin« abgestempelt werden, in Ihr Leben integrieren können.
7. Eine intime sexuelle Beziehung wird für beide Partner befriedigender, wenn Sie an der ganzen Bandbreite der sexuellen Lust Spaß haben.
8. Empfängnis, Schwangerschaftsverhütung und Kinder sind ebenso Domäne des Mannes wie der Frau.
9. Am befriedigendsten ist eine respektvolle, vertrauensvolle, intime und auf Gleichberechtigung beruhende Ehe.
10. Eine kommunikative, gebende und nehmende Beziehung zwischen Mann und Frau fördert die emotionale und sexuelle Zufriedenheit beider Partner.

Statt eines fortwährenden Krieges zwischen den Geschlechtern können zwischen Männern und Frauen Beziehungen bestehen, die beide Seiten bereichern.

Elftes Kapitel
Sinnlichkeit genießen

Wie angenehm ist eine Umarmung? Ein Kuß? Eine Liebkosung? Wenn Sie wie die meisten Männer denken, siedeln auch Sie diese Lustbarkeiten ziemlich weit unten auf der Skala der Dinge an, die für Ihr Glück unerläßlich sind.

Sie haben nicht immer so empfunden. Tatsächlich waren Ihre Einstellungen ganz anders, als Sie noch ein Baby waren. Ihr Bedarf an Zärtlichkeit war lebenswichtig für Sie, wie das, was Sie aßen, wie die Luft, die Sie atmeten. Und hätte man Ihnen plötzlich die körperliche Zärtlichkeit entzogen, wären die Auswirkungen fast ebenso verheerend gewesen wie zuwenig Essen oder Sauerstoff. Es ist wissenschaftlich erwiesen, daß Babys sich nicht normal entwickeln und manchmal sogar krank werden, wenn man ihnen nicht regelmäßig körperliche Liebe und Zärtlichkeit schenkt.

Es ist nicht schwer, sich an die Stelle eines Kleinkindes zu versetzen und sich vorzustellen, warum dieses Bedürfnis existiert. Für ein Baby bedeutet körperliche Zärtlichkeit - abgesehen davon, daß es eine Quelle der Lust ist -, daß man es liebt und beschützt. In gewissem Maße lassen wir dieses Bedürfnis hinter uns und entwickeln die Fähigkeit, uns unsere Sicherheit durch andere als körperliche Mittel zu holen. Auf ein älteres Kind wirken ein Lächeln oder ein freundliches Wort vielleicht ebenso wie körperliche Liebesbeweise. Und dennoch verlieren wir niemals ganz das Bedürfnis nach körperlicher Wärme und Zärtlichkeit, und wir sollten es auch nicht. Ob wir nun acht oder achtzig sind, es ist immer schön, berührt zu werden.

Berührungsentzug bei Männern

Leider sieht es so aus, als würden wir Männer, wenn wir älter werden, immer weniger berühren und berührt werden. Studien haben gezeigt, daß schon von sehr früh an Jungen mit viel weniger körperlicher Zärtlichkeit bedacht werden als Mädchen. Diese sexuelle Differenzierung ist Teil der gesellschaftlichen Kampagne, uns zu starken, harten, sogar stoischen Wesen zu machen, uns auf die Härten des Wettbewerbs unter erwachsenen Männern vorzubereiten. Offen gesagt gibt es keine oder nur wenig Hinweise, die dieses männliche Ausbildungsprogramm stützen. Aber es wirkt sich negativ auf die Sexualität des männlichen Erwachsenen aus.

Männer neigen stark dazu, nahezu alle sexuellen Situationen als grundsätzlich wettbewerbs- und zielorientiert zu betrachten. In seinen Beziehungen zu Frauen wird der Mann ermutigt, als Ziel den Geschlechtsverkehr anzustreben. Der Mann, der Frauen »rumkriegt«, wird von seinen männlichen Freunden bewundert, und wenn er viele Frauen rumkriegt, wird er mit besonderem Respekt und Neid dafür belohnt. Das Ziel der sexuellen Interaktion selbst ist der Orgasmus; dieses kurze, intensive Gefühl wird von den meisten Männern als einzig wichtiger Teil des Sex angesehen. Der Durchschnittsmann kommt recht schnell zum Orgasmus - normalerweise innerhalb von zwei bis fünf Minuten nach dem Eindringen. Falls er lernt, dieses Erlebnis hinauszuzögern, tut er es nur zugunsten seiner Partnerin, die nicht so schnell reagiert wie er selbst. Was nun den körperlichen Ausdruck von Zärtlichkeit anbelangt, der dem Geschlechtsakt vorausgeht, so deutet schon der Name, den man ihm verliehen hat - nämlich »Vorspiel« -, an, daß er weniger wichtig ist, daß er bloße Präliminarien darstellt, die zum »wirklich Wichtigen« führen.

Diese Neigung, alle Erfahrungen abgesehen vom Orgasmus geringzuschätzen, hängt mit unserer frühen Erziehung zusammen, mit der Tatsache, daß Jungen ermutigt werden, ohne körperliche Zärtlichkeiten auszukommen. Man hat uns überzeugt, Küsse, Umarmungen und spontane Liebkosungen als von geringem Wert abzulehnen, wenn nicht Geschlechtsverkehr und Orgasmus folgen. Wir vergessen leicht, daß diese Dinge selbst schon höchst angenehm sein können. Die Tatsache, daß Frauen dem nichtzielorientierten Liebesspiel einen höheren Wert beimessen, spiegelt ihre größere Freiheit beim Ausdruck körperlicher Zärtlichkeit als Kind und Erwachsener wider. Diese Diskrepanz zwischen der Bedeutung, die Mann und Frau Zärtlichkeit und Sinnlichkeit verleihen, ist eine häufige Quelle von Streit und Mißverständnissen zwischen den Paaren.

Berührungen

Die meisten Frauen beklagen sich, daß sie von ihren Partnern zu wenig Intimität und körperliche Zärtlichkeiten erhalten - sowohl im Schlafzimmer als auch anderswo. Die Männer stehen dieser Kritik häufig mit Verwirrung gegenüber, denn es fällt ihnen schwer, in der Zärtlichkeit und/oder Sinnlichkeit etwas an sich Wertvolles und Angenehmes zu sehen. Sie neigen dazu, den Ausdruck körperlicher Liebe als eine spezielle Aktivität zu sehen, die nur in den vier Wänden des Schlafzimmers stattfindet, und zwar zwischen dem Ausmachen des Lichts und dem Einschlafen. Die Berührungen, die dann stattfinden, sind zielorientiert (Geschlechtsverkehr und Orgasmus).

Wir haben uns wirklich in einen Zustand sinnlicher Verarmung hineinmanövriert. Indem wir uns den Möglichkeiten des nicht zielorientierten Liebesspiels öffnen, können wir den Reichtum einer Welt spontaner körperlicher Zärtlichkeit zurückgewinnen. Zärtliche Berührung kann nicht nur das Gefühl von Schutz, Sicherheit und Trost vermitteln, das wir als Kinder genossen haben, sondern auch so erwachsene Empfindungen wie Respekt, Dankbarkeit und sexuelle Anziehung. Die Entwicklung sinnlichen Bewußtseins kann nicht nur zu gesteigertem körperlichen Lustgefühl führen, sondern sich auch positiv auf die emotionale und sexuelle Beziehungen eines Paares auswirken. Es lohnt sich, das zu lernen.

Viele Männer würden unter sexuellem Vergnügen wohl die angenehmen Gefühle verstehen, die sie während des Geschlechtsverkehrs über ihre Genitalien erfahren. Diese Definition ist jedoch äußerst engstirnig, da sie jegliches nicht-genitale Vergnügen leugnet, das wir beim Sex erleben. Wie steht es etwa mit der Lust, den Körper unseres(r) Partner(in)s zu betrachten, entweder nackt oder in verschiedenen Stadien des Entkleidens? Was ist mit der Freude am Liebesgeflüster oder der Erregung, die das Keuchen und Stöhnen unserer Partnerin auslöst? Was empfinden wir, wenn sich der Körpergeruch unserer Partnerin mit unserem eigenen mischt? Was bedeuten uns die Bewegungen beim Koitus? Der Geschmack beim oral-genitalen Sex? Was ist mit dem Myriaden von Wegen, auf denen ein Mensch den anderen mit Streicheln und Liebkosungen erfreuen kann?

Auch ist sinnliches Vergnügen nicht aufs Schlafzimmer beschränkt. Da gibt es die Erregung, wenn sich Knie unter dem Tisch berühren. Die erotische Reaktion, wenn wir auf der Straße oder im Fahrstuhl ein bestimmtes Parfüm riechen. Und dann dieses seltsame Ziehen im Bauch, das wir vielleicht verspüren, wenn wir ein bestimmtes Wort oder einen bestimmten Satz in einem bestimmten Tonfall hören. Wenn wir ehrlich mit uns selbst sind, wird deutlich, daß wir vierundzwanzig Stunden am Tag sinnliche und sexuelle Wesen sein können, daß wir jederzeit und überall Lust empfinden können, und daß wir mit all unseren fünf Sinnen dafür empfänglich sind. So wird uns klar, wie dumm es ist, Sex auf eine strikt vorgeschriebene Zeit und einen bestimmten Ort zu beschränken (nachts im Schlafzimmer) und auf eine bestimmte Art von körperlichen Empfindungen (Geschlechtsverkehr und die drei bis zehn Sekunden des Orgasmus). Was eine Empfindung sexuell werden läßt, sind die Interpretationen, die wir ihr angedeihen lassen, und die daraus resultierenden Gefühle. Letztlich ist der Kopf das eigentliche Sexorgan; er entscheidet, was uns an- und abtörnt.

Liebesspiel und Geschlechtsverkehr

Leider fungiert der Kopf nur allzuoft als Zensor, unterbricht angenehme Reaktionen, verbietet nicht-zielorientierte Gefühle. Berührungen, Liebkosungen und Küsse sind zu Beginn einer Beziehung am aufregendsten, weil das Paar nur relativ wenige derartige gemeinsame Erlebnisse hatte und auf immer mehr Intensität hofft. Jeder von beiden lernt, wie der (die) andere Zärtlichkeit ausdrückt, und jeder freut sich auf mehr.

Neues über seinen Partner in Erfahrung zu bringen kann anregend und stimulierend sein. Bei Paaren, die noch keinen Verkehr miteinander hatten, ist die Phantasiewelt häufig reich und vielfältig. Aber wenn ein Paar sich zunehmend auf Sexualität einläßt und anfängt, regelmäßig miteinander zu schlafen, verlieren die einfachen, zärtlichen Gesten oft an Bedeutung. Der regelmäßige Geschlechtsverkehr wird allzuleicht zum wichtigsten oder einzigen Ausdruck körperlicher Zärtlichkeit. Küssen und Liebkosen, was einst so aufregend und wichtig war, wird nun zum bloßen »Vorspiel«, zur kurzen, hastigen Einleitung des Koitus. Was als genußorientierte, nichts verlangende Berührung anfing, wird nun zur zielorientierten Einstimmung auf den Beischlaf.

Zweifellos ist der Geschlechtsverkehr der Gipfel sexuellen Ausdrucks, aber die Vorstellung, daß man sich auf jedes andere sinnliche und zärtliche Verhalten nur einlassen sollte, wenn es zum Verkehr führt, ist vollkommen falsch. Ja, wenn der Geschlechtsverkehr auch weiterhin aufregend und befriedigend sein soll, muß es Experimente, Spontaneität und Abwechslung geben. Das Ausprobieren neuer Stellungen, von denen es Dutzende gibt, ist eine Chance, etwas Neues in die sexuelle Beziehung einzubringen. Aber es gibt unzählige Möglichkeiten, durch sein Verhalten Zärtlichkeit auszudrücken, die nicht notwendigerweise im Verkehr münden müssen. Wenn wir neue Energie und Lust in unser Sexualleben bringen wollen, was wäre besser dazu geeignet als eine Wiederöffnung geschlossener Kreise, ein Erweitern unseres Bewußtseins, damit wir sinnliche Verhaltensweisen wieder aufnehmen können, die in Ungnade gefallen sind, und uns auf diese Weise eine ganze Welt sexueller Erfahrung zu öffnen? Manchmal kann dies zum Geschlechtsverkehr und Orgasmus führen, dann wieder kann es nur eine Art sein, Vergnügen zu vermitteln, Lust, Verspieltheit oder Sinnlichkeit um ihrer selbst willen.

Einer der Hauptgründe dafür, daß wir die Fähigkeit verlieren, unsere Lust frei und spontan zu erleben, liegt darin, daß wir so verdammt erwachsen geworden sind. Als Kinder haben wir intensiv auf die Welt reagiert, weil jede Erfahrung neu war und wir es uns gestatten durften, neugierig zu sein und uns voll auf dieses Erlebnis einzulassen. Aber als wir reifer wurden, gingen wir in unserer Verantwortung auf. Wir nehmen an, daß wir alles wissen, was es zu wissen gibt, vor allem auf sexuellem Gebiet. Wenn wir uns die kindliche Offenheit des Geistes und der Sinne zurückerobern könnten, würden wir feststellen, daß die Welt noch immer voll ist von neuen und überraschenden Erfahrungen. Körperliche Zärtlichkeit können wir auf beinahe grenzenlose Art erfahren. Und natürlich besteht ein Teil des Vergnügens darin, neue Aktivitäten zu entdecken, die aufregend und angenehm sind. Hier ein paar Anregungen, die andere Männer und Paare befolgt haben, um neue Elemente von Zärtlichkeit und Sinnlichkeit in ihre Beziehung einzubringen.

Anregung zur Sinnlichkeit

Lernen Sie, sich auf ganz gewöhnliche körperliche Berührungen, wie etwa einen Händedruck, zu konzentrieren und Ihr Bewußtsein dafür zu stärken. Nehmen Sie die Hand Ihrer Partnerin und verbringen Sie ein paar Augenblicke damit, sie zu behandeln, als wäre es das erste Mal. Erforschen Sie zärtlich jeden Aspekt, beachten Sie jedes noch so winzige Detail - die Nägel, die Knöchel, die Hautfalten zwischen den Fingern, die Adern auf dem Handrücken. Drehen Sie ihre Hand um und fahren Sie mit Ihrer Fingerspitze den Handlinien nach. Werden Sie sich der zarten Botschaft bewußt, die Sie Ihrer Partnerin durch diese Berührung übermitteln.

Nehmen Sie sich bewußt etwas Zeit für die sinnliche Erforschung. Vielleicht fühlen Sie sich aber auch wohler, wenn Sie es ganz spontan machen. Im letzteren Fall ist Ihre Partnerin anfangs vielleicht überrascht, besonders, wenn Sie sonst nie so etwas tun. Aber vorausgesetzt, Sie sind wirklich zärtlich und liebevoll, wird sie wahrscheinlich erfreut sein und auch entsprechend reagieren. Tatsächlich kann die angenehme Überraschung, die durch einen spontanen Akt von Zärtlichkeit ausgelöst wird, häufig die Wirkung verstärken und als Auslöser von sexuellen Gefühlen dienen, deren Intensität höchst überraschend ist.

Die Augen können Organe sinnlicher Kommunikation sein. Im Alltagsleben folgen wir strengen Regeln über die Häufigkeit und Art von Blickkontakten, die mit anderen Personen erlaubt sind. Wenn wir einem anderen Menschen lange und tief in die Augen schauen, so kann das eine Erfahrung von ganz besonderer Vertrautheit bedeuten. Ausgedehnter Blickkontakt könnte mit anderen Formen zärtlichen Ausdrucks wie Berührungen, Liebkosungen und Händchenhalten kombiniert werden. Dies kann zu einem Augenblick voll romantischer Sinnlichkeit führen.

Das Streicheln des Rückens oder eine Massage sind eine weitere Art, Zärtlichkeit auszudrücken, aber auch ein angenehmes, entspannendes Erlebnis für Ihre Partnerin. Es ist eine ausgezeichnete Methode, Liebe auszudrücken und entspannte, angenehme Gefühle zu vermitteln. Eine Massage kann sogar noch schöner und genußvoller sein, wenn Sie beide nackt sind. Die Körpermassage soll die Muskeln durch Kneten, Pressen und Dehnen entspannen. Wenn Sie wollen, können Sie die richtigen Massagetechniken erlernen - die besonderen Bewegungen, die dazu gedacht sind, bestimmte Muskelpartien zu lockern. Ziehen Sie ruhig eines der zahlreichen Bücher zu Rate, die zu diesem Gebiet auf dem Markt sind; Sie können aber auch einen entsprechenden Kurs besuchen - am besten gemeinsam mit Ihrer Partnerin.

Die sinnliche Massage besteht aus erwartungsfreien, angenehmen, genußorientierten Liebkosungen zwischen Ihnen und Ihrer Partnerin. Versuchen Sie, die Berührung leicht, rhythmisch, zärtlich zu halten, nichts anderes zu erwarten als gegenseitigen Genuß. Eine Möglichkeit, diese Massage noch angenehmer zu gestalten, ist die Verwendung eines Duftöls (oder Babyöls, Bodylotion oder Puder). Es ist am befriedigendsten, wenn beide Partner die Massagetechnik beherrschen. Sie können die Massage dann richtiggehend in Ihr Leben integrieren, so daß sich jeder von Ihnen eine sinnliche Körpermassage wünschen kann, ohne daß es ihm peinlich ist. Abgesehen davon, daß sie entspannend, angenehm und anregend ist, ist eine Massage auch eine ausgezeichnete Möglichkeit, mit dem Körper Ihrer Partnerin vertraut zu werden und mehr über sinnliche Kommunikation zu lernen. Sie können überhaupt nichts falsch machen, wenn Sie Ihre Hände sanft und vorsichtig einsetzen und offen für Reaktionen sind, die Ihnen zeigen, daß sich etwas gut anfühlt.

Ein weiteres angenehmes Erlebnis ist gemeinsames Baden oder Duschen. Wenn Sie nicht daran gewöhnt sind, ist es Ihnen beim erstenmal vielleicht peinlich und unangenehm. Die meisten von uns haben sich daran gewöhnt, nur allein zu baden, und wenngleich die Vorstellung, es mit einem Partner zu tun, reizvoll erscheint, stellt sich anfangs doch leicht eine gewisse Verlegenheit ein. Versuchen Sie, es Ihrer Partnerin ganz beiläufig vorzuschlagen.

Steve

Steve hielt sich selbst für einen »neuen Mann«, frei von den Einschränkungen der traditionellen Männerrolle. Er war seit fünf Jahren mit Susan verheiratet, und sie hatten eine zweijährige Tochter. Steve war ein begeisterter Vater. Aber da viel Zeit von praktischen Dingen beansprucht wurde, fand Sex nur noch spät abends statt, wenn das Kind schlief. So spielerisch und zärtlich Steve und Susan mit ihrer Tochter umgingen, so wenig zärtlich waren sie noch zueinander. Eines Abends hatten sie Feuer im Kamin angemacht, und ihre Tochter rollte sich zusammen und schlief ein. Als Steve und Susan sich im Feuerschein wärmten, wurde sich Steve bewußt, wie sehr er so etwas vermißt hatte. Vor ihrer Ehe und auch noch als sie jung verheiratet waren, waren sie ein sehr zärtliches und verspieltes Paar gewesen. Beide erinnerten sich gern an diese Anfangszeit, in der sie stundenlang auf dem Sofa nur kuscheln konnten; gemeinsam duschten und sich sogar unter der Dusche liebten; sich auf lange, sinnliche Berührungen einließen, die für gewöhnlich im Verkehr gipfelten; und alles mögliche taten, nur um sich umarmen zu können. Steve dachte darüber nach und teilte Susan mit, wie enttäuscht er war, daß sie diesen Teil ihres Lebens so hatten verkümmern lassen.

Sie brachten ihre Tochter zu Bett und kehrten zum Kamin zurück. Sie redeten, umarmten sich, streichelten sich, teilten Erinnerungen und genossen eine sehr sinnliche Zeit. Es gipfelte schließlich im Liebesakt, weil sie beide ausgesprochen erregt waren. Aber es wäre auch eine sehr wichtige und schöne Erfahrung gewesen, wenn sie es beim sinnlichen Spiel belassen hätten.

Am nächsten Tag machten Steve und Susan einen Spaziergang

und versprachen einander, die Sinnlichkeit in ihrer Ehe wieder zu beleben. Es war beiden klar, daß die vergangene Nacht ein besonderes Erlebnis gewesen war, das sich nicht leicht wiederholen ließ. Aber sie konnten sich innerhalb und außerhalb des Schlafzimmers berühren, um so ihre Liebe füreinander zu festigen und zu bekräftigen. Der zärtliche Umgang miteinander war ein wichtiger Bestandteil ihres Lebens, der ihnen entglitten war, und er schien jetzt noch wichtiger, als sie darum kämpften, sich ihn zurückzuerobern. Steve begriff, daß Sexualität mehr umfaßte als nur den Beischlaf spät in der Nacht. Er lernte ihre zärtliche und sinnliche Zeit als eine Möglichkeit schätzen, Kontakt zu halten und die sexuelle Vorlust aufzubauen.

Was Berührungen vermögen

Viele gesunde Beziehungen enthalten einen gewissen Grad an Spannung und Frustration, und es ist besser, derartige Gefühle auf spielerische Art auszudrücken und nicht zuzulassen, daß sie die Überhand gewinnen. Es gibt viele Arten, wie wir dies verhindern können, etwa durch eine Kissenschlacht, einen Ringkampf oder einen Kitzelwettkampf. Manchmal, wenn Sie Ihre Partnerin massieren, würden Sie vielleicht gern hart zupacken. Spannungen und Frust auf diese Art auszudrücken kann sexuell stimulierend wirken und gleichzeitig zu emotionaler Entspannung führen.

Paare können ruhig gelegentlich Dinge tun, die kindisch oder dumm wirken. Versuchen Sie es einmal mit Rollenspielen, schwelgen Sie in Phantasie und Pantomime. Spielen sie Prinzessin und Sklave, Sultan und Haremsdame, Abenteurer und scheues, naives Landei. Das sind nur einige, wenige Möglichkeiten. Die Tatsache, daß Sie und Ihre Partnerin wissen, daß es sich hierbei um Phantasien handelt, nicht um Realität, macht es Ihnen möglich, sich auszudrükken und Gefühlen und Haltungen freien Lauf zu lassen, die Sie für gewöhnlich meiden und im richtigen Leben vielleicht sogar mißbilligen.

Zwölftes Kapitel

Liebesspiel, Geschlechtsverkehr und mehr

Ich fand es schon immer seltsam, daß die Leute glauben, einem Mann ein Kompliment über seine sexuellen Fähigkeiten machen zu können, wenn sie ihn mit bestimmten männlichen Tieren vergleichen – einem Bullen, einem Bock, oder einem Hengst. In Wirklichkeit sind die meisten Tiere nämlich gar keine guten Liebhaber. Jeder, der eine Zeit auf einem Bauernhof verbracht hat, ist wahrscheinlich mit den Paarungsgewohnheiten des Geflügels vertraut. Der Hahn verbringt seine Zeit damit, herumzustolzieren, umgeben von seiner Hühnerschar. Er pickt herum und stößt schrille Schreie reinster, geistloser Selbstbestätigung aus. Wenn ihn der Drang überkommt, verfolgt er eine der Hennen und bespringt sie. Nach ein paar Sekunden ejakuliert er, und damit ist alles vorbei. Die Henne setzt ihre Suche nach Futter fort, während der Hahn seine Federn spreizt und bald platzt vor Stolz. Es stimmt schon, er wiederholt diese Prozedur mehrmals am Tag, was kaum ein Mann schaffen würde. Aber was ist sonst schon groß daran?

Das Paarungsverhalten des Hahnes ist vollkommen instinktgeleitet. Sinn und Zweck liegen einzig und allein in der Fortpflanzung. Weder der Henne noch dem Hahn kommt es jemals in den Sinn, daß am Sex noch mehr sein könnte; sie haben nicht genug Verstand, um zu erkennen, daß ihnen etwas fehlt. Und so haben sie weiterhin auf die althergebrachte Art Verkehr, setzen immer mehr Hähne und Hennen in die Welt.

Menschliche Sexualität hingegen ...

Im Gegensatz zu den Paarungsgewohnheiten der Hühner basiert das sexuelle Verhalten der Menschen nur zum Teil auf Biologie. Der

Großteil menschlicher Sexualität ist erlernt, und es ist diese Fähigkeit zum Lernen und Entscheiden, die ihre Vielfältigkeit ausmacht. Zudem lassen wir Menschen uns nur relativ selten allein zum Zwekke der Fortpflanzung auf Sex ein. Auch wenn der Satz »Du weckst das Tier in mir« als Kompliment gedacht ist, wäre es angesichts der besonderen menschlichen Fähigkeit besser zu sagen: »Du weckst die leidenschaftlichen Gefühle in mir«.

Und doch scheinen manche von uns noch nicht über das Stadium des Hahns hinausgekommen. Besonders Männer können sich allem Anschein nach nur schwer von einem Sexualleben verabschieden, das ziel-, penis-, geschlechtsverkehr- und orgasmusorientiert ist. Viele von uns sehen im Sex, genau wie der Hahn, etwas, was wir einer Frau antun. Diese Haltung spiegelt sich in einigen unserer Slang-Ausdrücke wider, z.B. »Ich hab sie flachgelegt«. Andere, schon ein wenig fortgeschrittenere Männer sind sich darüber klar, daß Frauen ein Recht haben, den Sex ebenfalls zu genießen. Sex-Handbücher haben sie überzeugt, daß Frauen sexuell langsamer reagieren als Männer, und daß sie spezielle Stimulierungen brauchen, die sie für den Verkehr »vorbereiten«. Also ist es ihre Aufgabe, »dafür zu sorgen, daß ihre Partnerin kommt« - als wäre es ein Auftrag, eine Arbeit, die ausgeführt werden muß.

Die meisten Männer sehen in Stimulierungen, die nicht zum Verkehr führen, etwas, das ausschließlich für die Frauen gedacht und für sie selbst von geringer Bedeutung ist. Dabei sind sowohl der männliche als auch der weibliche Körper ganz komplexe Strukturen und reich mit der Fähigkeit ausgestattet, Lust zu genießen. Die befriedigendste Art sexuellen Ausdrucks ist eine gemeinsame Aktivität, bei der zwei Menschen einander nicht nur Lust bereiten, sondern den anderen führen und die angenehmsten und erregendsten Gefühle miteinander teilen. Dieses Miteinanderteilen, dieses sinnliche und sexuelle Geben und Nehmen, ist die Essenz menschlicher Sexualität. Es ist die Qualität, die unser sexuelles Verhalten von dem blinden, instinktiven Verlangen im Tierreich unterscheidet.

Ähnlichkeiten und Unterschiede

Die sexuellen Reaktionen von Männern und Frauen sind viel ähnlicher, als man denkt. Im Grunde gibt es nur einen wesentlichen Unterschied: Die weibliche sexuelle Reaktion ist variabler und komplexer - was nicht notwendigerweise besser oder schlechter heißt - als die männliche. Die Frau hat vielleicht keinen oder aber auch einen beziehungsweise sogar mehrere Orgasmen und das nicht unbedingt beim Koitus selbst. Der Mann hat typischerweise einen einzigen Orgasmus, und der tritt beim Geschlechtsakt ein.

Geschlechtsverkehr im engen Wortsinn mag der Höhepunkt sein, aber er ist nicht das Ein und Alles der Sexualität. Er ist vielmehr eine von vielen unterschiedlichen Berührungen, mit denen sich die Partner gegenseitig Genuß bereiten. Der Geschlechtsverkehr kann noch lohnender sein, wenn wir es uns gestatten, das ganze Spektrum sinnlichen und sexuellen Ausdrucks frei zu durchschreiten und zu genießen, das ihn umgibt.

In diesem Kapitel wollen wir das Liebesspiel, den Geschlechtsverkehr und das Nachspiel als drei voneinander getrennte Aspekte des Sex betrachten. Jede Phase wird von ganz spezifischen Gefühlen gekennzeichnet, aber auch von solchen, die für alle drei gleichermaßen zutreffen. Jede Phase kann um ihrer selbst willen angenehm sein, aber auch als Teil des kompletten sexuellen Erlebnisses. Die drei Phasen können in verschiedenen Kombinationen genossen werden. Das hängt von den Gefühlen des Paares und den Grenzen ab, die dem Ganzen von außen auferlegt werden. So kann das Liebesspiel zum Geschlechtsakt führen, aber vielleicht findet es auch statt, ohne daß es zum Verkehr kommt. Andererseits kann auch der Koitus erfolgen, ohne durch das Liebesspiel eingeleitet zu werden. Nachspiel-Aktivitäten können auf den Geschlechtsakt folgen, können aber auch fortgelassen werden - alles so, wie es das Paar in diesem Augenblick wünscht und braucht. Die drei Aspekte werden getrennt voneinander untersucht, aber in dem Bewußtsein, daß sie - wie die Gänge eines guten Essens - am besten miteinander kombiniert werden, um ein durch und durch befriedigendes emotionales und sexuelles Erlebnis darzustellen.

Das Liebesspiel

Im Geiste verwenden die meisten Leute, wenn sie die sinnlichen und erotischen Aktivitäten beschreiben wollen, die dem Geschlechtsakt vorausgehen, den Ausdruck »Vorspiel«. Ich ziehe den Ausdruck »Liebesspiel« vor, und dafür habe ich einen sehr guten Grund. »Vorspiel« legt nahe, daß etwas seine Bedeutung nur durch das erhält, was folgt. So, wie es schwierig ist, sich ein Vorwort ohne das Buch vorzustellen, zu dessen Einführung es gedacht ist, kann man sich auch nur schwer etwas vorstellen, das Vorspiel heißt und etwas anderes ist als die Einstimmung auf den Geschlechtsakt. Darüber hinaus ist das Vorspiel, so, wie es in den meisten Handbüchern dargestellt wird, in erster Linie dazu bestimmt, die Frau zu erregen, sie auf dasselbe Erregungsniveau zu heben wie den Mann. Das Problem ist nicht die Aktivität als solche, sondern die Einstellung, mit der man sie unternimmt. Der Mann, dem man erklärt, er müsse sich auf ein Vorspiel einlassen, hat das Gefühl, dies nicht zu seinem eigenen Vergnügen zu tun, sondern nur seine Pflicht gegenüber der Partnerin zu erfüllen. Der Frau hingegen ist es vielleicht peinlich und unangenehm, weil sie glaubt, sie würde den Mann zu etwas zwingen, womit er seine Zeit lieber nicht verschwenden würde.

Liebesspiel hingegen beruht auf Gegenseitigkeit. Es bezieht sich auf alles, was ein Paar tun mag, um daraus sinnlichen und sexuellen Genuß zu beziehen. Im Unterschied zum »Vor«spiel ist das Liebesspiel nicht zielorientiert; es ist eine erwartungsfreie Aktivität, auf die man sich aus Spaß an der Freude einläßt. Meistens werden derartige Aktivitäten zu mehr und mehr Erregung führen und schließlich im Geschlechtsverkehr gipfeln. Aber das muß nicht so sein. Liebesspiele, denen kein Geschlechtsakt folgt, können sogar besonders erotisch sein. Emily und ich haben festgestellt, daß gelegentliches Liebesspiel – sagen wir, alle ein, zwei Monate –, bei dem wir vorher übereingekommen sind, daß es nicht im Geschlechtsakt endet, ganz gleich, wie erregt wir auch sein mögen, eine ausgezeichnete Möglichkeit darstellt, unsere erotischen Reaktionen neu zu erforschen und Abwechslung in unsere sexuelle Beziehung zu bringen.

Das Liebesspiel kann für Männer besonders wichtig sein, da die meisten von uns kaum auf die Nuancen unserer Gefühle achten. Wir sind mit dem Genuß eines Orgasmus zwar sehr vertraut, aber häufig wissen wir nicht, was uns sonst noch guttut. Wir neigen dazu, unsere sexuelle Reaktion nach ihrer Intensität zu beurteilen, und da der Orgasmus das intensivste körperliche Gefühl darstellt, das wir kennen, sind wir orgasmus-orientiert. Aber die Intensität eines Gefühls hängt zum großen Teil davon ab, wie gut wir darauf eingestellt sind. Wenn wir lernen, unsere Empfindsamkeit anderen sinnlichen und sexuellen Gefühlen gegenüber zu verstärken, werden diese Gefühle für unsere Wahrnehmung intensiver sein. Um nun diese Empfindsamkeit zu entwickeln, müssen wir lernen, daß ein Männerkörper nicht nur aus dem Penis besteht, Sex nicht nur aus dem Geschlechtsverkehr, Sexualität nicht nur aus den drei bis zehn Sekunden Orgasmus. Wenn Sie diese gedankliche Umorientierung erst einmal vollzogen haben, werden Sie feststellen, daß Sie sich keinen größeren Gefallen tun können, als das Bewußtsein für eine breitere Spanne sinnlicher Stimuli zu entwickeln. Und natürlich wird sich diese gesteigerte Sensibilität auch extrem günstig auf Ihre Beziehung auswirken.

Nicht das Ziel ist, was zählt

Die meisten Männer (aber auch einige Frauen) meinen, es sich und ihren Sexualpartnern schuldig zu sein, daß jede zärtliche oder erotische Begegnung zwangsläufig im Geschlechtsakt gipfelt. Für viele Männer wird die Erfüllung dieser Anforderung Ehrensache. Wenn nun ein bestimmtes sexuelles Zusammentreffen nicht mit dem Geschlechtsverkehr endet, bekommen sie leicht das Gefühl, irgend etwas wäre mit ihnen nicht in Ordnung. Vielleicht halten sie erwartungsfreie, nicht zielorientierte Liebesspiele aber auch für unreif, für ein Überbleibsel von Necking und Petting, das sie an ihre Jugendzeit erinnert. Wenn Sie aber ehrlich mit sich selbst sind, dann müssen Sie zugeben, daß Sie diese Begegnungen damals sehr genossen haben. Es gibt keinen Grund, warum Sie sie nicht wieder genauso genießen sollten, vielleicht sogar noch mehr, jetzt, wo Ihre größere Reife und der Luxus einer festen Beziehung es Ihnen ermöglichen, weit mehr Vertrautheit und Experimentierfreudigkeit in das nicht zielorientierte Liebesspiel einzubringen. Wir haben das Gefühl, daß es sich um ein besonderes Privileg handelt, wenn jede sexuelle Begegnung mit dem Geschlechtsverkehr und Orgasmus endet, ein Privileg, das wir uns dadurch verdienen, daß wir erwachsen werden. Was wir dabei vergessen, ist, daß wahre Reife Freiheit bedeutet, das Recht zu wählen, die Fähigkeit der Selbstbestimmung.

Erfahrungen mit dem Liebesspiel

Es gibt unzählige Techniken des Liebesspiels. Hier nun einige Vorschläge aus meiner eigenen Erfahrung und derjenigen von Paaren aus der Sexualtherapie. Wenn Sie und Ihre Partnerin ganz bewußt beschließen, Techniken des Liebesspiels zu erlernen und sich dafür Zeit zu nehmen, sollten Sie dafür sorgen, daß Sie mindestens eine halbe Stunde ungestört sind. Hängen Sie das Telefon aus. Treffen Sie alle Vorbereitungen, die Sie brauchen, um in die richtige Stimmung zu kommen. Drehen Sie das Licht in Ihrem Schlafzimmer herunter, wenn Sie möchten (aber schalten Sie es nicht aus - Sie wollen doch sehen, was Sie tun!), oder zünden Sie eine Kerze an. Vielleicht legen Sie eine Lieblingsplatte auf oder machen ein Räucherstäbchen an. Emily und ich haben in unserem Schlafzimmer eine Duftkerze, die für uns genau die richtige sinnliche Atmosphäre zu schaffen scheint, aber auch das ist natürlich Geschmackssache.

Eine ausgezeichnete Art, dem Liebesspiel Struktur zu verleihen, besteht darin, den einen Partner als Gebenden, den anderen als Empfänger zu bestimmen. Diese Rollen sind freiwillig und könnten durch das Werfen einer Münze entschieden werden. Die Rolle des Empfängers ist es, passiv zu genießen. Sie werden wahrscheinlich feststellen, daß das sehr viel schwieriger ist, als es sich anhört. Wenn Sie der Empfänger sind, versuchen Sie einmal, während des Erlebnisses die Augen zu schließen. Das macht es Ihnen leichter, sich auf Ihre Emotionen zu konzentrieren, und mindert die Schamgefühle, die Sie oder Ihre Partnerin möglicherweise verspüren. Die Rolle des Gebenden besteht darin, aktiv Vergnügen zu bereiten und den Körper des Partners (der Partnerin) zu erforschen und kennenzulernen.

Beim ersten Mal konzentrieren Sie sich vielleicht nur auf nicht-genitale Berührungen. Es geht jetzt darum, sinnlich zu erforschen und nicht sexuell zu stimulieren. Der Gebende kann sich seiner eigenen Gefühle und Reaktionen bewußt werden, während er den anderen stimuliert. Der Empfangende muß für eine Vielfalt von sinnlichen Erlebnissen offen sein, damit er feststellen kann, was am angenehmsten für ihn (sie) ist. Der Gebende kann ganz nach Wunsch hart oder sanft massieren, nur ganz leise mit den Fingerspitzen berühren, kann küssen, lecken, beißen oder jede andere Technik anwenden, an der der Gebende Spaß hat.

Irgendwann tauschen Sie die Rollen, damit jeder Partner Gelegenheit hat, beides auszuprobieren. Viele Paare finden, daß ihnen das Lernen leichterfällt, wenn sie mit einer klaren Struktur anfangen. Je mehr sie sich mit der Idee des Liebesspieles und den entsprechenden Techniken anfreunden, desto mehr wird der Prozeß zu einer gegenseitigen Interaktion, desto weniger strukturiert bleibt er.

Sie fangen vielleicht damit an, daß sich der Empfangende auf den Bauch legt. Der Gebende kann den Partner vom Scheitel bis zur Sohle streicheln und liebkosen, kann mit verschiedenen Arten von Berührung, Küssen, Massieren experimentieren, wobei er sich die ganze Zeit über bewußt sein sollte, wie sich die verschiedenen Körperteile anfühlen und wie sie aussehen. Später kann sich der Empfangende umdrehen, und der Gebende kann nun die Vorderseite des Körpers berühren und erforschen. Denken Sie daran, Ihr Liebesspiel mit nichtgenitalen Berührungen zu beginnen und erst in späteren Sitzungen dazu überzugehen, die Genitalien und die Brust zu stimulieren. Viele Männer sind äußerst empfindsam im Bereich der Brustwarzen; vielleicht war Ihnen das gar nicht bewußt, weil Sie fälschlicherweise dachten, daß nur bei der Frau die Brust eine »erogene Zone« sei. Auch wenn das Betrachten des Körpers Ihrer Partnerin ein wichtiger Bestandteil des Liebesspiels ist, besteht doch eine interessante Variante auch darin, daß beide Partner die Augen geschlossen halten. Dies führt dazu, daß Ihre anderen Sinne geschärft werden und Sie sich über Gefühle klarwerden, die Ihnen sonst möglicherweise entgangen wären.

Paare, die sich noch nie ausgiebig mit dem Liebesspiel befaßt haben, kennen vielleicht die sexuelle Anatomie des Partners gar nicht richtig. So ist vielen Männern, die wissen, daß die Klitoris ein besonders empfindlicher Bereich ist, vielleicht nicht klar, daß die direkte klitorale Stimulierung unangenehm und sogar schmerzhaft sein kann. Normalerweise ist es effektiver, rund um den Klitorisschaft und die kleinen Schamlippen herum zu stimulieren. Lassen Sie sich von Ihrer Partnerin führen, denn sie ist die Expertin, wenn es um ihre sexuellen Empfindungen geht.

In späteren Sitzungen kann der Empfangende aktiver am Liebesspiel teilnehmen, indem er seine (ihre) Hände über die des Gebenden legt und sie zu besonders sensiblen Bereichen führt. Zeigen Sie Ihrer Partnerin die Berührung, die für Sie am erregendsten ist, indem Sie Ihre Hand auf ihre legen und sie so führen. Diese Art nonverbaler Führung ist besonders wichtig und effektiv. Manchmal macht ein Bruchteil eines Zentimeters nach rechts oder links, ein bißchen mehr oder weniger Druck schon den Unterschied zwischen einer angenehmen und einer unangenehmen Berührung aus. In späteren Sitzungen können beide Partner die Augen offenhalten und mit Blicken kommunizieren. Wenn irgend etwas, das der Partner tut, dem anderen unangenehm ist, sollte der Empfänger nicht abbrechen, sondern lieber eine Alternative vorschlagen. Ebenso sollte der Gebende, wenn er beim Partner Unwohlsein bemerkt, nicht aufhören, sondern lieber mit einer vorhergehenden Aktivität fortfahren, die angenehmer war. Auf diese Art können negative Reaktionen in die Interaktion des Paares mit einbezogen werden, ohne die Atmosphäre zu zerstören, die sich zwischen ihnen hergestellt hat.

Es gibt viele Stellungen, die sich zum Liebesspiel eignen – eine ganze Menge mehr sogar als für den Geschlechtsverkehr. Besonders befriedigend ist es, wenn der Gebende aufrecht mit dem Rücken an der Wand oder dem Kopfteil des Bettes sitzt, die Beine gespreizt, und der Empfangende sitzt mit dem Rücken an die Brust des Gebenden gelehnt. Diese Position ermöglicht dem Gebenden nicht nur vollen Zugang zum Körper des Partners, sondern macht es dem Empfangenden auch leicht, die Hände des Gebenden zu den Körperteilen zu führen, die besonders sensibel sind, und die Art von Berührung zu demonstrieren, die ihm am meisten Spaß macht.

Und scheuen Sie bloß nicht vor Accessoires zurück! Sie können in ein Spezialgeschäft gehen und sich eine Lotion aussuchen, die allergiegetestet ist und Ihnen vom Duft und von der Beschaffenheit her gefällt. Ja, Sie können alles benutzen, was Ihnen einfällt, solange es anregend wirkt und Ihnen beiden Spaß macht und keine Schäden hervorruft. Auch Hilfsmittel - vom Vibrator bis zur Feder - sind interessant für Experimente.

Kommen Sie aber nicht auf die Idee, eine Erektion unbedingt als Zeichen werten zu müssen, daß das Liebesspiel beendet und mit dem Geschlechtsakt begonnen werden sollte. Kommt es während des Liebesspiels zu einer Erektion, so werden Sie sich ihrer bewußt, genießen Sie sie, glauben Sie aber nicht, daß Sie gezwungen sind, darauf zu reagieren. Genausowenig sollten Sie aber erschrecken, wenn Sie keine Erektion bekommen. Ich sehe im Liebesspiel eine Übung in Ganzkörper-Stimulierung und Reaktion. So gesehen ist der Penis bloß ein Teil des großen Sexualorgans, das als menschlicher Körper bekannt ist.

Geschlechtsverkehr

Es gibt keine scharfe Abgrenzung zwischen Liebesspiel und Geschlechtsverkehr. Das Liebesspiel hört nicht mit Beginn des Geschlechtsverkehrs auf. Viele Arten des Liebesspiels, wie Küsse, Liebkosungen, Bruststimulierung, Klitorisstimulierung und Hodenstimulierung können während des Beischlafs fortgesetzt werden. Tatsächlich ist der Koitus selbst die ultimative Form des Liebesspiels. Es handelt sich um eine Aktivität, bei der ein Paar einander durch das Eindringen und die Bewegung des Penis in der Vagina Lust bereitet, während es andere Stimulierungen fortsetzt, das eine also tut und das andere nicht läßt.

Studien haben ergeben, daß der durchschnittliche Geschlechtsverkehr zwischen zwei und fünf Minuten dauert, von denen der Orgasmus nur drei bis zehn Sekunden beansprucht. Für viele Männer ist der Geschlechtsverkehr zu einer Jagd nach dem Höhepunkt, dem Orgasmus, geworden. Nicht, daß ein derartiges Liebesspiel notwendigerweise schlecht wäre. Ein gelegentliches hastiges »Quickie« kann höchst erregend und befriedigend sein. Wenn jedoch »Quikkies« das gesamte sexuelle Repertoire eines Paares ausmachen, dann ist das Ergebnis Monotonie, Frust und schließlich Abwehr von seiten der Frau. Wenn der Mann andererseits lernt, sich Zeit zu nehmen, und den Geschlechtsverkehr entspannt genießt, wird er zuerst einmal feststellen, daß die Lust tausenderlei Nuancen hat, und daß zweitens am Ende sein Orgasmus auf ihn wartet – und das meistens besser denn je.

Der Zyklus der sexuellen Erregung besteht aus vier Phasen: Erregung, Plateau, Orgasmus und Entspannung. In der ersten, der Erregungsphase, erigiert der Penis und steigen die Hoden auf. Wird die Stimulierung fortgesetzt, beginnt für den Mann die zweite Phase, das Plateau; seine Erregung wächst, die Erektion wird steifer, sein Atem geht schwerer, seine Haut kann sich leicht röten, möglicherweise bricht ihm auch der Schweiß aus. Für gewöhnlich beginnt der Geschlechtsverkehr entweder am Ende der Erregungsphase oder irgendwann während der Plateau-Phase. Bedauerlicherweise sind die meisten Männer gewöhnt, bei den ersten Anzeichen von Erregung sofort den Verkehr zu vollziehen. Dabei sollte die Intensität der Stimulierung (sowohl körperlich als auch seelisch) es sein, die entscheidet, wie der Mann seine Erregung erfährt. Wird er beständig weiterstimuliert, ohne Pause, dann kann er sehr schnell den Punkt erreichen, wo er ejakuliert, vielleicht nach ein, zwei Minuten. Wenn die Intensität der Stimulierung jedoch variiert, sind entsprechende Variationen im Erregungsmuster möglich.

Den Geschlechtsverkehr verlängern

Was können Sie nun tun, um das Erlebnis des Geschlechtsverkehrs zu verlängern? Es gibt einige beliebte Heilmittelchen, um eine schnelle Ejakulation zu verhindern, z.B. fest ins Kissen zu beißen oder sich auf Gedanken zu konzentrieren, die nichts mit Sex zu tun haben, wie die Einkommenssteuer. Diese Methoden können effektiv sein, um die Intensität der Stimulierung vorübergehend zu reduzieren, aber zu welchem Preis? Schöner wird der Verkehr durch solche Mätzchen wohl kaum. Außerdem können sie zu Aggressionen gegenüber Ihrer Partnerin führen, weil Sie das Gefühl bekommen, sich ihretwegen zurückzuhalten.

Zum Glück gibt es eine viel bessere Möglichkeit, die Kontrolle über die Ejakulation zu erlangen. Der erste Schritt auf dem Weg zur Verlängerung des Verkehrs besteht darin, auf einen schnellen Orgasmus zu verzichten. Leichter gesagt als getan, werden Sie vielleicht einwenden, aber es gibt eine psychologische Wahrheit, die Sie sich zu Nutzen machen können: Der menschliche Verstand kann sich nur mit einem einzigen Gedanken gleichzeitig beschäftigen. Es ergibt weit mehr Sinn, einen angenehmen als einen unangenehmen Gedanken zu wählen, und das angenehmste und gleichzeitig auch wirksamste Objekt ist die Stimulierung, die Sie in diesem bestimmten Augenblick gerade erfahren. Je mehr Sie sich auf Ihre Empfindungen konzentrieren und mit den Nuancen der Lust vertraut sind, die Sie erleben, desto geringer wird das Verlangen nach dem Orgasmus, desto länger hält Ihr Erlebnis an und desto angenehmer wird es sein.

Der Unterschied entspricht ungefähr dem zwischen einem Sprinter, der sich mit allen Kräften bemüht, das Ziel zu erreichen, und einem Menschen, der gemütlich durch eine wunderschöne Landschaft schlendert und all seine Sinne einsetzt, um so viel wie möglich in sich aufzunehmen. Genießen Sie den Weg ebenso sehr wie das Ziel.

Der Mann muß lernen, den Punkt zu erkennen, an dem eine Ejakulation nicht mehr zu verhindern ist, den Punkt, an dem er die willentliche Kontrolle verliert und auf jeden Fall kommt. Wenn Sie lernen können, diesen Punkt zu erkennen, dann können Sie die Stimulierung des Penis reduzieren, ehe er erreicht wird, und so dafür sorgen, daß der Geschlechtsakt länger dauert und somit für Sie und Ihre Partnerin genußvoller wird.

Im Reich der Sinne

Abwechslung ist wichtig. Von den vielen beim Geschlechtsverkehr möglichen Stellungen wählen die meisten Paare ausschließlich oder fast ausschließlich die Missionarsstellung. An dieser Stellung ist nichts falsch: Sie ist bequem, das Eindringen ist ziemlich einfach, der Penis gleitet selten heraus, und da die Partner sich ansehen, können sie sich ohne Verrenkungen küssen und liebkosen. Andere Stellungen bieten jedoch ebenso große Vorzüge, und es gibt keinen Grund, warum die Missionarsstellung »natürlicher« sein sollte als andere.

Sie sollen keine anderen Stellungen probieren, um sich als sexueller Schlangenmensch zu beweisen oder um zu zeigen, daß sie keine Angst vor exotischen Sexualpraktiken haben. Vielmehr geht es darum, dem Ganzen einen Hauch von Innovation und Abenteuer zu verleihen, was beim Sex genauso wichtig ist wie in allen anderen Lebensbereichen. Ein neues Restaurant zu entdecken und zu besuchen, ein neues Hobby, neue Freunde, ein neues Buch oder ein Film, oder eben auch eine neue Art der Liebe, all das sind Erfahrungen, die die Gefühle bereichern und vertiefen. Genau so wie Starrheit und Monotonie sich tödlich auf die Lust eines Paares zu anderen Aktivitäten auswirken, können sie auch dämpfend auf ihr Sexleben wirken, bis es schließlich so aussieht, als würden sie es nur aus Gewohnheit oder Pflichtgefühl aufrechterhalten.

Wichtig ist, daß sich das Paar, um den optimalen sexuellen Genuß zu erleben, die Freiheit nehmen muß, Positionen auszuprobieren, die es zuvor noch nicht probiert hat, und dann diejenigen auszuwählen, die beide besonders angenehm und erregend finden. Vielleicht entdecken Sie zwei oder drei Positionen, die zu Ihren Lieblingsstellungen werden und die Sie wieder und wieder einnehmen werden. Andere wieder erfordern vielleicht eine besondere Stimmung, und dann wieder gibt es vielleicht welche, derer Sie sich nur erinnern, wenn Sie sich besonders experimentierfreudig fühlen. Aber Sie werden dieses Repertoire gar nicht erst zusammenstellen, wenn Sie sich nicht die Mühe geben, zu experimentieren und herauszufinden, welche Positionen Ihnen gefallen und welche nicht.

Sie können auch verschiedene Arten von Bewegung ausprobieren. Viele Männer verlassen sich in erster Linie auf schnelles Stoßen, bei dem sie den Rhythmus bestimmen. Aber vielleicht möchten Sie einmal eine kreisende Bewegung probieren, oder ein Auf und Ab, oder einen langsamen, quälenden Rhythmus oder auch einen, der langsam schneller wird und dann so bleibt. Auch kann die Frau das

Tempo bestimmen; es muß nicht immer vom Mann kontrolliert werden. Sie könnten eine minimale, langsame Bewegung testen, für eine Weile, um das Gefühl des Zusammenziehens der Vagina zu genießen.

Wichtig ist auch, daß Sie abwechselnd die Initiative ergreifen. In unserer von Männern beherrschten Gesellschaft ist es normalerweise der Mann, der ein sexuelles Erlebnis anregt. Aber es gibt keinen vernünftigen Grund dafür, warum dieses Verhaltensmuster als Norm akzeptiert werden muß. Es gibt in jeder Beziehung Zeiten, in denen ein Tausch der traditionellen Rollen für beide Partner den gewissen Kick bedeutet. Ja, die befriedigendste Beziehung ist die, in der beide ganz offen den Anfang machen, aber ebensogut auch unumwunden »nein« sagen können. Dies ist aber nur möglich, wenn der Mann eine entspannte, positive Einstellung dazu entwickelt, sich Lust machen zu lassen. So kann er seine Partnerin dazu ermutigen, den ersten Schritt zu tun.

Wenn sie aktiv auf Sie zugeht, sollten Sie sich davon nicht einschüchtern oder schockieren lassen, sondern es akzeptieren und genießen. Manche Männer machen sich Sorgen, ob es sie überhaupt antörnt und sie eine Erektion bekommen können, wenn ihre Partnerin den Anfang macht. Aber wenn die Frau die Initiative ergreift, verlangt sie keine sofortige Erektion. Es ist einfach eine Einladung zum sexuellen Vergnügen, die in Erregung, Erektion und Geschlechtsverkehr münden kann. Wenn der Mann in diesem Augenblick nicht erregt ist oder nicht am Verkehr interessiert, darf er nein sagen und etwas anderes Schönes vorschlagen. Denken Sie immer daran, daß Sexualität und Geschlechtsverkehr ein Vergnügen sein sollen, keine Pflichtübung.

Nachspiel

Das Nachspiel ist die Phase des sexuellen Erlebnisses, die gewöhnlich am meisten vernachlässigt wird. Die direkt auf den Orgasmus folgende Periode wurde meistens nur negativ beschrieben. Aber das ist natürlich Unsinn. Es gibt absolut keinen physiologischen Grund dafür, daß die abschließende Phase peinlich oder deprimierend sein sollte. Im Gegenteil, es kann sogar besonders angenehm sein, wenn beide Partner in einem Gefühl der Entspannung und Zufriedenheit schwelgen, die verschiedenen Nuancen ihrer körperlichen Empfindungen genießen, während sie wieder in ihren normalen Zustand zurückkehren. Vom Physiologischen her betrachtet ist die Periode des Nachspiels Bestandteil der vierten Stufe sexueller Reaktion, der Erlösungsperiode, in der die sexuelle Erregung des Mannes nachläßt und sein Penis wieder schlaff wird. Auch wenn die körperliche Reaktion - also das Erschlaffen des erigierten Penis - sehr schnell eintritt, erfordert die gesamte Phase doch eine Menge Zeit. Bei einem jungen Mann kann es drei bis vier Stunden dauern, bis die Gefäßerweiterung völlig verschwunden ist; bei einem älteren Mann dauert es ungefähr eine halbe Stunde.

Die meisten Männer gehen davon aus, daß der Geschlechtsverkehr mit dem Orgasmus vorbei ist, daß man danach entweder schnell aufsteht oder einschläft. Das erste Verhaltensmuster kann eine Folge früher Erfahrungen sein, als Liebe noch heimlich stattfand und es wichtig war, aus Angst vor Entdeckung hastig alle Spuren zu verwischen. Das zweite Verhaltensmuster beruht in aller Regel auf der Fehleinschätzung, der Geschlechtsverkehr sei eine kräftezehrende Angelegenheit und der Mann müsse schlafen, um sich davon zu erholen. Wenn der Verkehr spät abends stattfindet, kann es natürlich ganz nett sein, gleich einzuschlafen. Notwendig ist es aber keineswegs.

Der Frau, die beim Verkehr keinen Orgasmus erlebt, bietet die Phase des Nachspiels die Gelegenheit, von ihrem Partner manuell oder oral bis zum Orgasmus stimuliert zu werden. Der Mann muß begreifen, daß es seiner Partnerin möglicherweise schwerfällt, um mehr zu bitten, und daß er besonders empfindsam auf ihre Bedürfnisse eingehen muß.

Ein Ehepaar, das ich wegen sexueller Fehlfunktion behandelt habe - ein Offizier und seine Frau -, sind ein ausgezeichnetes Beispiel für dieses Problem. Das Paar hatte das Liebesspiel bewußt trainiert und recht gute Fortschritte erzielt. Die Frau war jedoch während des Geschlechtsverkehrs niemals gekommen, und ihr Mann hatte ihre Bitten um manuelle Stimulierung rundheraus abgelehnt. Während einer unserer Sitzungen sprachen wir über ihre Bedürfnisse, und recht zögernd willigte er ein, beim nächsten Mal zu helfen, sie zum Orgasmus zu bringen. Aber als sie sich das nächste Mal liebten, schlief er wie immer anschließend ein. Doch dann fiel ihm sein Versprechen ein, er wachte auf und brummte: »Ach so, ja, ich hätte es fast vergessen. Soll ich noch irgendwas für dich tun?« Seine Frau wurde rasend. »Jetzt reicht's! Ich verlasse dich!« Das tat sie tatsächlich, kehrte aber kurz darauf zurück, und die beiden nahmen die Therapie wieder auf. Ich konzentrierte mich darauf, dem Mann beizubringen, sensibler für die Bedürfnisse seiner Frau zu werden und sie als gleichberechtigtes sexuelles Wesen zu sehen. In dem Maße, in dem sich seine Einstellung änderte, reagierte sie besser auf seine Berührungen und erlebte schließlich sowohl während des Liebesspiels als auch beim Nachspiel einen Orgasmus.

Der Genuß des Mannes am Nachspiel kann aber auch dadurch eingeschränkt werden, daß er das Gefühl hat, jede Art von Berührung oder Liebkosung bedeute das Verlangen nach weiteren sexuellen Aktivitäten. Es gibt ein spezifisches körperliches Phänomen beim Mann, die sogenannte Refraktärperiode. In dieser Zeit ist es ihm körperlich unmöglich, auf sexuelle Stimulierung zu reagieren und eine Erektion zu bekommen. Diese Phase dauert für gewöhnlich mindestens fünfzehn Minuten, kann sich aber bis zu einer Stunde hinziehen (oder noch länger, wenn der Mann schon älter ist). Ein Mann kann das Gefühl haben, daß es während der abklingenden Phase am besten wäre, jegliche Berührung zu meiden, da sie ohnehin zu nichts führt. Vielleicht fürchtet er, als unmännlich angesehen zu werden, wenn er nicht mit einer Erektion reagiert. Begreift er jedoch, daß man keine weiteren Leistungen von ihm erwartet, kann er sich in aller Ruhe entspannen, kann seine Frau küssen und umarmen, all das, was die Nachspielphase so lohnend und schön macht.

Aber auch hier sind Abwechslung, Experimentierfreudigkeit und Spontaneität von größter Wichtigkeit. Nach dem Orgasmus befindet sich ein Paar vielleicht in verspielter, glücklicher Stimmung und könnte sein Glücksgefühl ausdrücken, indem es ein Glas Wein zusammen trinkt, gemeinsam duscht, den Kühlschrank plündert oder einen Spaziergang macht.

Wie bei den anderen Phasen ist das Ergebnis optimale Zufriedenheit, wenn beide Partner sich bemühen, ihre jeweiligen Gefühle auszuloten und frei, spontan und sensibel darauf zu reagieren.

Abschließende Gedanken

Nur wenn ein Mann offen ist für Variationen in seinem Sexualleben, kann er seine sexuellen Vorlieben und Abneigungen herausfinden und sich für diejenigen Aktivitäten entscheiden, die er am meisten genießt. Das Grundprinzip sexueller Befriedigung ist wirklich ganz einfach: Alles, was die Freude eines Paares aneinander vergrößert und intensiviert, ist gut und sollte ausgebaut werden. Der Rest bleibt Ihnen überlassen. Sie können mit der Sexualität machen, was Sie wollen. Warum machen Sie nicht einfach das Beste daraus?

Dreizehntes Kapitel

Ihr ganz privates Pornokino

Das Wunderbare an sexuellen Phantasien ist, daß Sie sie jederzeit und genau so haben können, wie Sie wollen. Sie, und nur Sie allein, haben das letzte Wort bei Plot, Besetzung, Regie, Kameraführung und *special effects*. Und da Sie der einzige Mensch sind, der Ihre Phantasien sehen kann und wird, brauchen Sie sich auch keine Gedanken über Zensur oder eventuelle schlechte Kritiken machen. Als Begleitung zur Masturbation können sexuelle Phantasien die Erregung wunderbar steigern. Eine sexuelle Phantasie kann aber auch eine angenehme Unterbrechung mitten im langweiligen Alltag bedeuten. Beim Geschlechtsverkehr kann die Phantasie aus einem vertrauten Sexualpartner eine exotische, unerreichbare Persönlichkeit machen. Kurz gesagt, jede sexuelle Erfahrung, die Sie sich je gewünscht haben, wird durch den Zauber der Phantasie quasi Wirklichkeit.

Aber warum ziehen unsere sexuellen Phantasien so oft Probleme, Schuldgefühle und Verwirrung nach sich? Warum fürchten wir, daß unsere Phantasien als Beweise gegen uns verwendet werden könnten, um uns als »anormal« oder »pervers« einzustufen? Warum fürchten wir, daß unsere Phantasien eines Tages außer Kontrolle geraten, daß sie einen schlechten Einfluß auf unser reales Verhalten haben, statt bloß der Unterhaltung zu dienen? Wenn es im Reich der Phantasie doch keine Zensur gibt, warum haben wir dann trotzdem oft das Gefühl, eine Streitkraft der FSK (Freiwillige Selbstkontrolle) stünde neben unserem Kopf, bereit, einzumarschieren und unser Kino zu schließen?

Um diese Fragen zu beantworten, müssen wir die Einstellung unserer Gesellschaft bezüglich der Phantasie im allgemeinen und der sexuellen Phantasie im besonderen untersuchen.

Der größte Teil unseres Lebens ist rational und berechenbar, verläuft ganz glatt gemäß gewissen Übereinkommen und Konventionen. Wir stehen jeden Morgen zur selben Zeit auf, nehmen dieselbe Bahn oder Strecke zur Arbeit und interagieren mit unseren Freunden und Verbündeten, wobei wir dieselben Konversationsformen benutzen. Selbst wenn etwas Unvorhergesehenes eintritt - eine überraschende Beförderung oder ein Verkehrsunfall -, gibt es bestimmte konventionelle Arten, darauf zu reagieren (eine Flasche Champagner kaufen, das Kennzeichen des anderen Wagens aufschreiben und dazu den Namen der gegnerischen Versicherung). Es gibt individuelle Unterschiede im Verhalten - und auch Augenblikke, in denen wir spontan und unberechenbar handeln. Aber größtenteils verbringen die Leute ihr alltägliches Leben damit, akzeptierten Verhaltensmustern gemäß zu handeln. Individuen, die keine derartigen Muster haben, gelten gemeinhin als ziemlich komisch.

In der Phantasie jedoch können all die Regeln, all die Konventionen, all die Muster umgestoßen werden - und genau das ist der Fall. Wir träumen vielleicht davon, auf eine Art und Weise zu handeln, die im wirklichen Leben nicht zu akzeptieren oder sogar verheerend wäre. Vielleicht beleidigen und beschämen wir Menschen, denen gegenüber wir normalerweise sehr zurückhaltend und respektvoll sind. Wir stellen uns vielleicht vor, Sex mit Menschen zu haben, die unerreichbar für uns oder auch nur Randfiguren in unserem Leben sind: mit einem Filmstar, dem Schalterbeamten in der Bank, der Frau unseres besten Freundes. Außerdem tun wir in unserer Phantasie häufig Dinge, von denen wir im wirklichen Leben nicht einmal träumen würden. Ein gutherziger Mensch bildet sich vielleicht ein, einen Gegner zu vernichten; ein Mann phantasiert davon, seine Chefin zu vergewaltigen; ein praktizierender Homosexueller sieht sich vielleicht mit einem weiblichen Sexpartner. Wir teilen diese Phantasien nicht mit anderen, und weil es keine Basis für Vergleiche gibt, neigen wir zu der Annahme, daß unsere Phantasien bizarrer sind als die von irgendwem sonst. In Wirklichkeit jedoch ist das Phantasieleben *jedes* Menschen seltsam, unberechenbar, gesellschaftlich nicht akzeptabel und chaotisch im Vergleich mit den geordneten, rationalen Ereignissen, die Tag für Tag in unserer Welt geschehen.

Der Ärger fängt an, wenn wir versuchen, unsere Phantasien auf dieselbe Art zu verstehen, wie wir unsere täglichen Erfahrungen erklären. Der Versuch schlägt fehl, weil Phantasien außerhalb des Systems rationaler Gedanken operieren. Phantasie-Erlebnisse haben ganz entschieden einen eigenen Wert.

Der Unterschied zwischen Phantasie und Verhalten

Die Art, wie wir auf unsere Phantasien reagieren, hängt größtenteils von unserem kulturellen und erzieherischen Hintergrund ab. Im westlichen Kulturkreis wurden Phantasien bis vor kurzem noch mit ausgesprochenem Mißtrauen angesehen. In der jüdisch-christlichen Tradition ging man immer davon aus, daß ein »guter« Mensch nicht nur gut handelte, sondern auch gut dachte. So galten »unreine« Gedanken - besonders sexuelle Phantasien - als Teufelswerk. Im Neuen Testament heißt es ganz deutlich, daß »wer eine Frau ansieht und Lust verspürt, in seinem Herzen bereits Ehebruch begangen hat«. Diese Ansicht brachte dem früheren Präsidenten Jimmy Carter eine Menge schlechter Publicity anläßlich seines berüchtigten *Playboy*-Interviews ein. Eine solche Einstellung verwischt den wichtigen Unterschied zwischen Gedanken und Tat, zwischen Phantasie und Realität. Eine weit produktivere Einstellung wäre eine, die es uns erlaubt, uns mit unserem Phantasieleben wohl zu fühlen und es außerdem dazu zu benutzen, unser Glück und Vergnügen zu vergrößern.

Obwohl nur wenige von uns noch glauben, daß wir unter dem Einfluß des Satans stehen, wenn wir einer sexuellen Phantasie nachhängen, bleibt doch noch eine Menge Verwirrung bezüglich der Rolle, die die Phantasie in unserem täglichen Leben spielt. Wir sind uns nicht sicher, ob die Phantasie etwas repräsentiert, was wir tatsächlich wollen oder zu dem wir fähig sind. Wenn ein verheirateter Mann vom Sex mit anderen Frauen phantasiert, heißt das, daß er seine Frau in Wirklichkeit nicht liebt? Wenn er von Vergewaltigung phantasiert, ist er dann in Gefahr, ein Sexualverbrechen zu begehen? Wenn ein heterosexueller Mann vom Sex mit anderen Männern phantasiert, ist er dann in Wirklichkeit latent homosexuell? Diese Fragen rufen die meisten Sorgen in uns hervor, wenn es um die Phantasie geht. Wir sind uns bewußt, daß es irgendeine Verbindung zwischen Phantasie und Verhalten gibt, aber wir wissen nicht genau, worin diese Verbindung besteht. Wie nahe kommt die Phantasie dem täglichen Leben? In welchem Maße sind wir für unsere Phantasien verantwortlich?

Wenn wir uns mit diesen Fragen befassen, müssen wir in erster Linie daran denken, daß es ein großer Unterschied ist, ob wir etwas nur denken oder tatsächlich tun. Fast jeder hat irgendwann einmal aggressive, asoziale und bizarre sexuelle Phantasien, aber nur wenige Menschen leben diese Phantasien tatsächlich irgendwann aus. Die größte Gefahr asozialer Phantasien ist jedoch nicht, daß sie ausgelebt werden könnten, sondern sie liegt vielmehr in den Schuldgefühlen, die sie auslösen. Das schlechte Gewissen ist ein mächtiges und selbsterniedrigendes Gefühl. Während die sexuellen Phantasien als solche keine spürbare Wirkung auf das Verhalten eines Menschen haben müssen, haben die Schuldgefühle, die das Ergebnis derartiger Phantasien sind, doch häufig eine starke Wirkung. So kann das schlechte Gewissen als negative Antriebskraft dienen, die dafür sorgt, daß ein Mensch sich mit Besessenheit auf eine bestimmte Phantasie konzentriert. Diese kann dann stark genug werden, um unser tatsächliches Sexualverhalten zu beeinflussen, bis wir uns mit unseren sexuellen Gefühlen unwohl fühlen oder Situationen meiden, in denen die Phantasien entstehen könnten. Derartige ungute Gefühle können die sexuelle Selbstachtung eines Menschen verzerren und die Kommunikation zwischen den Partner stören.

Wenn wir versuchen, mit unseren sexuellen Phantasien ins reine zu kommen, sollten wir nicht versuchen, einen Weg zu finden, unsere Gedanken zu »säubern« oder uns eine Art starrer Kontrolle oder Begrenzung unserer Phantasien aufzuerlegen, sondern sollten uns vielmehr unempfindlich gegenüber dem schlechten Gewissen machen, das wir wegen unserer Phantasien empfinden. Wie wir noch sehen werden, können wir unsere Phantasien gut nützen. Was das schlechte Gewissen angeht, so hat es keinerlei positiven Nutzen.

Mißbrauch von Phantasien

Wenn ein bestimmter Gedanke mit Schuld, Angst oder Sorge assoziiert wird, gewinnt dieser Gedanke an Macht und Bedeutung. Er wird stärker als es ihm zukommt, und so haben wir weniger Macht über ihn. In manchen Fällen kann eine einzige Phantasie den Lebensmittelpunkt eines Menschen ausmachen und andere Formen sexueller Lust verdrängen. In derartigen Fällen kann die Phantasie höchste Erregung erzeugen, aber auch höchste Schuldgefühle - eine äußerst ungesunde Kombination von Gefühlen. So ist etwa ein Mann, der intensive und schuldbeladene sexuelle Phantasien mit kleinen Mädchen hat und von dieser einen Phantasie besessen ist, in großen Schwierigkeiten. Die Kombination von Schuldgefühl und Zwang kann dazu führen, daß der Mann pädophil wird (jemand, der Kinder sexuell mißbraucht). Phantasie und Verhalten verbinden sich zum Zwang. Werden sie bis zu diesem Extrem geführt, entsteht aus Phantasien Fetischismus. Hierbei kreisen sexuelle Gefühle ausschließlich um einen leblosen Gegenstand, der dann zum alleinigen Stimulus wird, der eine sexuelle Reaktion auslösen kann. Fetischisten werden manchmal humorig als lüsterne alte Herren dargestellt, die gierig ihre Sammlung von Damenschuhen oder Spitzenhöschen betrachten. Aber im wirklichen Leben ist Fetischismus eine traurige Angelegenheit, denn er stellt eine ernste Beschränkung des emotionalen und sexuellen Lebens eines Menschen dar. Die Besessenheit eines Mannes mit Damenunterwäsche ist nicht deshalb schlimm, weil sie moralisch falsch ist; sie ist schlimm, weil sie das einzige ist, was er hat, weil sie sein Sexualleben unter Kontrolle hält. Während der Fetischismus eine extreme Form ist, müssen schuldbeladene, besessene sexuelle Phantasien gemieden werden, nicht aus moralischen Gründen, sondern weil sie das Vergnügen drastisch einschränken, das wir aus unserer Sexualität beziehen, und statt dessen emotionale und sexuelle Probleme verursachen.

Positive Funktionen der Phantasie

Sexuelle Phantasien sind nicht nur normal und gesund, sondern auch durchaus nützlich. Wir brauchen alle hin und wieder Abstand von der Rationalität des täglichen Lebens, und genau das bietet die Phantasie. Träume - vielleicht die verbreitetste Art unseres Phantasielebens - sind ein Beispiel. Fast jeder träumt, auch wenn sich viele morgens nicht mehr daran erinnern. Im Verlaufe eines durchschnittlichen Nachtschlafs wird zwei bis drei Stunden geträumt. Studien haben gezeigt, daß Menschen, denen man ihre Träume raubt, zornig und depressiv werden. Wird dieser Entzug über einen längeren Zeitraum fortgesetzt, kann eine ernste psychische Fehlorientierung die Folge sein. Träume bieten ein irrationales »Druckventil«, ohne das unser rationales, kontrolliertes, waches Leben streßgeladen wäre.

Vielleicht weil sie intuitiv die große Bedeutung der Träume auf die geistige Gesundheit und das psychische Wohlergehen erkannt haben, heben andere Kulturen die positiven Elemente des Träumens hervor. In Malaysia gibt es einen Kulturkreis, in dem man den Kindern beibringt, »korrekt« zu träumen; die Familienmitglieder erzählen sich jeden Morgen ihre Träume, und die Eltern unterweisen ihre Kinder in der Kunst, sie zu verbessern. Wir hingegen neigen dazu, Träume als unwichtig abzutun, es sei denn, wir machen gerade eine Psychoanalyse. In diesem Fall erzählen wir sie unserem Analytiker. Auf keinen Fall halten wir unsere Träume für einen wesentlichen Bestandteil unseres Lebens.

Ernst nehmen wir unsere Träume jedoch, wenn ihr Inhalt besonders beunruhigend ist oder unser Schuldbewußtsein wächst. Wenn das geschieht, machen wir dieselben Fehler wie mit den Wachträumen - wir verzerren die Trennlinie zwischen Phantasie und Realität. Dies gilt besonders dann, wenn unsere sexuellen Träume bizarrer oder asozialer Natur sind. Tatsächlich sind Träume bizarrer Sexualität sehr häufig - Träume von Inzest, von Homosexualität, vom Geschlechtsverkehr mit einer Vielzahl sexuell verbotener Personen, von der Schwiegermutter bis zum Familienhund. Eine Art Traum, den viele Männer besonders beunruhigend finden - den vom Verkehr mit einem Hermaphroditen, einer Frau mit einem Penis -, ist tatsächlich ein ausgesprochen verbreitetes Motiv, das sich in der

Kunst und Literatur vieler verschiedener Kulturen findet. Wir dürfen nicht erwarten, daß Träume und Phantasien im Wachzustand einen Sinn ergeben. Träume und Phantasien haben nichts mit gewöhnlichen Themen zu tun, sondern mit dem, was von der Gesellschaft nicht akzeptiert wird und unter Umständen sogar als gesetzwidrig gilt. Wenn wir uns mit unserer Sexualität wohl fühlen wollen, müssen wir lernen, die bizarre Natur unserer Träume und Phantasien als im Bereich des Normalen zu akzeptieren.

Der Mensch, der das tun will, kann noch einen Schritt weitergehen und seine Träume nicht bloß als das akzeptieren, was sie sind. Er kann lernen, seine Träume in gewisser Weise zu regulieren und anzupassen. Mit der richtigen Technik und ein wenig Übung können wir unsere Träume »programmieren«, willkürlich Themen und Charaktere einbringen und so unsere Träume, zusammen mit unseren Phantasien, zu unserem persönlichen Hollywood machen. Dazu müssen Sie entscheiden, von wem und was Sie an einem bestimmten Abend träumen wollen. Beim Einschlafen halten Sie diesen Gedanken ganz fest. Die Chancen stehen gut, daß das gewählte Thema in dieser oder einer späteren Nacht in irgendeiner Form in Ihren Träumen auftaucht. Dies ist eine Technik, die ich oft verwende, wobei ich als Traumthemen Reisen und exotische sexuelle Abenteuer miteinander verknüpfe. Das Ergebnis fällt vielleicht nicht genau so aus, wie Sie es bestellt haben, aber die Tatsache, daß diese Technik mit einigem Erfolg angewandt werden kann, zeigt, daß es möglich ist, etwas potentiell Belastendes zu verändern und seine bedrohlichen Aspekte abzubiegen. Es zeigt aber auch, daß unsere sexuellen Träume und Phantasien eine frei sprudelnde und harmlose Quelle grenzenlosen Vergnügens werden können, wenn wir unsere Neigung, moralische Urteile zu fällen, von dem Genuß trennen können, den wir mit unserem Traum und unseren Phantasien verbinden.

Sexuelle Phantasien unterscheiden sich von Träumen dadurch, daß sie im Wachzustand ablaufen, also dann, wenn wir unsere Gedanken bewußter kontrollieren und eher in der Lage sind, die Gedanken zu bestimmen, denen wir unsere Aufmerksamkeit schenken wollen. Phantasien können als Quelle des Vergnügens und als bequemes Sicherheitsventil fungieren, mit dessen Hilfe wir den gesammelten Druck unseres täglichen Lebens abbauen können. Wenn wir die Unterscheidung zwischen Phantasie und Realität, zwischen Gedanken und Tat, im Kopf behalten können, dann bietet die Phantasie die Möglichkeit, in Wünschen und Begierden zu schwelgen, die für uns und unsere Gesellschaft unangemessen und nicht akzeptabel sind.

Zu den häufigsten Phantasien, die ein Mann hat, wenn er eine sexuell attraktive Frau sieht, gehört die Vorstellung, wie sie nackt aussieht und wie es wäre, mit ihr zu schlafen. Sie im Geiste auszuziehen und sich vorzustellen, mit ihr zu schlafen, ersetzt das tatsächliche Verhalten, das gesellschaftlich unangemessen wäre. Viele Männer erleben den Konflikt zwischen ihrer respektvollen Haltung Frauen gegenüber und dem Inhalt ihrer Träume, aber wenn der Unterschied zwischen dem Genießen einer Phantasie und dem tatsächlichen Tun nicht vergessen wird, dann kann die Phantasie ohne Schuld- oder Angstgefühle genossen werden. Derartige Phantasien zu haben bedeutet nicht, daß Sie ein Chauvi sind, der jede Frau vergewaltigen will, die er sieht. Ein Mann kann ein aktives Phantasieleben haben, das jedweder persönlichen Ethik widerspricht, die er vertritt, ohne jemals seine Ansichten durch sein tatsächliches Verhalten zu verletzen. Von Natur aus gehören zu sexuellen Phantasien auch gesellschaftlich inakzeptable Sexualpraktiken. Fast kein Mann träumt davon, mit seiner Frau im Schlafzimmer in der Missionarsstellung zu verkehren - jedenfalls nicht, wenn sie neben ihm liegt.

In verbotenen oder nicht praktikablen Beziehungen zu schwelgen stellt nur eine der Anwendungsmöglichkeiten sexueller Phantasie dar. Sie kann auch dazu dienen, eine Beziehung zwischen zwei Menschen zu bereichern, die kurz davor stehen, sexuell ein Paar zu werden. Die sexuellen Phantasien eines Mannes über die Frau, mit der er geht, können eine Quelle der Erregung sein und sein Interesse an ihr verstärken. Dies gilt für eine neue wie für eine alte Beziehung, egal, ob sie intim ist oder sich noch im Flirt-Stadium befindet. Tatsächlich können ältere Ehemänner die sexuelle Beziehung zu ihrer Frau verbessern, indem sie bewußt Aktivitäten mit ihrer Ehefrau in ihre Phantasien einbeziehen. Stellen Sie sich statt Ihres üblichen sexuellen Szenarios ruhig einmal vor, mit Ihrer Frau zu schlafen, während sie ein ganz besonderes, sexy Outfit trägt, in dem sie sich im wirklichen Leben niemals wohl fühlen würde, und bilden Sie sich ein, andere Paare würden bewundernd zusehen und Kommentare über Ihre sexuelle Technik abgeben. Für Männer, die sich in ihrer ehelichen Sexualbeziehung mehr Spontaneität und öfter mal was Neues wünschen, könnte der erste Schritt in diese Richtung darin bestehen, über die Dinge zu phantasieren, die ihnen gefallen würden. In einer intimen Beziehung kann man dem Teilen sexueller Phantasien viel Vergnügen abgewinnen. Wenn Sie Ihrer Frau von Ihrer Vorstellung erzählen, wie sie in Ihr Büro kommt und Sie verführt, so kann das die erotischen Gefühle zwischen Ihnen beiden anheizen – wenngleich es höchst unwahrscheinlich ist, daß einer von Ihnen diese Phantasie ausleben will, außer Sie sind in Ihrem Büro völlig ungestört.

Die sexuellen Phantasien eines Mannes über eine Frau können die Beziehung auf eine ganz besondere Art bereichern. Phantasie kann als Lernprozeß dienen, was besonders für jüngere und weniger erfahrene Männer hilfreich sein kann. So kann ein Mann sich eine komplette Liebesszene wieder und wieder vorstellen, lebhaft und in allen Einzelheiten, je nachdem wie groß seine Phantasie ist, solange, bis alles zu seiner Zufriedenheit läuft. Das Ergebnis könnte sein, daß die sexuelle Begegnung im wirklichen Leben dann glatter verläuft, wenn es soweit ist.

Wir geben uns auch beim Geschlechtsverkehr unseren Phantasien hin. Tatsächlich phantasieren ganze 75 Prozent der Männer beim Partnersex. Die Phantasien dienen dazu, die Erregung zu steigern. Die Erfahrung, sich einzubilden, mit einer anderen Frau zu schlafen, ist hierbei recht häufig, und dennoch haben die meisten ein schlechtes Gewissen, wenn sie sich auf diese Art Phantasie einlassen. Aber Schuldgefühle sind unnötig, denn das Wechseln eines Partners in der Phantasie heißt noch nicht, daß Sie ihn im wirklichen Leben wechseln wollen. Einer meiner Studenten, ein verheirateter Mann, phantasierte während des Verkehrs mit seiner Frau gern von mehreren Sexpartnerinnen. Er stellte sich vor, daß sechs Frauen, von denen eine seine Ehefrau war, ihn liebten. Zwei von ihnen saugten abwechselnd an seinem Penis, eine andere führte ihren Finger in seinen Anus ein, eine vierte massierte und saugte seine Brustwarzen, eine fünfte reckte ihm ihre Vulva entgegen, so daß er sie mit der Zunge erforschen konnte, und eine sechste rieb ihren Körper an seinem.

Auch andere Bilder zuckten ihm durch den Kopf, etwa daß sich zwei der Frauen liebten, während sie seinen Körper bewunderten, oder drei oder vier von ihnen darum kämpften, Fellatio an ihm vornehmen zu dürfen. Diese Phantasien beunruhigten ihn ganz und gar nicht, weckten auch keine Schuldgefühle in ihm, sondern steigerten nur seine Erregung während des ehelichen Verkehrs.

Wie bei den Träumen sind bizarre Themen in sexuellen Phantasien ganz natürlich. Phantasie und Wirklichkeit sind zwei völlig verschiedene Bereiche, und es gibt keinen Grund, beunruhigt zu sein oder ein schlechtes Gewissen zu haben, was den Inhalt einer Phantasie angeht, solange sie nicht zur Besessenheit führt oder im wirklichen Leben realisiert wird. So ist es ganz natürlich, davon zu träumen, Sex mit Frauen einer anderen Rasse zu haben. Gruppensex, Analsex, erzwungener Sex, andere beim Sex zu beobachten, auch sadomasochistische Erlebnisse sind häufig Thema sexueller Phantasien. Gewalttätige und aggressive sexuelle Phantasien sind ganz normal. Auch homosexuelle Phantasien sind üblich und bedeuten nicht, daß ein Mann ein unterdrückter Homosexueller ist. Homosexuelle Phantasien stehen an vierter Stelle unter den Träumen heterosexueller Männer und heterosexuelle Phantasien an dritter Stelle bei den Homosexuellen. Tom, ein anderer meiner Studenten, berichtete, daß er gelegentlich gern eine homosexuelle Phantasie hatte. Während er masturbierte, stellte er sich vor, daß zwei gutaussehende und muskulöse Männer seine Sexsklaven waren. Einer verkehrte anal mit ihm, während der andere ihm einen blies. Obwohl er die Phantasie ausgesprochen erregend fand, war es doch nichts, was er in Wirklichkeit tun wollte. Er akzeptierte Homosexualität bei Schwulen, aber er war als praktizierender Heterosexueller mit gelegentlichen homosexuellen Phantasien völlig zufrieden.

VIERZEHNTES KAPITEL

Orale Lust

Betrachten Sie einmal den Mund. Welch ein wunderbar sensibler und ausdrucksvoller Körperteil das doch ist! Unser Mund verfügt über eine wundervolle Fähigkeit, Empfindungen aufzunehmen und zu analysieren. Und was das Beste ist: Unser Mund hat eine enorme Kapazität, Lust zu empfinden. Stellen Sie sich nur einmal den Genuß vor, wenn Sie in ein saftiges Steak beißen oder an einem schwülen Tag ein eiskaltes Bier schlürfen.

Wie unser Mund, so sind auch unsere Genitalien reichlich mit Nervenenden versehen und ausgesprochen empfänglich für angenehme Gefühle. Ist es da nicht nur natürlich und passend, wenn wir uns oral stimulieren, um sexuelles Vergnügen miteinander zu teilen? Denn unsere Münder und unsere Sexualorgane, die soviel gemeinsam haben und einander soviel zu bieten haben, können sich vereinen und so ein ganz besonderes, intensives Vergnügen hervorbringen.

Wir sind daran gewöhnt, unseren Mund, unsere Lippen und unsere Zunge zu benutzen, um zu küssen, zu saugen, zu lecken, zu knabbern, zu beißen - Lippen, Gesicht, Brust und andere Körperteile unseres Partners. Die orale Stimulation ist nichts anderes als eine normale Ausweitung dieser Tätigkeit. Es ist ein Zusammenkommen der beiden sensitivsten Bereiche des Körpers. Das gilt für Fellatio, die orale Stimulierung des Penis, ebenso wie für Cunnilingus, die orale Stimulation der Vulva. Beides sind natürliche und gesunde Aktivitäten, die nicht nur völlig im Rahmen des normalen sexuellen Ausdrucks liegen, sondern auch eine gesunde, angenehme Einstellung der Sexualität gegenüber zeigen. Studien haben ergeben, daß Paare, die oralen Sex genießen, ihr Sexualleben als befriedigender einstufen als Paare, die oralen Sex meiden.

Bloß keine Angst

Leider rankt sich ein ganzer Komplex von Vorurteilen und Mißverständnissen um das Thema oraler Sex. Das läßt viele Leute vor dieser sexuellen Ausdrucksweise zurückschrecken oder ruft Angst- und Schuldgefühle in ihnen hervor, wenn sie sich doch darauf einlassen. Lassen Sie uns einige dieser negativen Haltungen dem oralen Sex gegenüber näher betrachten und versuchen, die Mythen und Beschränkungen zu verstehen und aufzulösen, die uns daran hindern, diese Form der Sexualität freier zu praktizieren.

Eines der größten Mißverständnisse über oralen Sex ist, daß er unsauber wäre – also nicht hygienisch. Vor allem die Amerikaner sind von der oralen Reinlichkeit nahezu besessen, was sich in der endlosen Folge von Werbespots für Zahnpasta, Mundwasser und Pillen für reinen Atem im Fernsehen oder in Zeitschriften widerspiegelt. Die Genitalien andererseits gelten als »schmutziger« Körperteil, nicht nur wegen der noch immer anhaltenden puritanischen Einstellung dem Sex gegenüber, sondern auch wegen der engen Verbindung zwischen Sexual- und Ausscheidungsorganen. Die männliche Urethra dient nicht nur als Kanal für die Samen, sondern auch für den Urin; und die Frau scheidet den Urin durch die Harnöffnung aus, die sich zwischen der Klitoris und der Vagina befindet. Wenn sie sich vorstellen, die Genitalien des Partners oral zu stimulieren, schrecken viele Leute davor zurück, weil sie nichts in den Mund nehmen wollen, was mit Urin in Berührung kommt.

Aber derartige Probleme sind völlig unbegründet. Wenn sich ein Mensch normal wäscht, bleibt kein Rest Urin an den Genitalien haften. Viele Menschen ziehen es vor, ihre Genitalien zu waschen, ehe sie sich auf Sex einlassen, besonders auf oralen Sex. Bei der gewöhnlichen Hygiene sind die Sexualorgane ebenso keimfrei und riechen so sauber wie jeder andere Körperteil. Tatsächlich enthält der Mund für gewöhnlich viel mehr Keime als der Penis oder die Vulva. Sexuelle Sekrete – das Sperma des Mannes und die Gleitflüssigkeit der Frau – sind aseptische und vollkommen harmlose Protein-Substanzen.

Der Hauptfaktor für die negative Einstellung oralem Sex gegenüber ist die Unkenntnis von der Struktur und Funktion der Genitalien - Ihrer eigenen und der Ihrer Partnerin. Gegenseitiges Untersuchen und die Untersuchung des eigenen Genitalbereichs kann eine aufklärende und häufig befreiende Erfahrung für ein Paar bedeuten und möglicherweise dazu beitragen, die Haltung dem oralen Sex gegenüber zu verändern.

Einer meiner Patienten, ein junger, verheirateter Jurastudent, der sexuell sehr aktiv gewesen und stolz auf seine Männlichkeit und sexuelle Kraft war, erlebte einen solchen psychologischen Durchbruch. Er genoß es sehr, von seiner Frau oral befriedigt zu werden, fühlte sich aber beim Cunnilingus gar nicht wohl und vermied ihn normalerweise selbst dann, wenn sie ihn ausdrücklich darum bat. Dies führte - verständlicherweise - zu einem sexuellen Ungleichgewicht und zu Spannungen in der Ehe. Ursprünglich waren sie zu mir gekommen, um ihre Ängste vor einer Schwangerschaft abzubauen, aber als die Therapie fortschritt, erwies sich der Zwist, der auf seiner Einstellung dem oral-genitalen Sex gegenüber beruhte, als ein wesentliches Problem. Er schien entsetzt zu sein, weil die Harnröhre sich im Bereich der Vulva befand. »Pisse törnt mich eben nicht«, war seine Art, es auszudrücken. Auf meinen Vorschlag hin willigte er ein, die Genitalien seiner Frau gründlich zu erforschen. Diese Erfahrung bedeutete einen Wendepunkt. Er erkannte, daß sich die Harnröhre tatsächlich im Vulva-Bereich befand, daß er sie aber meiden konnte, wenn er sich auf den Klitorisschaft, die kleinen Schamlippen und die Vagina konzentrierte. Seine Befürchtungen wurden beträchtlich reduziert, und er konnte es genießen, seine Frau oral zu stimulieren. Besonders erregend fand er es, wenn gleichzeitig sie ihn oral stimulierte.

Dieses Beispiel zeigt nicht nur, wie wichtig die genaue Kenntnis der sexuellen Anatomie ist, um Hemmungen zu überwinden, sondern auch die Bedeutung willentlicher Entscheidungen beim oral-genitalen Sex (oder jeder anderen Sexualpraktik). Obwohl Therapietechniken wie die oben beschriebene hilfreich sein können, wenn es darum geht, unsere Einstellung und unser Verhalten zu verändern, sollten wir uns doch nicht durch Druck von außen (auch nicht durch dieses Buch!) zu einer sexuellen Aktivität zwingen lassen, bei der wir uns unwohl fühlen. Unser Sexualleben sollte von ehrlichem Begehren und dem Wunsch zu experimentieren angetrieben werden, nicht durch Pflichtgefühl oder das Bemühen zu beweisen, daß man sexuell liberal ist. Vielleicht stellen Sie zu guter Letzt fest, daß oraler Sex tatsächlich nichts für Sie ist - aber warum sollten Sie ihm nicht wenigstens eine faire Chance geben?

Vaginalsekrete haben einen ganz eigenen Geschmack - salzig, mit leicht scharfem Beigeschmack, anders als irgend etwas sonst. Viele Männer mögen diesen Geschmack und finden ihn höchst erregend. Andere finden ihn vielleicht nicht so reizvoll. Es hat zwar keinen Sinn, jemanden zu etwas zu überreden, was ihm wirklich nicht gefällt, aber es ist dennoch richtig, daß man Geschmack an etwas entwickeln kann, besonders wenn die Umstände positiv sind.

Wenn man Spaß am Cunnilingus haben will, muß man es allmählich angehen. So könnte der Mann etwa damit beginnen, die Vulva mit geschlossenen Lippen zu liebkosen. Wenn er sich mit dieser Form der Stimulierung wohl fühlt, kann er fortfahren und seine Zunge und den offenen Mund einsetzen. Es gibt verschiedene Produkte auf dem Markt - Intimsprays in unterschiedlichen Geschmacksrichtungen -, die für Frauen gedacht sind, deren Partner dem oralen Sex ambivalent gegenüberstehen. Einige dieser Produkte sind vom gesundheitlichen Standpunkt aus gesehen zweifelhaft und steigern das Potential für Vaginalinfektionen, sollten deshalb nicht benutzt werden. Andere sind allergiegetestet und können problemlos angewandt werden; das Paar kann sich für Sprays entscheiden, die dem Mann zusagen. Andere Männer wieder haben das Gefühl, es wäre ehrlicher, Geschmack an der richtigen Sache zu finden und nicht zu versuchen, sie mit Hilfe von synthetischem Pfefferminz- oder Erdbeergeschmack schmackhafter zu machen.

Einem weitverbreiteten Mißverständnis zufolge sind Männer, die Fellatio mögen, latent homosexuell. Es stimmt zwar, daß homosexuelle Paare beiderlei Geschlechts oral-genitale Techniken einsetzen - häufig sehr geschickt und befriedigend -, aber es ist nicht die Technik, die den Akt homosexuell macht, sondern die Tatsache, daß die beteiligten Personen demselben Geschlecht angehören. Wenn sich zwei Männer erotisch küssen, dann ist es eine homosexuelle Aktivität, aber das Küssen an und für sich ist bestimmt kein Zeichen latenter Homosexualität, und ebensowenig ist es der Spaß an Fellatio.

Heterosexuelle Männer, die von der größten sexuellen Befriedigung berichten, genießen wahrscheinlich sowohl das Empfangen von Fellatio als auch das Geben von Cunnilingus.

Oraler Sex ist auch in anderer Hinsicht in Verruf geraten. So wird häufig behauptet, er sei ein Zeichen von Unreife - Grundlage dieser Behauptung ist die Vorstellung, daß der heterosexuelle Geschlechtsverkehr in der Missionarsstellung die einzig wahre »erwachsene« Form von Sexualität darstellt. Das ist natürlich Unsinn. Kennzeichen einer erfüllenden, gesunden Sexualität ist die Fähigkeit zu experimentieren, kommunizieren und zu kooperieren - mit für beide Seiten angenehmen Techniken. Paare, die ihre sexuellen Aktivitäten auf eine einzige Methode oder Stellung beschränken, beweisen hiermit nicht ihre Reife; sie stecken einfach fest. Ihr Mangel an Vorstellungskraft steigert die Möglichkeit, vom Sex überhaupt gelangweilt zu sein und ein sexuelles Problem zu entwickeln. Oraler Sex ist ein Bereich, den ein Paar erforschen kann, um sein Sexualleben abwechslungsreicher zu gestalten. Tatsächlich haben Studien gezeigt, daß diejenigen Paare, die oralen Sex praktizieren, sich nicht durch Unreife auszeichnen, sondern im Gegenteil in der Regel besser ausgebildet und sexuell erfüllter sind. Ungefähr 85 Prozent der Paare experimentieren mit oraler Stimulation und 50 Prozent sogar recht häufig.

Der Zusammenhang zwischen oralem Sex und Geschlechtsverkehr

Manche Männer halten oral-genitale Kontakte für ein Zeichen mangelnder Virilität. Dies gilt ganz besonders für Cunnilingus. Hierbei wird angenommen - was auf einem engstirnigen und starren Verständnis der Sexualität basiert -, daß ein Mann, der eine Frau oral stimuliert, dies nur tut, weil er sie mit seinem Penis nicht befriedigen kann. Tatsächlich jedoch wird ein Mann, der Cunnilingus als Teil seines sexuellen Repertoires ausübt, wahrscheinlich in bezug auf seine sexuellen Fähigkeiten entspannter und zuversichtlicher sein. Folglich wird er wahrscheinlich kompetenter sein, sowohl beim Verkehr als auch bei oralen Techniken, als ein Mann, der sich bei der Liebe auf den Koitus beschränkt.

Eine überraschend hohe Zahl von Männern fürchtet, daß eine Frau »süchtig« nach oralem Sex werden und ihn dem Verkehr vorziehen könnte. Aber wenngleich es stimmt, daß viele Frauen den oralen Sex als außerordentlich angenehm empfinden, weil er den klitoralen Bereich direkter stimuliert, gibt es doch keinerlei Beweis dafür, daß sie der Penis-Stimulation gegenüber gleichgültig wären. Im Gegenteil. Paare, die oral-genitale Techniken anwenden, genießen andere Methoden sexueller Aktivität wahrscheinlich mehr, und dazu gehört gewiß auch der Geschlechtsverkehr. Denn dieser und oral-genitaler Sex sind einander ergänzende, nicht sich ausschließende Aktivitäten. Die meisten Paare benutzen Fellatio und Cunnilingus als Varianten des Liebesspiels, die für gewöhnlich zum Geschlechtsverkehr führen und tatsächlich Appetit darauf machen.

Sie müssen lernen, oral-genitalen Sex als natürlich, gesund und akzeptabel anzusehen, wenn sie optimales Vergnügen daran finden wollen. Erst dann werden Sie voll auf Ihre Kosten kommen.

Allzu oft sehen Männer, die sich oralen Sex wünschen, darin ein verbotenes Vergnügen, das sie sich außerhalb ihrer normalen sexuellen Beziehung durch Überredung oder Tricks beschaffen müssen. Das wird durch die empirische Tatsache bestätigt, daß die meisten verheirateten Freier von Prostituierten Fellatio statt Geschlechtsverkehr verlangen; sie sind unfähig, ihre Frauen zu bitten, sie oral zu befriedigen. Diese Männer scheinen sich an eine strikte Zweiteilung zu halten. Einerseits die Art Sex, die in der Ehe erlaubt ist (ausschließlich der Geschlechtsverkehr), und andererseits die Art Sex, die sie außerhalb der Ehe suchen (wo alles geht). Es gibt keinen Grund für eine derartige Zweiteilung. Die falsche Vorstellung, daß es sexuelle Aktivitäten gibt, die für Ehepaare nicht zulässig sind, hat viel damit zu tun, daß sich sexuelle Unzufriedenheit in die Ehe einschleicht.

Sprechen Sie sich aus

Andere Männer mögen den oralen Sex mit ihren Ehefrauen probieren, geben jedoch auf, wenn es nicht gleich beim ersten Mal gut klappt. Der Mann sagt sich, daß er seiner Frau nur einen Gefallen tut, nachdem sie davon nicht sonderlich angetörnt zu werden scheint, wenn er sie nicht wieder darum bittet. Eine solche Haltung widerspricht dem weiblichen Potential an Reaktionsfähigkeit auf den oralgenitalen Sex und ignoriert gleichzeitig die Komplexität von Fellatio und Cunnilingus als Sexualverhalten, das Kommunikation, Vertrautheit, Anleitung und Feedback erfordert, Dinge, die nicht schon bei der ersten Gelegenheit erwartet werden können. Wenn Paare auf ihre ersten Erfahrungen beim Geschlechtsverkehr so reagieren würden, wie sie es manchmal nach den Versuchen mit oralem Sex tun, würden sie überhaupt nicht mehr miteinander schlafen.

Oraler Sex ist etwas, das ein Mann von seiner Partnerin erbitten kann, so wie auch sie das Recht hat, ihn darum zu bitten. Und sie können sich nicht nur wohl fühlen, wenn sie orale Stimulierung verlangen, sondern sollten außerdem in der Lage sein, sich gegenseitig zu führen, bis sie die befriedigendste Art der Stimulierung erreichen. Ein ehrliches Geben und Nehmen (unter Verwendung von verbaler und nonverbaler Kommunikation) zwischen den Partnern wird ihnen dazu verhelfen, den besten Weg zu finden, einander Freude zu schenken. Viel zu viele Männer sehen in Fellatio einen »symbolischen« Akt und keine für beide Seiten angenehme Tätigkeit. Sie glauben, von ihren Partnerinnen nicht mehr verlangen zu können als »ihnen einen runterzuholen«. Aber oraler Sex bedeutet viel mehr als das.

Ein gutes Beispiel hierfür ist ein Ehepaar, das als Patienten in meine Sex-Therapie kam. Der Mann hatte die Frau lange Zeit gedrängt, ihn oral zu befriedigen, aber sie brachte einfach nicht den Mut dazu auf. Schließlich überredete er sie eines Abends zu einem Versuch, als sie betrunken war. Nachdem sie ihren Widerstand dieses eine Mal überwunden hatte, konnte sie den Akt regelmäßig wiederholen. Ihr Ehemann jedoch glaubte, er hätte bekommen, was er wollte, und jetzt kein Recht mehr, noch mehr von ihr zu verlangen. So half er ihr nicht, bot ihr auch kein Feedback. Sie hatte in der Zwischenzeit ihre eigene Methode der Fellatio ausgearbeitet, so, wie es ihr angenehm und erregend schien: Sie konzentrierte sich darauf, den Penisschaft zu stimulieren und daran zu saugen. Als ich den Mann unter vier Augen fragte, ob er mit der Stimulation zufrieden war, die sie ihm zukommen ließ, wurde er sehr verlegen. »Bitte, sagen Sie das nicht meiner Frau, aber ehrlich gesagt verabscheue ich die Art, wie sie es macht - es tut weh!« Er willigte schließlich ein, seine Unzufriedenheit seiner Frau mitzuteilen, und so gelang es ihnen, einen Stil zu entwickeln, der für beide befriedigend war.

Es gibt verschiedene mögliche Probleme beim oralen Sex, die hauptsächlich dadurch entstehen können, daß die Partner nicht miteinander kommunizieren. So zögern viele Frauen, ihre Partner oral zu befriedigen, weil sie Angst haben, am Penis zu ersticken. Statt sie nun zu drängen, trotz ihres unguten Gefühls weiterzumachen, oder aber eine Bitte aus unangebrachtem Mitleid heraus nicht auszusprechen, sollte der Mann sie ermuntern, weiter zu experimentieren, bis sie in der Lage ist, sich bei Fellatio wohl zu fühlen. So könnte sie vielleicht versuchen, den Penis auf eine Seite ihres Mundes zu schieben, ihn nicht genau in die Mitte zu nehmen, oder sie könnte den Schaft mit den Fingern halten, wenn sie ihn in den Mund nimmt. Diese Techniken verleihen der Frau ein Gefühl größerer Kontrolle und verhindern, daß der Penis zu tief eindringt, so daß der Würgereflex nicht ausgelöst wird. Eine entspannte, erwartungsfreie Atmosphäre ist am besten geeignet, bei beiden die Ängste zu verringern. Häufig kann die Fähigkeit beider Partner, über die Situation zu lachen, unschätzbar wichtig sein, wenn es darum geht, einer Situation die Peinlichkeit zu nehmen. Schließlich soll Sex - in jeder Form - Spaß machen!

Ein anderes Problem, das auftauchen könnte, ist die Angst der Frau davor, daß der Mann in ihren Mund ejakuliert, und das daraus resultierende Gefühl des Mannes, daß sie ihn zurückweist, weil sie seinen Samen ablehnt. Auch hier haben wir es wieder mit einem zu starren Verhalten dem oral-genitalen Sex gegenüber und mit dem Versagen der Partner zu tun, wenn es darum geht, einander ihre Gefühle offen und ehrlich mitzuteilen. Der Mann sollte erkennen, daß das Hauptvergnügen bei Fellatio nicht darin besteht, daß die Frau ihn in ihren Mund ejakulieren läßt oder seinen Samen schluckt. Unser Hauptanliegen beim Sex sollte das Vergnügen sein, nicht Symbolismus. Außerdem hängt die Bereitwilligkeit oder Unwilligkeit der Frau nur damit zusammen, was für sie angenehm ist, und hat nichts mit der Ablehnung oder Akzeptanz ihres Partners zu tun. Es gibt keinen Grund, warum Fellatio einen vorgeschriebenen Standard erfüllen sollte, der mit der Ejakulation endet.

Natürlich sind Verständnis und Kommunikation für Cunnilingus genauso wichtig. Einerseits konzentriert sich der Mann vielleicht auf die Vagina und die äußeren Schamlippen, wo nur verhältnismäßig wenige Nervenenden münden, und ruft somit nur ein Minimum an angenehmen Gefühlen hervor. Oder er stimuliert die Klitoris auf zu direkte oder zu grobe Art und erzeugt so mehr Schmerz als Vergnügen.

Die Klitoris ist ein äußerst empfindsames Organ, besonders an der Spitze der Glans. Die meisten Frauen ziehen eine indirekte Stimulierung der Klitoris um den Klitorisschaft der direkten Konzentration auf die Glans vor. Verschiedene Frauen reagieren auf verschiedene Arten von oraler Stimulierung. Manche mögen langsames, rhythmisches Streicheln, während andere schnelle, konzentrierte Bewegungen vorziehen. Wieder andere mögen es, wenn der Mann mit der Zunge über die Klitoris gleitet und dann am Klitorisschaft und im Bereich der inneren Schamlippen saugt. Viele Frauen sprechen sehr stark auf orale Stimulierung an, aber nur, wenn sie bereits erregt sind. Wenn die Frau nur minimal erregt ist, bewirkt Cunnilingus für gewöhnlich das Gegenteil. Verständigen Sie sich mit Ihrer Partnerin darüber, welche Art der Stimulierung sie vorzieht, und befolgen Sie dann ihre Anweisungen.

Setzen Sie sich nicht unter Druck

Wenn ein Paar seinen Spaß am oralen Sex steigern will, so geht es dabei am besten schrittweise vor. Fangen Sie mit der manuellen Stimulierung der Genitalien an, wobei einer der Partner die Rolle des Gebenden und der andere die des Empfangenden übernimmt. Fangen Sie langsam an, orale Stimulierung einzusetzen, wobei Sie sich anfangs auf die Innenseiten der Schenkel und den Bereich konzentrieren, der die Genitalien umgibt. Im Verlaufe mehrerer Sitzungen arbeiten Sie sich allmählich bis zur direkten oralen Stimulierung der Genitalien vor, experimentieren mit verschiedenen Arten von Berührung. Teilen Sie sich auch weiterhin gegenseitig mit, was angenehm ist, wie das Lustniveau ist; jeder Partner sollte frei sagen, was ihm oder ihr gefällt und was nicht. Wenn Sie sich mit dem oralen Sex erst einmal arrangiert haben, sind den Varianten, mit denen Sie experimentieren können, keine Grenze gesetzt. Viele Paare finden die gegenseitige, gleichzeitige orale Stimulierung - das berühmte »69« - außerordentlich befriedigend. Andere fühlen sich nicht so wohl, wenn sie gleichzeitig stimulieren und stimuliert werden, und ziehen es vor, abwechselnd zu geben und zu nehmen. Manchen Leuten gefällt oraler Sex am besten, wenn einer der Partner steht und der andere kniet, wieder andere genießen es am meisten, wenn einer liegt und der andere sich über ihn beugt. Einige genießen es, passiv zu sein, wenn sie oralen Sex empfangen, wobei der Gebende die Bewegung übernimmt, andere wieder erregt es mehr, wenn sie sich bewegen, während sie stimuliert werden.

Denken Sie daran, daß Sie sich mit dem oralen Sex befassen, um Ihr Vergnügen zu steigern, und nicht, um irgend jemandem oder auch sich selbst etwas zu beweisen. Wir sollten uns vor dem neuen sexuellen Konformismus hüten, durch den sich die Leute gezwungen fühlen, zu beweisen, daß sie frei von sexuellen Hemmungen sind, und dies durch ihre Bereitschaft demonstrieren, sich auf alle erdenklichen Formen sexueller Verrenkungen einzulassen.

Eine bestimmte sexuelle Technik ist plötzlich »in«, und Leute, die sich gern als sexuell liberal sehen, haben das Gefühl, diese Technik ausprobieren und Gefallen daran finden zu müssen. Alles andere liefe ihrem Selbstbild zuwider. Die letzte dieser Sex-Moden war der Analingus, die orale Stimulierung des Anus, die orale Stimulierung der Hoden, wobei man auch den ganzen Hodensack in den Mund nahm. An diesen Techniken ist nichts anormal oder »schlecht«, solange man auf Hygiene achtet und aufpaßt, seinen Partner nicht zu verletzen. Es wäre jedoch verkehrt, diese Dinge nur zu tun, weil man das Gefühl hat, es würde von einem erwartet, oder aus Angst, man könnte als gehemmt angesehen werden.

Ob die sexuelle Erfahrung nun in Analingus, Gruppensex, Fesselung, Züchtigung oder aber in Auspeitschen oder dem Betrachten von harten Pornos besteht, immer gilt dieselbe Grundregel: Solange eine bestimmte sexuelle Aktivität nicht erzwungen wird, solange keine Kinder beteiligt sind, solange sie nicht öffentlich ausgeübt wird und weder abstoßend noch deutlich zerstörerisch ist, fällt sie in den Bereich der normalen sexuellen Varianten. Wenn Sie jedoch das Gefühl haben, zu bestimmten Handlungen gezwungen zu werden, um zu beweisen, daß Sie liberal sind, besteht die Gefahr, daß Sie Ihre Sexualität nicht mehr in Ihrem eigenen Interesse ausdrücken oder um die Vertrautheit in Ihrer Beziehung zu kräftigen. Sexualität sollte sich auf das Vergnügen konzentrieren und nicht nach einem vorgeschriebenen Muster ausgeübt werden - ganz gleich, wie dieses Muster auch aussehen mag.

Fünfzehntes Kapitel

Wenn der Mann in die Jahre kommt

Wie schwer fällt es Ihnen, sich Ihre Eltern bei der Liebe vorzustellen? Wie ist es mit Ihren Großeltern? Was würden Sie empfinden, wenn Sie das Bild einer nackten Siebzigjährigen als *Playgirl des Monats* oder in *Penthouse* finden würden? Oder wie steht es mit einem nackten Siebzigjährigen als Faltblatt im *Playgirl*? Törnen diese Vorstellungen Sie ab? Wenn ja, teilen Sie die in unserer Gesellschaft vorherrschende Meinung, der zufolge älteren Leuten Sexualität strittig gemacht wird. In Sachen Sex sind Sie ein Jugendfetischist.

Unsere Gesellschaft gilt als sexuell liberal, aber die Veränderungen im Sexualverhalten, die sie befürwortet, erstrecken sich nicht auf jedes Alter. Ja, Sex ist tatsächlich freier, offener geworden, aber nur für bestimmte Altersgruppen. Man geht immer noch davon aus, daß Sexualität bei Menschen, die über oder unterhalb gewisser magischer Grenzen liegen, nicht existiert. Es wird allgemein vermutet, daß weder Kinder noch ältere Menschen zu sexuellen Gefühlen fähig sind oder Anspruch auf irgendeine Art sexuellen Vergnügens haben. Kinder müssen unschuldig, rein und vom Sex unberührt sein. Dies erklärt vielleicht zum Teil, warum viele Erwachsene so unangenehm berührt sind, wenn sich Kinder selbst stimulieren oder »Doktor« und »Vater, Mutter, Kind« spielen. Am anderen Ende der Skala befinden sich die älteren Leute, von denen man annimmt, daß sie »es hinter sich haben«, und von denen erwartet wird, daß sie klaglos in einen friedlichen, unerotischen, von jeglichen sexuellen Gedanken freien Zustand ohne Begierde und Erregung verfallen.

Dabei sind wir vom Tag unserer Geburt bis zum Tag unseres Todes sexuelle Wesen. Schon Babys können, wie wir gesehen haben, sexuell erregt sein und Erektionen bekommen. Männer und Frauen mit sechzig, siebzig, achtzig und älter können sexuelle Wünsche verspüren – und tun es auch; sie erleben sexuelle Erregung, sind in der

Lage, Geschlechtsverkehr und Orgasmus zu haben. Im Kapitel »Sex, Ihre Kinder und Sie« haben wir gesehen, wie wichtig es für Eltern ist, die Sexualität ihrer Kinder anzunehmen, ihnen zu gestatten, daß sie ihren Körper erforschen und genießen, und sie mit einer positiven Sexualerziehung zu versehen. Jetzt wollen wir einen Blick auf die Rolle der Sexualität im Leben des älteren Mannes (und der älteren Frau) werfen. Wir werden sehen, daß sich die sexuellen Reaktionen eines Mannes zwar verändern, wenn er älter wird, daß er aber, solange er gesund ist, sexuell immer noch funktionsfähig ist und ein engagierter Sexpartner sein kann. Wenn ein Mann in die Jahre kommt, wird er feststellen, daß Sex anders ist als früher, aber nicht unbedingt weniger schön. Ältere Männer sind vielleicht keine Sexualathleten, aber sie können die besseren Liebhaber sein.

Was wir alles anrichten

Wenn aber der ältere Mann noch fähig ist, sexuell zu funktionieren, warum geben dann so viele Männer auf, sobald sie über Fünfzig oder Sechzig sind? Die Antwort liegt in der negativen Grundeinstellung unseres Kulturkreises. Unsere Gesellschaft sieht in der Sexualität einfach keinen Teil der »Rolle«, die ältere Menschen zu spielen haben. Das gilt nicht für andere Kulturkreise, in denen es als ganz natürlich angesehen wird, wenn ältere Menschen offen ihr Interesse am Sex zeigen und ein aktives und erfülltes Sexualleben haben. Aber in unserer Gesellschaft wird Sexualität seit langem in erster Linie mit Heranwachsenden und jungen Erwachsenen assoziiert, und wir neigen zu der Ansicht, sexuelles Vergnügen wäre für Menschen jenseits des gebär- beziehungsweise zeugungsfähigen Alters unangebracht. Nur selten wird die sexuelle Aktivität älterer Menschen uns auf sensible, bejahende Weise von den Medien nahegebracht. Viel häufiger gelten ältere Männer, die ihr Interesse am Sex offen ausdrücken, als »geile alte Böcke« oder sogar als »pervers«. Von daher ist es verständlich, wenn eine große Zahl älterer Männer einfach aufgibt und für den Rest ihres Lebens geben sie sich damit zufrieden, asexuelle Wesen zu sein. Wenn Paare aufhören, miteinander zu schlafen, geht dies in 95 Prozent der Fälle auf eine Entscheidung des Mannes zurück.

Leider vertreten sogar Ärzte, also gerade »Fachleute«, auf die man sich meint verlassen zu können, falsche Ansichten. Aber schließlich spiegeln auch sie nur die Vorurteile unserer Gesellschaft wider. Viele ältere Ärzte wurden zu einer Zeit ausgebildet, als es in den medizinischen Fakultäten noch keine Sexualkunde-Kurse gab. Wenn sie sich nicht individuell weitergebildet haben, ist es deshalb durchaus möglich, daß sie mit den neuesten wissenschaftlichen Erkenntnissen nicht vertraut sind. Es ist nicht ungewöhnlich, daß man älteren Männern von einem aktiven Sexualleben abrät oder ihnen erzählt, sie müßten den Verlust sexueller Lust und Potenz als Teil des Alterungsprozesses in Kauf nehmen. Manche Ärzte scheinen, wie auch viele Laien, zu glauben, daß Einbußen auf sexuellem Gebiet ein natürlicher Teil des Alterungsprozesses seien. Aber das stimmt einfach nicht.

Aus Unsicherheit verdrängen viele ältere Menschen jeden Gedanken an Sex, weil sie derartige Gedanken für falsch und unnatürlich halten. Als Ergebnis dieser selbstauferlegten geistigen Zensur unterdrücken viele von ihnen auch ihre sexuellen Wünsche und Gefühle. Andere behalten vielleicht ihre sexuellen Empfindungen, sind aber überzeugt, sie nicht länger ausleben zu können. Wenn ein Mann glaubt oder fürchtet, keine Erektion bekommen zu können, wird daraus leicht eine sich selbst erfüllende Prophezeiung. Das Erlebnis einer Fehlfunktion dient dann dazu, seinen Glauben zu bekräftigen, daß er kein sexuelles Wesen mehr ist, und als Folge hiervon wird er sich mit Enthaltsamkeit zufriedengeben.

Normale Veränderungen im Alter

Es gibt keinen Grund, warum ältere Männer ein derartiges Opfer bringen sollten. Die sexuelle Funktion hört nicht automatisch mit den Jahren auf. Studien zeigen, daß Männer, egal wie alt und ob sie sexuell aktiv sind oder nicht, regelmäßig im Schlaf Erektionen haben. Wenn das also der Fall ist, dürfte er ebensogut in der Lage sein, sie auch mit einer Partnerin zu bekommen. Und sollte er sie dann etwa nicht genießen können? Tatsächlich gibt es für einen Mann ebensowenig Gründe, seine sexuelle Fähigkeit zu verlieren, wie er die Fähigkeit verliert, irgendeine andere natürliche Körperfunktion auszuführen. Ein Siebzigjähriger kann vielleicht nicht mehr so schnell rennen wie mit Zwanzig, aber wenn er in guter Verfassung ist, kann er einen flotten Spaziergang machen. Genauso wird ein Mann, der bis ins Alter sexuell aktiv geblieben ist, nicht mehr so schnell auf Stimulierung reagieren oder so häufig ejakulieren, aber er kann immer noch regelmäßig seinen Spaß haben. Wichtig ist nur, daß der Betreffende erkennt, daß er sexuelle Lust erleben kann und darf.

Einer der Hauptgründe dafür, warum viele ältere Männer den Mut zum Sex verlieren, liegt darin, daß sie nicht auf die Veränderungen in ihren sexuellen Reaktionen vorbereitet sind, die als Folge des Alters allmählich stattfinden. Wenn er sie nicht versteht, kann ein alternder Mann diese Veränderungen leicht als ein Zeichen dafür fehlinterpretieren, daß er seine sexuellen Fähigkeiten verliert. Infolgedessen fürchtet er vielleicht, seine Partnerin nicht mehr befriedigen zu können, und meidet den Sex entweder vollkommen oder ist so ängstlich um eine gute Leistung bemüht, daß er ihn nicht mehr genießen kann. Es gibt jedoch keinen Grund, warum das so sein sollte. Wenn sich die Männer bewußt sind, was sie zu erwarten haben, wie sich ihr sexuelles Verhalten allmählich ändert (und wenn sie dieses Wissen mit ihren Partnerinnen teilen), müßten sie den Sex genauso genießen können wie früher – in mancher Weise sogar mehr.

Im Alter zwischen fünfzehn und dreißig hatte der Mann »automatische« Erektionen und funktionierte autonom. Aber für die meisten Männer über vierzig und für fast alle Männer um die sechzig ist Sex eine gemeinsame, kooperative Aktivität mit der Frau. Tatsächlich tragen alle Lektionen über respektvolle Partnerbeziehungen den Genuß an erwartungsfreiem Liebesspiel und das Bedürfnis nach multipler Stimulierung Früchte, wenn der Alterungsprozeß einsetzt. Der Mann, der diese Konzepte kennt und akzeptiert, ehe er sechzig ist, befindet sich in einer ausgezeichneten Ausgangsposition, um einen positiven Übergang zum Sex im Alter zu vollziehen.

Eine Veränderung, die mit dem Alter häufig eintritt, ist die Abnahme des Bedürfnisses nach einer Ejakulation. Wie die meisten sexuellen Veränderungen zeichnet sich auch diese bei allen individuellen Unterschieden für gewöhnlich zwischen fünfzig und sechzig ab. Ältere Männer stellen oft fest, daß sie nicht bei jedem Geschlechtsverkehr ejakulieren wollen, selbst wenn sie erregt sind und die sexuelle Begegnung genießen. Wenn ein Mann bei einer bestimmten Gelegenheit nicht das Bedürfnis verspürt, sollte er nicht versuchen, die Ejakulation zu erzwingen, sondern sollte lieber seine Empfindungen genießen. Die Durchblutung der Hoden bei der sexuellen Erregung ist bei älteren Männern nicht so ausgeprägt, und deshalb hat das Ausbleiben der Ejakulation keine negativen Folgen.

Diese Veränderung ist physiologisch begründet und darf nicht mit Ejakulationsstörungen verwechselt werden. Der alternde Mann sollte diese Veränderung akzeptieren und nicht versuchen, eine Ejakulation zu erzwingen, wenn er nicht das ehrliche Bedürfnis oder Lust verspürt. Auch wenn es zur Ejakulation kommt, gibt es einige Unterschiede. Der ältere Mann wird feststellen, daß seine Ejakulation weniger lange dauert als zuvor, daß sein Penis sich weniger häufig zusammenzieht, daß der Samen weniger kräftig und in geringeren Mengen ausgestoßen wird. Die Ejakulation ist nicht länger ein Prozeß in zwei Schritten, bestehend aus dem Punkt, an dem eine Ejakulation unvermeidbar ist, gefolgt von der Ejakulation selbst, sondern jetzt handelt es sich um einen einstufigen Prozeß – das heißt, er wird das Gefühl der Unvermeidbarkeit nicht mehr spüren. Weniger Spaß wird er trotzdem nicht haben.

Manche Männer berichten auch, daß sie einen Orgasmus erleben, ohne zu ejakulieren. Andere Männer genießen die sexuelle Erfahrung, auch wenn sie weder einen Orgasmus noch eine Ejakulation haben. Und manche berichten sogar von einem so intensiven Vergnügen, daß es dem Orgasmus in seiner Intensität gleichkam.

Ein weiterer Unterschied besteht darin, daß der Penis des älteren Mannes nach dem Erguß viel schneller erschlafft als früher. Das ruft im Mann die Angst hervor, er könnte seine sexuelle Kraft verlieren und beim nächsten Mal zu keiner Erektion mehr kommen. Diese Angst kann mit der Tatsache zusammenhängen, daß der ältere Mann eine längere Refraktörperiode erlebt. Das heißt, nach einer Ejakulation wird er für einen Zeitraum von ein paar Stunden bis zu einem ganzen Tag keine weitere Erektion mehr bekommen, während er als junger Mann vielleicht schon nach einer Stunde oder sogar weniger eine zweite Erektion bekommen hat. Derartige Befürchtungen sind jedoch nicht gerechtfertigt. Die Tatsache, daß die sexuellen Reaktionen eines Mannes langsamer werden, bedeutet noch nicht, daß sie völlig zum Erliegen kommen. Wenn er bereit ist, das neue sexuelle Tempo anzunehmen, das das Alter mit sich bringt, wird er feststellen, daß Sex auch so befriedigend sein kann. Es stimmt schon: wenn ein Mann älter wird, ist er vielleicht kein Sexualathlet mehr, aber dafür ein sinnlicherer Liebhaber.

Ein deutlicher Vorteil besteht darin, daß der ältere Mann die bei weitem bessere Kontrolle über seine Ejakulation hat. Dies kann er sich zunutze machen, um zusammen mit seiner Partnerin den Geschlechtsverkehr voll auszukosten.

Zusammen mit dem abnehmenden Bedürfnis nach Ejakulation wird der ganze Prozeß der sexuellen Erregung mit dem Alter des Mannes langsamer. Während der jüngere Mann nur Sekunden der Stimulation braucht, um eine Erektion zu bekommen, kann ein älterer Mann mehrere Minuten oder länger benötigen. Außerdem brauchen ältere Männer direktere Penisstimulierung, um voll erregt zu werden. Ein junger Mann bekommt vielleicht schon eine Erektion, wenn er nur an Sex denkt oder wenn er den nackten Körper seiner Partnerin sieht. Bei älteren Männern ist es nötig, daß sie ihn streichelt oder sonst berührt. Schließlich ist die Erektion eines älteren Mannes oft nicht so fest wie früher, aber auch das ist kein Grund zur Sorge. Selbst wenn der Penis nicht völlig steif ist, kann die Partnerin dem Mann helfen, ihn in ihre Vagina einzuführen, und nach einigen Stößen wird die Erektion stärker werden.

Veränderungen bei der Frau

Auch die sexuellen Reaktionen der Frau verändern sich mit zunehmendem Alter. Für die Frauen jedoch dient die Menopause (ein normalerweise zweijähriger Prozeß, der zwischen fünfundvierzig und fünfundfünfzig eintritt) als deutlicher Meilenstein für die körperliche Veränderung (wohingegen Veränderungen im Körper des Mannes allmählicher und weniger dramatisch ablaufen). Nicht nur die Menstruation hört auf, die Frau wird auch feststellen, daß ihre Vagina ein wenig kleiner wird und daß die Scheidenwände dünner und weniger elastisch sind; auch die Brüste und die Klitoris können an Größe abnehmen. Trotz dieser Veränderungen reagiert der weibliche Körper auch weiterhin auf sexuelle Stimulation. Wie beim Mann bleibt das Reaktionsmuster der älteren Frau im großen und ganzen dasselbe wie früher, nur daß es sich ein wenig verlangsamt. Im Grunde verändert sich die sexuelle Reaktion der Frau sogar noch weniger als die des Mannes.

So dauert es länger, bis die ältere Frau feucht wird, wenn sie sexuell erregt ist, und die Menge an Sekret ist geringer als früher. Aus diesem Grund finden es viele ältere Paare hilfreich, ein Gleitmittel zu benutzen.

Eine weitverbreitete Angst ist die, daß die Wechseljahre der sexuellen Lust der Frau ein Ende machen könnten. Auch die Hysterektomie (die chirurgische Entfernung des Uterus) wird häufig als Todesurteil für die Sexualität der Frau angesehen. Doch beides stimmt nicht. Tatsächlich kann sich eine Frau sogar freier und eher zum Sex bereit fühlen, wenn sie ihre Gebärfähigkeit verloren hat, da sie sich nun keine Sorgen mehr wegen einer ungewollten Schwangerschaft machen muß. Je mehr Mann und Frau über die Menopause und das Altern der Frau wissen, desto geringer werden die negativen Auswirkungen auf ihr Sexualleben sein.

Auch älter werden kann Spaß machen

Es ist ganz offensichtlich, daß das Alter bei beiden Geschlechtern gewisse Veränderungen in der sexuellen Funktion mit sich bringt. Diese Veränderungen sind jedoch keine Anzeichen dafür, daß das Sexualleben eines Menschen vorüber ist, sondern sie bedeuten vielmehr, daß er in eine neue Phase eintritt, einen neuen Stil annimmt. Sex zwischen älteren Menschen ist im allgemeinen langsamer und sanfter, eine intensivere Interaktion als in früheren Jahren. Ein älterer Mann kann sich darauf konzentrieren, Lust zu schenken und zu erfahren, statt Top-Leistungen erbringen zu müssen. Er sollte nur in der Lage sein, sich über seine Bedürfnisse zu äußern.

Es hilft, wenn er lernen kann, andere Aspekte der Sexualität - neben Geschlechtsverkehr und Orgasmus - zu genießen, wenn er offen ist für die unzähligen Möglichkeiten gesteigerten sexuellen Bewußtseins und Vergnügens. Kurz gesagt, ein älterer Mann muß sich die Regeln, die ich in diesem Buch vorgestellt habe, aneignen und sie anwenden, wenn er weiterhin ein aktives Sexualleben führen will. Es wird höchste Zeit, Liebhaber zu sein, kein Hengst. Die Veränderungen seines Körpers werden ihm helfen, diese Anpassung zu vollziehen, vorausgesetzt, er akzeptiert sie. Aber wenn er sich gegen den Gang der Natur auflehnt, *muß* er verlieren. Ein sexueller Mann mit siebzig zu sein ist ganz etwas anderes als ein sexueller Mann von zwanzig. Doch das Wesentliche an der Sexualität ist immer noch da.

Alter an sich ist keine Krankheit, sondern vielmehr ein natürlicher physiologischer Prozeß. Je mehr ein Mann auf sich achtet, gut ißt, regelmäßig schläft, Sport treibt, nicht raucht und trinkt - oder höchstens in Maßen - und allgemein in guter Verfassung bleibt, desto besser wird sein Körper mit dem Alter fertig und desto intakter bleiben seine sexuellen Funktionen. Ein Fehler, den alternde Männer oft machen, ist die Vermutung, daß häufige sexuelle Kontakte sie erschöpfen oder ihre Potenz verbrauchen. Das ist definitiv falsch. Sie müssen sich nicht vom Sex ausruhen. Was Sie brauchen, ist gerade regelmäßiger Sex. Die Vorstellung, daß ein Mann nur eine bestimmte Anzahl von Ejakulationen hat und sein Sexleben vorbei ist, wenn diese aufgebraucht sind, ist völlig falsch. Im Gegenteil: je regelmäßiger sein sexueller Ausdruck, desto leichter läßt sich das sexuelle Funktionieren fortsetzen. Wenn er weiterhin in seiner Beziehung zärtlich und sinnlich ist, regelmäßig Geschlechtsverkehr hat und ejakuliert, behält der ältere Mann das Selbstvertrauen, das er braucht, um ein aktives Sexualleben führen zu können.

Sexualität und Krankheit

Natürlich sind nicht alle älteren Männer bei bester Gesundheit, und es ist bekannt, daß sich gewisse Krankheiten, wie Krebs und Niereninsuffizienz, auf die Sexualfunktionen auswirken können. Ja, fast jede Krankheit wird die sexuellen Aktivitäten einschränken. Beenden muß sie sie allerdings nicht. Allzuoft glauben Männer, die eine Prostataoperation, einen Herzinfarkt, Schlaganfall, Lungenerkrankung, Diabetes oder andere Krankheiten hinter sich haben, daß sie jetzt nicht mehr sexuell aktiv sein könnten. Wenn Sie an einer dieser Krankheiten leiden, sollten Sie versuchen, so viele Erkenntnisse wie möglich darüber zu sammeln, einschließlich dessen, wie sie sich auf Ihr Sexualleben auswirkt. Konsultieren Sie Ihren Arzt, wenn möglich zusammen mit Ihrer Frau, und erklären Sie, daß Sex ein wichtiger Bestandteil Ihres gemeinsamen Lebens ist und daß Sie gern wissen möchten, inwiefern Sie Ihr Sexualleben verändern müssen – wenn überhaupt. Vergessen Sie jedoch nicht, daß manche Ärzte nur eine minimale Sexualausbildung hatten und deshalb vielleicht nicht gerade kompetent sind, wenn es um Ihre sexuellen Probleme geht.

Wenn Sie mit dem Rat, den Ihnen der Hausarzt gibt, nicht zufrieden sind, sollten Sie als nächstes einen Spezialisten für Sexualmedizin aufsuchen, der in der Lage sein dürfte, Ihnen genau zu erklären, wie sich Ihre Krankheit oder die Medikamente, die Sie möglicherweise dagegen nehmen müssen, auf Ihre Sexualität auswirken. Wenn Sie an einer Krankheit leiden, die Ihr Sexualleben einschränkt, ist es am besten, wenn Sie diese Probleme in aller Offenheit mit Ihrer Partnerin und Ihrem Arzt besprechen. Selbst in Fällen, in denen der Geschlechtsverkehr deutlich eingeschränkt oder unmöglich ist (wie bei manchen Formen chronischer Diabetes) gibt es andere Möglichkeiten, wie ein Paar auch weiterhin angenehme, sinnliche und sexuelle Erlebnisse miteinander haben kann.

Während eine Krankheit die Erektionsfähigkeit einschränken kann, bleibt die Orgasmusfähigkeit davon im Regelfall unberührt. So kann es für den Mann recht angenehm sein, auch weiterhin sinnlich und sexuell mit seiner Partnerin zu interagieren. Allzu viele Paare sind bereit, Abstinenz zu üben, wenn sie von Krankheit oder einer anderen körperlichen Behinderung heimgesucht werden. In unserer Kultur sind wir zu sehr daran gewöhnt, Sex als Vorrecht der Jungen, Starken und Gesunden zu sehen. Dabei ist die sexuelle Lust eine der grundlegenden Konstanten im Leben. Kein Mensch muß den Sex aufgeben oder sich und andere davon überzeugen, daß seine oder ihre sexuellen Tage gezählt sind. Sexualität, körperliche Zärtlichkeit, Intimität und Kommunikation tragen dazu bei, das Leben schön zu machen, und jeder Mensch hat Anspruch darauf, ein sexuelles Wesen zu sein, ganz gleich, wie alt oder in welcher körperlichen Verfassung er ist.

Nur bei einer kleinen Gruppe von Männern sinkt zwischen fünfundfünfzig und fünfundsechzig der Testosteronspiegel, was sich auf ihre Fähigkeit, sexuell zu agieren, auswirkt. Diese Männer sollten einen Arzt aufsuchen und eine Hormonbehandlung machen, die derjenigen ähnelt, der sich viele Frauen in den Wechseljahren unterziehen.

Ältere Paare schieben bei sexuellen Problemen gern ihr Alter als Entschuldigung vor, nur um keinen Arzt aufsuchen zu müssen. Das ist schade, denn Therapeuten berichten von einer Erfolgsquote von 70 Prozent bei Paaren zwischen Fünfzig und Ende Siebzig. Der Erfolg einer Sexualtherapie hängt nur davon ab, wie sehr ein Paar aneinander hängt und wie groß der Wunsch ist, ein befriedigendes Sexualleben zu führen, nicht davon, wie alt die beiden sind.

Allein im Alter

Bislang haben wir uns ausschließlich mit dem verheirateten Mann beschäftigt. Was ist aber mit Witwern und Geschiedenen? Zwar finden viele von ihnen eine neue Partnerin, doch der Rest sieht sich dem Problem gegenüber, daß sie keine Frau haben, mit der sie ihre Sexualität ausleben können. Ein Ventil ist die Masturbation. In unserem Kulturkreis sieht man sie jedoch nur als passend für Knaben und junge Männer an. Dabei kann die Masturbation auch für den Älteren ein wichtiges und gesundes Mittel sein, seine Sexualität auszuleben. Und niemand sollte deswegen ein schlechtes Gewissen haben. Viele ältere Männer (auch Ehemänner!) masturbieren, und diese Aktivität ist für sie genauso normal wie für jeden jungen Mann.

Weil Frauen durchschnittlich eine acht Jahre höhere Lebenserwartung haben als Männer, nimmt die Anzahl der Frauen im Verhältnis zu den Männern im Alter zu. Deshalb findet ein älterer Mann, der wieder heiraten möchte, für gewöhnlich leicht eine passende Partnerin. Aber diejenigen, die wieder heiraten, machen häufig den Fehler, ihre zweite Ehe nur als Ersatz zu sehen. Doch wenn man wieder eine Beziehung aufbaut, ist es wichtig, sie als etwas Neues und Einzigartiges zu behandeln und sie nicht mit der ersten Ehe zu vergleichen. Da es sich um eine neue Beziehung handelt, müssen Sie die Vorlieben und Gefühle Ihrer Partnerin erst kennenlernen und auch fähig sein, Ihre eigenen Wünsche und Bedürfnisse mitzuteilen. Glauben Sie nur nicht, daß alles, was in der letzten Beziehung funktioniert hat, es automatisch auch jetzt tut. Sie müssen neugierig, spontan und mitteilungsbereit sein, um eine befriedigende emotionale und sexuelle Beziehung aufbauen zu können.

Abschließende Gedanken

Der Versuch, der Sexualität eine Altersgrenze zu setzen, ist sowohl unrealistisch als auch ungerecht. Wir entwachsen dem Sex niemals, und ebensowenig verlieren ein gesunder Mann oder eine gesunde Frau jemals völlig ihre Fähigkeit und ihren Wunsch zur Sexualität. Selbst bei körperlichen Beschwerden geht doch das Bedürfnis nach sinnlichem und sexuellem Ausdruck nicht verloren. Paare, die auch im Alter noch sexuell aktiv sind, können sich wirklich glücklich schätzen. Das anhaltende Interesse aneinander darf ihnen nicht peinlich sein. Beide Partner sollten vielmehr stolz darauf sein, ihre Beziehung so lebendig erhalten zu haben, und sollten das voll auskosten. Wenn sie die Einzigartigkeit der reifen Sexualität verstehen und akzeptieren, stellen sie vielleicht überrascht fest, daß ihre Beziehung sensitiver, zärtlicher und genußreicher ist als je zuvor.

Sechzehntes Kapitel

Erobern Sie sich Ihre Lust zurück

Probleme mit dem sexuellen Verlangen sind heutzutage »in«. Aber kann es in unserer Macho-Kultur, in der ein »echter Mann« angeblich jederzeit, in jeder Situation und mit jeder Frau Sex haben will, überhaupt ein Problem mit dem männlichen Verlangen geben? Die traditionelle Ansicht ist, daß ein Mann, besonders in jungen Jahren, von seinem steinharten Penis regiert wird: »Wo ein Wille ist, ist auch ein Gebüsch.«

In Wirklichkeit sieht es jedoch so aus, daß fast jeder Mann irgendwann einmal erlebt, daß seine sexuelle Lust nachläßt. Für ungefähr zehn bis fünfzehn Prozent der Männer ist dies ein chronisches Problem, das im Laufe der Zeit immer ernster wird. In unserem Kulturkreis ist es leichter, eine Fehlfunktion (vorzeitige Ejakulation, Erektionsschwierigkeiten, eingeschränkte Ejakulationsfähigkeit) zuzugeben als einen Mangel an sexuellem Verlangen. Ein starker Sexualtrieb gilt als natürliches Merkmal der männlichen Sexualität und als Maßstab der Männlichkeit. Dieses Problem mit der mangelnden Lust ist den Männern so peinlich, daß sie sich weigern, eine Psycho- oder Sexualtherapie zu machen.

Die meisten Männer schieben ihre Lustprobleme auf Ursachen, die außerhalb ihrer Verantwortung liegen (auf ihren Job, Fettleibigkeit der Partnerin, Mangel an Zeit, usw.), und glauben, daß sie eine »Zauberpille« oder ein anderes Mittel (eine knackige Zwanzigjährige) brauchen, um wieder Verlangen verspüren zu können.

Hemmungen, die das sexuelle Verlangen blockieren

Psychologisch gesehen liegt der Schlüssel zum sexuellen Verlangen in einer positiven Erwartungshaltung. Wenngleich das Verlangen gewiß durch körperliche Faktoren beeinflußt wird, liegt bei den meisten Männern der Hase doch woanders im Pfeffer. Es gibt medizinische Faktoren, die das sexuelle Verlangen einschränken können, wie Krankheit, Nebenwirkungen von Medikamenten, Drogen oder Alkoholmißbrauch, hormonelles Ungleichgewicht, Müdigkeit oder Streß. Dies alles läßt sich durch eine Generaluntersuchung bei Ihrem Internisten oder Hausarzt abchecken. Der Betroffene hofft häufig sogar, daß es sich um ein medizinisches Problem handelt, gegen das er eine Pille schlucken kann, und danach wird es wie durch Magie verschwinden. Aber wenn keine medizinische Fehlfunktion vorliegt (was für die meisten Männer gilt), müssen die psychischen, situationsbedingten und mit der Beziehung zusammenhängenden Gründe erforscht werden.

Die beste Art, das Problem zu verstehen, ist, indem man sich die »Hemmungen« klarmacht, die die positive Erwartung blockieren (daher auch der Ausdruck Libidohemmung). Sexualtherapeuten sprechen von primär gehemmtem sexuellem Verlangen bei Menschen, die sich nie auf Sex freuen können. Das ist bei Männern selten der Fall, häufiger schon bei Frauen, da unser Kulturkreis ihnen weniger gestattet, ihre Sexualität zu genießen und sie auszuleben. Häufige Gründe für das primär eingeschränkte sexuelle Verlangen bei Männern sind eine Fixierung auf eine Masturbationstechnik oder Phantasie (normalerweise ein Muster der fetischistischen Erregung), ein durch Mißbrauch in der Kindheit oder Inzest hervorgerufenes Trauma, Konflikte in bezug auf die sexuelle Orientierung oder negative Einstellungen dem Sex gegenüber, häufig beherrscht von starren religiösen Vorstellungen oder einer stark sexuellen familiären Umgebung.

Weit häufiger ist das sekundär gehemmte sexuelle Verlangen, das ungefähr 15 Prozent der Männer betrifft und vielleicht 33 Prozent der über Fünfzigjährigen. Eine der interessantesten Statistiken zeigt, daß es – wenn ältere Paare aufhören, miteinander zu schlafen – in 90 Prozent aller Fälle der Mann ist, der die Entscheidung gegen den Sex trifft. Diese Entscheidung wird indirekt und nicht verbal übermittelt.

Die häufigste Ursache für ein sekundär eingeschränktes Verlangen liegt in einer sexuellen Fehlfunktion. Die sexuelle Fehlfunktion des Mannes ist die Basis für ein Muster negativer Erwartung, der Ablehnung sexueller Erlebnisse, gefolgt von immer längeren Perioden sexueller Abstinenz. In dem Maße, in dem Frust und Versagensängste zunehmen, nehmen die sexuelle Vorfreude des Mannes und sein Verlangen ab, und er meidet bewußt jeglichen sexuellen Gedanken oder Kontakt.

Ein zweiter wichtiger Grund für das gehemmte sexuelle Verlangen liegt darin, daß der Mann, der »automatisch« zu funktionieren gewohnt (und nicht auf seine Partnerin angewiesen) war, feststellt, daß ihm mit zunehmendem Alter, wenn auch der Sex zur Routine wird, diese automatische Funktion nicht mehr möglich ist. Statt nun mit seiner Partnerin darüber zu sprechen, zieht er sich allzuhäufig zurück in der Hoffnung, daß sich aus dem Entzug »Geilheit« entwikkelt. Doch diese Strategie zahlt sich nicht aus, denn ein Schlüsselelement des sexuellen Verlangens ist gerade die Regelmäßigkeit sexueller Kontakte. (So produziert der Körper nach einem Orgasmus zum Beispiel mehr Testosteron.) Das Vermeiden von Sexualität führt in einen Teufelskreis. So reduziert der Mann sich selbst (und seine Beziehung) sexuell immer mehr.

Ein dritter Grund sind negative emotionale Reaktionen, besonders Ängste, Depressionen und Aggressivität. Sexualität wird mit positiven Gefühlen und Motivationen assoziiert; negative Emotionen können das Verlangen einschränken und tun es auch. Mit negativen Gefühlen, mögen sie sexuell sein oder nicht, muß man direkt umgehen, damit sie das Leben und die Sexualität nicht beherrschen. Ein Großteil der Sexualtherapie kreist um die Einschränkung sexueller Ängste und darum, sie durch größere sexuelle Sicherheit zu ersetzen. Sexuelle Angst ist diejenige negative Emotion, die am leichtesten zu behandeln ist.

Nachlassendes sexuelles Verlangen ist eines der klinischen Anzeichen einer Depression. Männer leugnen gern, daß sie deprimiert sind, und ziehen weiterhin ihre Routine daheim und bei der Arbeit durch, jedoch mit geringstmöglichem Einsatz und Vergnügen. Männer ziehen Antidepressiva vor, wenn sie ihre Depression schon behandeln lassen müssen, statt die psychologischen, situations- und partnerschaftsbezogenen Faktoren zu erforschen und auszutauschen, die zu ihrer Depression geführt haben. Antidepressiva haben tatsächlich eine negative Wirkung auf die Sexualfunktionen, aber wenn die Depression behoben wird, ist der Effekt die Sexualität betreffend dennoch meist positiv. Das sexuelle Verlangen kehrt nicht automatisch zurück, wenn sich seine Laune bessert, aber der Mann kann dann wenigstens seine sexuelle Phantasie, seine Erwartung und die sexuelle Berührung mit seiner Partnerin wieder aufnehmen.

Wut ist das schwierigste Gefühl, weil sich Männer häufig stur an ihren Zorn klammern. »Recht« zu haben und den wütenden Machtkampf zu gewinnen wird wichtiger als die Wiederaufnahme der sexuellen Beziehungen. Häufig geht es dabei um nicht-sexuelle Fragen, aber der Streit vergiftet die ganze erotische Beziehung. Je länger der Zorn anhält und je mehr er über verbale oder körperliche Gewalt ausgetragen wird, desto verheerender wirkt er sich auf das sexuelle Verlangen aus (das gilt übrigens gleichermaßen für Frauen). Der Mann - beziehungsweise das Paar - muß seine Wut konstruktiv zum Ausdruck bringen, muß den Schmerz erforschen, der häufig der Wut zugrunde liegt, muß Probleme lösen und so Konflikte aus der Welt schaffen und Vereinbarungen treffen, mit denen beide Partner leben können.

Auch Alkohol- und Drogenmißbrauch (besonders Kokain und Barbiturate) wirken sich langfristig negativ auf den Sexualtrieb aus. Das ist besonders paradox, denn einer der Gründe für den Genuß von Alkohol ist es ja, auf diese Weise sexuelle Hemmungen abzubauen. Kokain galt ursprünglich als das »perfekte Aphrodisiakum«. Tatsächlich jedoch haben Drogen und Alkoholmißbrauch eine Anzahl physischer und psychischer Nebenwirkungen, die das sexuelle Verlangen einschränken. Das Verlangen kehrt erst wieder, wenn der Mißbrauch erfolgreich behandelt worden ist.

Probleme in der Beziehung sind ein weiterer wichtiger Grund für gehemmtes sexuelles Verlangen. Männer neigen dazu, ihre Ehe als gegeben hinzunehmen und zuzulassen, daß sie immer langweiliger wird und zur Routine verkommt. Aber Beziehungen erfordern Aufmerksamkeit, wenn sie gedeihen sollen. Nur allzu leicht tappt man in die Falle und findet die Beziehung frustrierend, und statt zu einem bereichernden, positiven Lebensaspekt zu werden, verfällt die Ehe in Bitterkeit. Das eheliche Band aus Respekt, Vertrauen und Intimität muß wiederbelebt werden, damit das sexuelle Verlangen neu erwachen kann.

Es gibt noch eine ganze Reihe anderer Gründe für gehemmtes sexuelles Verlangen, einschließlich akuter oder chronischer Krankheiten, sexueller Phobien oder Abneigungen, Angst vor ungewollter Schwangerschaft, Schwierigkeiten mit den Kindern oder Kollegen, fehlende Zeit mit dem Partner, um nur einige zu nennen. Mann und Frau müssen ehrlich miteinander sein, wenn sie versuchen, die Faktoren herauszufinden, die ihr sexuelles Verlangen blockieren, und einen Plan für deren Änderung aufstellen. Gehemmtes sexuelles Verlangen ist ein Problem, das für gewöhnlich professionelle Hilfe erfordert.

Jonathan

Wenn das sexuelle Bewußtsein eines Mannes wächst, wenn er mehr Verantwortung für seine Sexualität übernimmt und mit seiner Partnerin zusammenarbeitet, um einen sexuellen Stil zu entwickeln, der funktional ist und beide befriedigt, wird auch sein sexuelles Verlangen wieder erwachen. Jonathan ist ein gutes Beispiel für diesen komplexen, aber dennoch praktikablen Prozeß. Jonathan ist ein dreiundvierzigjähriger Ingenieur, dem in den vergangenen fünf Jahren seine Sexualität zunehmend entglitten ist. Jonathan hatte Schwierigkeiten, beim Geschlechtsverkehr seine Erektion zu halten. Manchmal kam es zu vorzeitigem Erguß, dann wieder hatte er Ejakulationsprobleme. Statt dies nun mit seiner Frau zu besprechen, zog er sich emotional und sexuell immer mehr von ihr zurück.

Aufgrund der sexuellen Schwierigkeiten war er anfällig für eine Affäre. Er verliebte sich in die Sekretärin seines Geschäftspartners. Das Verhältnis begann sehr aufregend und sexuell erfüllend. Das Neue an dieser Situation, zusammen mit dem Gefühl, begehrt und attraktiv zu sein, riß Jonathan drei Monate lang mit. Aber dann brach alles wie ein Kartenhaus zusammen. Sein Geschäftspartner war wütend auf Jonathan, weil seine Sekretärin vorher hervorragende Arbeit geleistet hatte, jetzt aber in der Leistung nachließ. Die Affäre wurde zum wichtigsten Büroklatsch, und hinter seinem Rücken redeten die Kollegen sehr unfreundlich über Jonathan. Schließlich rief jemand aus seinem Büro anonym bei seiner Frau an, die Jonathan daraufhin zur Rede stellte. Sie war verletzt, verwirrt und zornig. Anfangs versuchte Jonathan, alles zu leugnen, was die Dinge nur noch schlimmer machte. Das Beenden der Affäre zog sich über sechs Monate hin, und am Schluß litt Jonathan sowohl mit seiner Frau als auch bei seiner Freundin unter sexuellen Problemen. Schließlich zog er sich emotional und sexuell völlig zurück. Er beschloß, auf Sex zu verzichten, da er ihm nur noch Ärger und Schmerzen einbrachte. In den nächsten zwei Jahren war sein einziges sexuelles Ventil die Masturbation, aber auch damit war er nicht zufrieden.

Jonathan wurde von seiner Frau zur Therapie gezwungen, weil sie den Seitensprung aufarbeiten und den Mangel an Sex in ihrer Beziehung beheben wollte. Jonathan als zögernden Patienten zu beschreiben wäre eine grobe Untertreibung; er sah in der Therapie für sich nichts anderes als noch weitere Peinlichkeiten und Fehlschläge. Negative Motivation bringt nur selten positives Verhalten hervor, und so bestand die erste therapeutische Aufgabe darin, ihm Ziele zu stecken. Jonathan wurde ermutigt, seine Masturbation mit anderen Augen zu sehen - die Tatsache, daß er Verlangen spürte, erregt war, eine Erektion hatte und den Orgasmus genoß, zeigte ihm, daß körperlich alles in Ordnung war und daß Sex eine Quelle der Lust und der Befriedigung sein konnte. Der nächste Schritt betraf seine Einstellung. Er mußte seine Frau sexuell als Freundin ansehen lernen, nicht als schlimmsten Kritiker. Jonathan und seine Frau machten eine Reihe sexueller Übungen, um das Gefühl von Miteinander, Reiz und Vertrauen in der Partnerschaft wieder aufzubauen. Die psychischen Probleme von Wut und Abneigung wurden in der Paartherapie aufgearbeitet. Jonathan fing an, die erwartungsfreien, nichtzielorientierten Liebesspiele zu genießen, die seinem Leben und seiner ehelichen Beziehung eine neue Dimension verliehen. Sex zerrte nicht mehr an seiner Selbstachtung, sondern wurde zu einer Antriebskraft, einer Möglichkeit, Vergnügen miteinander zu teilen, Frust zu reduzieren und Intimität aufzubauen.

Wiederauflebendes sexuelles Verlangen

Beim Wiederaufbau sexuellen Verlangens und positiver Erwartung der Sexualität gegenüber gibt es Faktoren, deren sich der Mann bewußt sein und für die er die Verantwortung übernehmen muß. Erstens einmal muß er seine sexuelle Selbstachtung wieder aufbauen und die Faktoren, die sein sexuelles Verlangen blockieren, ehrlich analysieren. Das kann er allein tun, mit einem Therapeuten oder mit seiner Partnerin, aber er muß es sich zur Aufgabe machen, die Hemmungen wirklich offen zu benennen, und einen Plan entwickeln, wie er sie beheben kann. Selbsterforschungs-/Masturbations-Übungen zusammen mit sexuellen Phantasien sind zunächst die besten Mittel, die er allein anwenden kann. Sie werden sein erotisches Selbstvertrauen heben und ihm ermöglichen herauszufinden, was ihn antörnt, und sich darauf zu freuen, sexuell aktiv zu sein. Als nächstes geht es darum, positive Veränderungen an seiner Selbstachtung und seinem Körperbewußtsein vorzunehmen. Dazu kann gehören, mit dem Rauchen oder Trinken aufzuhören, eine Diät zu machen oder Sport zu treiben, aber auch bessere Körperhygiene oder attraktivere Kleidung.

Eine andere individuelle Technik besteht darin, sich das sexuelle Szenario, das Ihnen am meisten behagt, auszudenken, es auszusprechen oder aufzuschreiben oder einfach nur damit zu phantasieren. Wie würde das Vorspiel/Liebesspiel aussehen? Wie würde der Geschlechtsakt eingeleitet, welche Stellung würden Sie am meisten genießen, welche Bewegungen und welche anderen Techniken würden Sie wählen? Wie würde das Nachspiel ablaufen? Welche Elemente in einer sexuellen Begegnung mit Ihrer Partnerin würden Sie emotional und sexuell am meisten befriedigen?

Nicht verzagen, bitte

Mehr als jede andere sexuelle Schwierigkeit betrifft eingeschränktes sexuelles Verlangen eines Partners die ganze Beziehung. Eine bekannte Anekdote handelt von einer Frau, die mit ihrem zweiten Mann in eine Therapieklinik kam. Das Problem lag im sexuellen Verlangen. Der Therapeut erinnerte sich, daß die Frau fünf Jahre zuvor mit ihrem ersten Ehemann in der Klinik gewesen war. Das Problem war damals gewesen, daß der Mann zweimal *täglich* Sex wünschte, die Frau dagegen nur zweimal *wöchentlich*. Mit ihrem zweiten Mann wollte sie auch zweimal wöchentlich schlafen, er mit ihr jedoch nur einmal im Monat.

Probleme mit dem sexuellen Verlangen lassen sich am besten als unterschiedliche Erwartungen begreifen. Es gibt keine »richtige« oder »normale« Häufigkeit des Geschlechtsverkehrs. Jedes Paar muß seinen eigenen Stil entwickeln - es gibt ebensowenig einen »richtigen« Stil wie eine »richtige« Häufigkeit.

Ein wichtiger Grund für ein eingeschränktes sexuelles Verlangen kann die Tatsache sein, daß man die Beziehung als gegeben hinnimmt. Wenn wir unseren Geschäften mit ebensowenig Überlegung und Energie nachgingen wie unserer Ehe, würde eine Firma nach der anderen pleite gehen. Damit in einer Beziehung emotionale Vertrautheit und befriedigender sexueller Ausdruck erhalten bleiben, muß man ihr immer wieder Zeit widmen, sowohl innerhalb als auch außerhalb des Schlafzimmers.

Wut und Mangel an Respekt Ihrer Frau gegenüber können enorm am Verlangen zehren. Damit der Sex in einer bestehenden Beziehung erfreulich bleibt, müssen Respekt, Vertrauen und Intimität herrschen. Wut auf den Partner, sei es aus sexuellen oder aus nichtsexuellen Gründen, nagt an der ehelichen Verbindung. Handelt es sich um ein Thema, das nichts mit Sex zu tun hat, rate ich dem Paar, es direkt anzugehen. Dreht sich der Zorn um einen sexuellen Konflikt (außereheliche Beziehungen, das Gefühl, sexuell abgelehnt zu werden, Diskussionen den oralen Sex betreffend), müssen die verletzten Gefühle angesprochen werden, und beide Partner müssen das problematische Verhalten verändern wollen.

Sex wird häufig zum letzten Punkt auf der Tagesordnung, wenn die Kinder versorgt sind, man endlos ferngeschaut hat, mit dem Hund Gassi gegangen ist, usw. Aber Sex von guter Qualität erfordert ein waches, bewußtes und engagiertes Paar. Sexualität muß einen höheren Stellenwert bekommen. Wenn Sie Sex am Morgen oder beim »Mittagsschlaf« am Wochenende offen gegenüberstehen, dann kann Sie dies auf dem Weg zum Wiederaufbau sexuellen Verlangens ein gutes Stück vorwärts bringen.

Paul und Sylvia

Vor vierzehn Jahren hat Paul Sylvia sehr den Hof gemacht. Mit zweiunddreißig war Paul bereit zu heiraten, und er fühlte sich stark zu der siebenundzwanzigjährigen Sylvia hingezogen. Paul war gerade zum Teilhaber in seiner Anwaltskanzlei geworden, ein Ziel, das in den vergangenen sieben Jahren den größten Teil seiner Zeit und Energie beansprucht hatte. Paul war ein sehr energiegeladener und zielbewußter Mann, und dies zeigte sich jetzt in einer intensiven und leidenschaftlichen Werbung um die Frau, die er liebte. Sylvia schätzte die Aufmerksamkeit und Fürsorge, die Paul ihr entgegenbrachte, und willigte glücklich in die Ehe mit ihm ein. In den folgenden fünf Jahren bekamen sie zwei Töchter, und ein großer Teil ihrer Energie floß in deren Erziehung. Paul war mit seiner Karriere, mit Politik, Golf und Kindererziehung beschäftigt, und Sex wurde zur Samstagabend-Routine. Sex erfüllte seinen Zweck, war aber nicht sehr kreativ oder aufregend. Sylvia wurde zunehmend frustriert, was ihre Ehe und Paul anbetraf. Es ärgerte sie, wie wenig Zeit sie als Paar verbrachten und wie wenig Zärtlichkeit sich außerhalb des Schlafzimmers abspielte (abgesehen von den üblichen Abschieds- und Begrüßungsküßchen). Sylvia wurde depressiv und verlor ihr sexuelles Verlangen nach Paul. In dem Jahr, das der Therapie vorausging, hatten sie nur dreimal miteinander geschlafen. Pauls Reaktion auf die sexuelle Inaktivität war ein passives Akzeptieren und ein deutliches Nachlassen seiner eigenen Lust. Das Paar hatte Probleme und befand sich auf dem besten Weg, noch weit gravierendere eheliche und sexuelle Konflikte zu bekommen.

Um diesen Trend zu bremsen, entschlossen sich Paul und Sylvia zur Therapie. Eines der wichtigsten Themen war das Wiederaufleben des sexuellen Verlangens. Die ersten »Hausaufgaben« verlangten von ihnen, innerhalb und außerhalb des Schlafzimmers wieder zärtlich und sinnlich miteinander umzugehen. Sie streichelten und liebkosten sich abwechselnd, in bekleidetem Zustand, und sprachen aus, was sie dabei empfanden. Paul wurde ermahnt, er solle nicht versuchen, Sex zu einer zielorientierten Aufgabe zu machen, sondern solle ein aktiver, engagierter Partner sein, der Lust schenkte und empfing. Eines Abends brachten sie die Kinder zu ihren Schwiegereltern, aber statt ins Kino zu gehen, kehrten sie nach Hause zurück.

Im Wohnzimmer experimentierten sie mit sinnlichen, erwartungsfreien Berührungen. Damit sie nicht gestört wurden, versperrten sie die Türen und hängten das Telefon aus. Um in die richtige Stimmung zu kommen, legten sie ihre Lieblingsmusik auf und dämpften das Licht. Sie benutzten eine Körperlotion, die sie gemeinsam eigens für diesen Zweck in einem speziellen Geschäft gekauft hatten. Diese Erfahrungen zeigten Paul und Sylvia, wieviel sie sich selbst und dem anderen vorenthalten hatten, und das entfachte ihre Sinne aufs neue.

Eine weitere »Hausaufgabe« sollte im Gespräch bewältigt werden. Die gegenseitige sexuelle Anziehung ist ein beständiger Prozeß, der auf den Aspekten der Persönlichkeit (körperlich, emotional und menschlich) beruht, die Sie an Ihrer Partnerin besonders mögen. In unserem Kulturkreis gibt es Mythen über die Liebe im Überfluß. In Wirklichkeit halten romantische Gefühle selten länger als ein oder höchstens zwei Jahre an. Sie müssen durch eine reifere Liebe ersetzt und durch befriedigende emotionale und sexuelle Erlebnisse genährt werden.

Paul fing damit an, daß er Sylvia sagte, was er an ihr am reizvollsten fand. Dazu gehörten ihre funkelnden grünen Augen, die Effizienz, mit der sie sich um Haushalt und Kinder kümmerte, die Art, wie sie ihn beim Küssen ansah, ihr Geruch, wenn sie sexuell erregt war. Er wurde aufgefordert, sich soviel Zeit zu nehmen, wie er wollte, um all die Dinge zu nennen, die sie für ihn attraktiv machten. Sylvia wurde angewiesen, genau zuzuhören und seine Komplimente nicht achselzuckend abzutun. Danach hatte Paul Gelegenheit, drei spezifische Bitten zu äußern, damit Sylvia für ihn noch reizvoller würde. Paul bat sie, im Bett aufregende Wäsche zu tragen – entweder ein seidenes Nachthemd oder sein Hemd und sonst nichts. Außerdem bat er sie, ihm zu sagen, wann sie sich Sex wünschte. Anschließend wurden die Rollen getauscht, und Sylvia bekam Gelegenheit, Pauls Reize aufzuzählen und ihre Bitten zu äußern.

Im Laufe der Zeit freuten sich beide immer mehr auf ihre Übungen, sie genossen die Zeit, die sie in Zweisamkeit verbrachten, und Geschlechtsverkehr und Orgasmus wurden wieder zu einem festen Bestandteil ihres Lebens und ihrer Ehe.

Es kann nur besser werden

Wenn sich Paare nicht mehr gegenseitig erniedrigen und Vorwürfe machen, sondern die Schwierigkeit als ein gemeinsames Problem sehen, sind sie auf dem Weg der Besserung. Statt über die Vergangenheit zu streiten, müssen sie sich auf Gegenwart und Zukunft konzentrieren. Berührungen können innerhalb und außerhalb des Schlafzimmers stattfinden, und nicht jede Berührung sollte oder muß zum Geschlechtsverkehr führen. Statt über die Häufigkeit des Geschlechtsaktes zu grübeln, sollte das Paar die Vorzüge seiner emotionalen und sexuellen Beziehung genießen. Sie können miteinander reden und lachen, manchmal planen und dann wieder ganz spontan sexuell aktiv werden. Besonders wichtig ist es, einen Rhythmus der sexuellen Aktivitäten zu finden. Sie sollten mindestens einmal pro Woche stattfinden und die Erwartung festigen, daß Sex ein angenehmer Teil des Lebens ist. Diese Kombination aus emotionaler Intimität und Flexibilität im sinnlichen und sexuellen Ausdruck ist eine ausgezeichnete Basis, um das sexuelle Verlangen aufzubauen und zu erhalten.

Siebzehntes Kapitel

Sie kommen zu früh?

Vorzeitige oder ungewollte Ejakulation stellt das häufigste sexuelle Problem der Männer dar. Schätzungsweise einer von drei Männern leidet unter vorzeitigem Samenerguß.

Bereits ganz früh lernen Männer schnell zu ejakulieren. Unter heranwachsenden Jungen findet Masturbation heimlich statt und wird von Schuldgefühlen und der Angst vor Entdeckung begleitet. Aus diesem Grund versuchen die meisten Jungen, so schnell wie möglich ihren Orgasmus zu haben. Wenn eine Gruppe männlicher Heranwachsender gemeinsam masturbiert, ist der Sieger in puncto Männlichkeit derjenige, der am schnellsten ejakuliert.

Diese eingeübte Hast wirkt sich auch auf die ersten heterosexuellen Erfahrungen aus. Der erste Verkehr eines jungen Mannes findet meistens unter unglücklichen Umständen statt, auf dem Rücksitz eines Autos, hektisch und ungeplant, oder auf einem Sofa im Elternhaus des Mädchens, in der Angst, daß ihre Eltern jeden Augenblick heimkehren könnten, oder aber mit einer Prostituierten, die ihn drängt, schnell fertig zu werden, damit sie zum Geschäft zurückkehren kann. All diese Situationen werden nicht allein von sexueller Erregung beherrscht, sondern zugleich von Angst und Leistungsdruck. Dem jungen Mann geht es einzig darum, sich sexuell zu beweisen, und ihm bleibt keine Zeit, sich auf Erotik und Zärtlichkeit zu konzentrieren. Da er gelernt hat, sexuelle Tüchtigkeit mit schneller Ejakulation zu assoziieren und nicht mit ausgiebiger Lust, wird er wahrscheinlich sehr schnell zum Orgasmus kommen. Den ersten Geschlechtsverkehr zeichnen im allgemeinen angespannte Erwartungen, eine ausgeprägte sexuelle Erregung und wenig Geschick aus. Angesichts dessen ist es nicht überraschend, daß die meisten Männer bei ihren ersten Erfahrungen mit Mädchen vorzeitig kommen. Tatsächlich ejakulieren viele sogar schon vor dem Eindringen.

Darin liegt der Hauptgrund für den Frust beim ersten Geschlechtsverkehr, den etwa einer von vier Männern erlebt haben. Das Ergebnis dieser frühen Erfahrungen ist, daß Erregung und Angst eng miteinander assoziiert werden, woraus vorzeitige Ejakulation resultiert.

Mißverständnisse bezüglich des schnellen Ejakulierens

Obwohl viele Männer mit zunehmender Erfahrung lernen, langsamer zu kommen, und sich auch wohler damit fühlen, bleibt die schnelle Ejakulation für eine beachtliche Anzahl von ihnen doch ein Problem. Dies resultiert zum Teil aus der Tatsache, daß der schnelle oder vorzeitige Samenerguß bis vor kurzem nicht als nachteilig für die sexuelle Erfüllung des Paares angesehen wurde. Als der Geschlechtsverkehr noch in erster Linie als das Recht des Mannes und die Pflicht der Frau galt, war der Mann kaum motiviert, seine Befriedigung herauszuzögern. Da man glaubte, »anständige« Frauen würden Sex nicht besonders genießen, wurde der Mann bewundert, der den »Job schnell hinter sich brachte«. Wenn seine Ehefrau den Geschlechtsverkehr unangenehm oder unschön fand, bedrängte sie ihn vielleicht sogar, »schnell fertig zu werden«. Überraschenderweise herrscht diese Art des Denkens selbst heute noch vor, besonders bei Männern, die sich der weiblichen Sexualität nicht sonderlich bewußt und nicht an die Vorstellung gewöhnt sind, daß auch Frauen Erotik und Geschlechtsverkehr genießen können und sollen. Ihr hastiger Stil kann für Frauen, die sich ein zärtliches, sanftes und sensibles Liebesspiel und einen langen, genußreichen Geschlechtsverkehr wünschen, sehr unbefriedigend sein. Aber häufig kommt es zu Problemen, wenn eine Frau beschließt, ihre Unzufriedenheit zu äußern.

Auseinandersetzungen über den vorzeitigen Samenerguß können zu großer Spannung in der Partnerschaft führen. Die Frau hat das Gefühl, der Mann würde sich nicht um sie als Mensch oder um ihre sexuellen Bedürfnisse kümmern, und als Folge davon wird sie frustriert und abweisend. Statt zur gemeinsamen Lusterfahrung wird Sex zum Schlachtfeld. Hier kann der Mann auf zwei Arten reagieren, die beide die Beziehung zerstören. Einmal kann er seiner Partnerin erklären, sie würde zuviel verlangen, und beide schlafen weiterhin so miteinander, wie er es will, oder gar nicht. Das macht aus der Frau eine verbitterte und sexuell frustrierte Partnerin. Zum anderen kann er sich als sexuellen Versager betrachten und mit Depressionen reagieren. Der Mann meidet die vermeintliche Quelle seiner Niedergeschlagenheit - die sexuelle Aktivität mit seiner Partnerin. Wenn er sich doch einmal darauf einläßt, wird er versuchen, die Ejakulation zu unterdrücken, indem er sich auf die Zunge beißt, sich auf ernüchternde Gedanken konzentriert, eine desensibilisierende Creme aufträgt, zwei Kondome benutzt, oder durch andere unschöne Techniken. Das reduziert zwar seine Lust, bringt aber sonst nichts. Sein Höhepunkt wird von Schuldgefühlen begleitet sein. Und das läuft mit einiger Sicherheit darauf hinaus, daß er vollends die Lust verliert.

Ejakulationskontrolle und die Bedürfnisse der Frau

Selbst Männer, die begreifen, daß der schnelle oder vorzeitige Samenerguß ein ernstes Problem darstellt, sehen die Situation häufig in einem verzerrten Licht. Sie gehen davon aus, daß die schnelle Ejakulation nur den Genuß der Frau stört und daß jede Mühe, die sie auf sich nehmen, um den Geschlechtsakt zu verlängern, ausschließlich der Frau zugute kommt. Viele Männer glauben, wenn sie nur ihre Ejakulation besser kontrollieren könnten, würde ihre Frau automatisch beim Geschlechtsverkehr einen Orgasmus haben. Tatsächlich jedoch erfordert es mehr als nur einen längeren Verkehr, damit die Frau zum Höhepunkt kommt. Neuere Umfragen haben ergeben, daß der Prozentsatz der Frauen, die regelmäßig beim Geschlechtsakt einen Orgasmus haben, zwischen einem und zwei Dritteln liegt. Manche Frauen genießen die sexuelle Erfahrung einschließlich Geschlechtsverkehr sehr, kommen aber anders leichter und befriedigender zum Orgasmus.

Im Gegensatz zu der weitverbreiteten Ansicht tritt der Orgasmus bei der Frau nicht automatisch als Ergebnis eines verlängerten Geschlechtsaktes ein. Manche Frauen genießen Sex und erleben beim Liebesspiel einen Orgasmus, niemals jedoch während des Beischlafs. Andere Frauen, die möglicherweise beim Geschlechtsakt zum Orgasmus kommen, finden, daß der Orgasmus, den sie durch manuelle oder orale Stimulierung bekommen, befriedigender ist, wenngleich sie den Geschlechtsakt als solchen immer noch genießen. Das stellt kein Problem dar, vorausgesetzt, Mann und Frau verstehen und akzeptieren dies beide als eine Frage des individuellen Stils und der persönlichen Vorlieben. Gewiß wird eine Frau, die gern beim Geschlechtsverkehr einen Orgasmus haben möchte, dies leichter erreichen, wenn ihr Partner seine Ejakulation gut kontrollieren kann. Aber ein Mann, der sich anschickt, diese bessere Kontrolle nur der Frau zuliebe zu erlangen, ist sicherlich nicht ausreichend motiviert.

Ejakulationskontrolle und der Mann

Der wirkliche Grund, die Kontrolle über die Ejakulation zu gewinnen, liegt in dem Wissen, daß Sex aus viel mehr als nur dem Orgasmus besteht. Nichts gegen den Höhepunkt, aber warum sollte man sich so sehr darauf konzentrieren, daß alle anderen sinnlichen und sexuellen Empfindungen vernachlässigt werden? Die meisten Männer sind sich gar nicht bewußt, wie sehr die langsame, zärtliche und sinnliche Stimulierung sie antörnen kann. Auch könnten sie so die Reaktionen und steigende Erregung ihrer Partnerin beim Liebesspiel in vollen Zügen genießen. Ganz abgesehen davon, daß der Orgasmus um so schöner ist, je höher das Erregungsniveau war, auf dem er stattfindet.

Doch Vorsicht vor falschen Vorstellungen! Sexuelle Moden neigen zu Extremen. War es in der Vergangenheit noch akzeptabel, wenn ein Mann kurz nach dem Eindringen ejakulierte, so gilt heute eine sexuelle Begegnung, die nicht mindestens dreißig Minuten dauert und der Frau zahllose Orgasmen beschert, bei den »sexuell Befreiten« als Versagen. Auch ein derart leistungsorientierter Standpunkt führt zwangsläufig zu sexuellen Problemen.

Und wo liegt nun der gesunde Mittelweg? Ganz offensichtlich handelt es sich um einen vorzeitigen Samenerguß, wenn der Mann vor dem Eindringen ejakuliert, beim Eindringen oder innerhalb von Sekunden nach dem Eindringen. Aber bei allem, was darüber hinausgeht, ist es schwer, eine definitive Zeit anzugeben, um den Punkt zu kennzeichnen, an dem die Ejakulation zu früh kommt. Untersuchungen haben ergeben, daß die durchschnittliche Dauer des Geschlechtsverkehrs zwischen zwei und vier Minuten liegt. Können wir also sagen, daß eine Ejakulation nach nur einer Minute zu schnell ist? Oder nach dreißig Sekunden? Fünfzehn Sekunden? Masters und Johnson haben versucht, die vorzeitige Ejakulation über Prozentsätze statt über zeitliche Dauer zu definieren. Wenn die Frau beim Verkehr regelmäßig zum Orgasmus kommt, handelt es sich dieser Definition zufolge um eine vorzeitige Ejakulation, wenn der Mann in mehr als 50 Prozent der Fälle ejakuliert, ehe die Frau einen Orgasmus hatte. Selbst diese Definition erscheint uns jedoch zu willkürlich. Wie steht es mit dem Typen, der nur in 40 Prozent der Fälle vor seiner Partnerin zum Höhepunkt kommt? Liegt es nicht in seinem eigenen Interesse, sich um mehr Kontrolle zu bemühen? Es kann sein, daß dieser ganze Versuch, die vorzeitige Ejakulation zu definieren, falsch ist und daß die Betonung nicht darauf liegen sollte, wie früh zu früh ist, sondern vielmehr dem Mann und der Frau zu helfen, mehr Spaß am Beischlaf zu haben.

Kontrolle ist lernbar

Tatsächlich würden es die meisten Männer besser finden, wenn sie sich ihrer Reaktionen beim Geschlechtsverkehr besser bewußt wären und sie besser beherrschten. Am vernünftigsten und praktischsten ist es deshalb, in der Kontrolle über die Ejakulation ein Lernziel zu sehen, das sowohl der Mann als auch die Frau aktiv anstreben können und das sich günstig auf den sexuellen Genuß von beiden auswirkt.

Dieser Lernprozeß besteht aus zwei Schritten. Als erstes muß man sich der Gefühle direkt vor dem Punkt bewußt werden, an dem eine Ejakulation unvermeidbar ist. Bis zu diesem Punkt ist die Erregung des Mannes eine bewußte Reaktion, aber von nun an wird sie zu etwas Unwillkürlichem und der Mann wird ejakulieren, ganz gleich, was er oder sein(e) Partner(in) tut. Ja, wenn Sie diesen Punkt erst einmal erreicht haben, werden Sie sogar dann noch ejakulieren, wenn Ihre Schwiegermutter überraschend ins Schlafzimmer hereinspaziert kommt. Männer, die sich ganz auf ihre Gefühle kurz vor dem Punkt der unausweichlichen Ejakulation einstellen, berichten von einer intensiven Erregung, von dem Gefühl, als wäre der Penis »voll«, sowie dem Drang, vorwärtszustoßen, um die Ejakulation auszulösen. All dies passiert eine bis drei Sekunden vor dem Einsetzen der Ejakulation.

Ist sich der Mann erst einmal des Punktes der unausweichlichen Ejakulation bewußt, dann besteht der zweite Schritt darin, eine Fähigkeit zu entwickeln, die angenehmen Gefühle der Erregung zu verlängern, ohne diesen Punkt zu erreichen. Bei dieser Strategie handelt es sich um das Gegenteil der »vernünftigen« Einstellung, bei der jegliche sexuelle Erregung ausgeschaltet wird, indem man sich gedanklich ablenkt oder ins Kissen beißt. Statt dessen geht es darum, sich auf die Erregung einzustellen und zu lernen, sie zu kontrollieren.

Männer, die schon lange unter vorzeitiger Ejakulation leiden, müssen sich ein Übungsprogramm zusammenstellen, das ihnen hilft, die Intensität der Stimulierung zu kontrollieren. So lernen sie, nicht über den Punkt der unausweichlichen Ejakulation hinauszuschießen. Im Mittelpunkt dieser Übungen steht die Stop-Start-Technik, eine Methode zur Kontrolle der sexuellen Erregung des Mannes durch einfache Stimulierung. Es ist zwar möglich, daß der Mann diese Technik an sich selbst anwendet, sie bringt aber effektivere und anhaltendere Ergebnisse, wenn die Frau beteiligt ist und das Paar diese Technik als Teil eines Übungs-Programmes einsetzt. Ursprünglich wurde auch noch eine andere Technik, die Drucktechnik, angewandt, aber sie ist in Ungnade gefallen, weil die Leute sie zu mechanisch ausführten. Die Stop-Start-Technik ist relativ direkt und einfach, aber Sie müssen sie vielleicht ein paarmal probieren, bis Sie damit klarkommen.

Praktische Übungen

Bei der ersten Übung sollten Mann und Frau eine bequeme Stellung einnehmen, die es der Frau erleichtert, die Genitalien des Mannes zu erreichen. Sie kann ihn so lange manuell stimulieren, bis er eine feste Erektion hat. An diesem Punkt bricht sie die Stimulierung ab, was zur Folge hat, daß die Erektion nachläßt. Nach ein paar Sekunden nimmt die Frau die Stimulierung wieder auf, bis der Penis erneut hart wird, und hört dann wieder auf. Auf dieser Stufe wendet sie die Stop-Start-Technik lange vor dem Punkt der unausweichlichen Ejakulation an, einfach, um das Paar an die Technik zu gewöhnen.

Ist dies einmal geschafft, kann das Paar zum nächsten Schritt übergehen, der darin besteht, daß der Mann seiner Partnerin bei der manuellen Stimulation ein Zeichen gibt, wenn der Punkt näherkommt, an dem eine Ejakulation unabwendbar ist. Bei diesem Signal kann es sich um ein Wort handeln, oder er kann einfach eine bestimmte Handbewegung machen. Auf jeden Fall sollte er das Signal geben, sobald er die Anzeichen der sich nähernden Ejakulation verspürt, und die Frau muß augenblicklich die Stimulierung abbrechen. Niemals sollte der Mann versuchen, seinen Ejakulationsdrang zu bekämpfen oder sich von seinen Gefühlen der Erregung zu lösen. Er kann die Stimulation, die seine Partnerin ihm schenkt, akzeptieren und genießen und sich auf ihre Hilfe verlassen, wenn es darum geht, seinen Ejakulationsreflex zu kontrollieren, indem sie die Stimulierung abbricht. Das wird seinen Ejakulationsdrang mindern. Sie können diese Stop-Start-Technik ungefähr fünfzehn Minuten lang durchführen, selbst wenn sie zehnmal anfangen und aufhören müssen. Wenn der Mann ejakuliert, selbst wenn es früher ist, als er möchte, dann muß er deswegen nicht traurig sein, sondern sollte sich einfach entspannen und die Ejakulation genießen.

Dies gilt für alle Übungen. Wenn Sie den »Fehler« machen zu ejakulieren, denken Sie nicht, Sie hätten versagt oder etwas Falsches getan, sondern genießen Sie einfach Ihre Ejakulation. Dieses Erlebnis kann nicht nur angenehm, sondern auch lehrreich sein, denn es trägt dazu bei, daß Sie den Punkt der unausweichlichen Ejakulation besser erkennen lernen. An der Stop-Start-Technik ist nichts Magisches; es handelt sich um einen Lernprozeß, der Ihnen hilft, sich aufmerksamer auf Ihr Erregungsmuster zu konzentrieren und die unselige Verbindung zwischen Erregung und Nervosität zu durchbrechen. Sie wollen die hohe Erregung aufrecht erhalten, aber zusammen mit einem neuen Gefühl von Bewußtsein und Wohlbefinden.

Wenn das Paar diese Übung lange genug probiert hat und sich durch und durch wohl dabei fühlt, können die Partner zum nächsten Schritt übergehen. Diesmal sitzt die Frau rittlings auf dem Mann. Sie stimuliert ihn, aber statt ihre Hände zu benutzen, reibt sie vielleicht seinen Penis an ihrer Vulva, sollte ihn jedoch nicht in ihre Vagina einführen. Sobald der Mann spürt, daß er sich dem Punkt der unausweichlichen Ejakulation nähert, macht er ihr ein Zeichen und sie bricht die Stimulierung ab. Das Paar kann mit verschiedenen Arten von Stimulierung experimentieren, bis sich beide mit der Übung wohl fühlen.

Zur letzten Stufe gehört die Ejakulationskontrolle beim Geschlechtsverkehr. Auch hier wird die Frau-Oben-Stellung gewählt. Nach der Penetration liegt der Mann reglos und konzentriert sich auf das Gefühl, von der Vagina umschlossen zu sein. Man nennt dies »Stille-Vagina-Technik«. Dabei genießt er einfach das Gefühl ganz ohne Leistungsdruck. Nach einer Weile beginnt die Frau mit langsamen, rhythmischen Bewegungen. Sobald der Mann spürt, daß der Punkt näherkommt, an dem eine Ejakulation unabwendbar ist, gibt er ein Zeichen, und die Frau hört mit der Bewegung auf. Auf diese Weise sollte es möglich sein, den Geschlechtsverkehr bis auf zehn, fünfzehn Minuten zu verlängern. Ist größere Kontrolle erreicht, kann das Paar mit längerem Stoßen experimentieren sowie damit, daß der Mann die Bewegungen kontrolliert.

Das Erlernen der Ejakulationskontrolle ist ein allmählicher Prozeß. Am schwierigsten ist die Kontrolle bei kurzen, schnellen Stoßbewegungen in der Mann-Oben-Position. Ich schlage vor, daß Paare die Ejakulationskontrolle zuerst mit anderen Stellungen festigen sowie unter Anwendung von langem, langsamem Streicheln, ehe sie zum Geschlechtsverkehr in der Mann-Oben-Stellung übergehen.

Alex

Die schnelle bis vorzeitige Ejakulation ist eines der leichteren sexuellen Probleme. Die Stop-Start-Technik ist für die meisten Männer eine einfache und effektive Methode, mit deren Hilfe sie die Kontrolle über ihre Ejakulation erlangen können. Aber Männern, die schon seit langer Zeit zu früh ejakulieren, fällt es schwer zu glauben, daß sie ihr Problem jemals überwinden können. Einer meiner Patienten, Alex, ein neununddreißigjähriger, zum zweitenmal verheirateter Mann, litt unter diesem Problem und befand sich in ausgesprochen schlechter Verfassung, als er mich aufsuchte. Seine erste Frau hatte sich nicht beklagt, wenn er vorzeitig ejakulierte, also hatte er das Problem in dieser Ehe ignoriert. Anfangs sagte auch seine zweite Frau nichts, aber allmählich wuchs ihr Widerstand. Sie brach sechs Monate nach ihrer Hochzeit in einen Wutanfall aus, bei dem sie Alex vorwarf, er wäre selbstsüchtig, rücksichtslos und sie als Mensch oder ihre sexuellen Bedürfnisse wären ihm ganz egal. Alex war verblüfft. Die Vorwürfe seiner Frau deprimierten ihn. Er fühlte sich verletzt und war wütend, daß ihm derartige Dinge an den Kopf geworfen wurden. Aber am schlimmsten war seine Hoffnungslosigkeit; ihm wurde klar, daß er sein Leben lang zu schnell ejakuliert hatte, und er hatte das Gefühl, nun sei es für Veränderungen zu spät.

Als seine Frau ihm vorschlug, professionelle Hilfe zu suchen, lehnte er ab und erklärte, er wäre nicht der Mensch, der eine Therapie machen würde. Die Empfehlung eines Bekannten brachte sie dann doch zu mir, und wir fingen an, an dem Problem zu arbeiten. Im Laufe der Behandlung stellte sich heraus, daß Alex' Angst vor der Therapie teilweise auf seinem Zögern beruhte, einen Mann um Hilfe zu bitten. Sobald er sich erst einmal mit der Vorstellung vertraut gemacht hatte, daß das Erlernen der Ejakulationskontrolle nichts anderes war als das Erlernen irgendeiner anderen Fähigkeit, und als er und seine Frau das Problem gemeinsam angingen, fühlte er sich mit der Therapie schon wohler und wurde offener und kooperativer.

Alex erkannte, daß das Erlernen der Ejakulationskontrolle sowohl angenehm als auch vorteilhaft war. Er und seine Frau stellten fest, daß die Übungen wirkten, und Alex entdeckte überrascht, daß ein Problem, unter dem er so lange Zeit gelitten hatte, überwunden werden konnte. Er wünschte sich jedoch schnellere Fortschritte. Diese Klage äußern männliche Patienten häufig. Sie wollen immer sofort Ergebnisse, anstatt den allmählichen Prozeß zu genießen, das Liebesspiel, die Kommunikation mit der Partnerin, das Erlangen von Zuversicht und Wohlbefinden.

Alex ist ein gutes Beispiel dafür, daß es in einer solchen Situation häufig besser ist, sich an einen Therapeuten zu wenden, als es auf eigene Faust zu versuchen. Ein guter Therapeut kann Hilfestellung geben, kann dem Paar auf den Weg helfen, kann Probleme erhellen, die durch die Übungen entstehen, und kann das Paar unterstützen, wenn es mit Mutlosigkeit und Angst zu kämpfen hat. Der Therapeut wird das Paar ermutigen, regelmäßig miteinander zu schlafen. Wenn Sie nur einmal in der Woche oder sogar noch seltener Geschlechtsverkehr haben, ist es schwer, die Kontrolle über die Ejakulation zu erlernen.

Männer ohne Partnerin

Bisher haben wir uns nur mit Männern beschäftigt, die eine Partnerin haben, die bereit ist, mit ihnen an der Überwindung ihres Problems zu arbeiten. Was ist aber mit dem männlichen Single?

Wenn es bei ihm auch länger dauern kann, bis er die Kontrolle über seine Ejakulation lernt, so ist es für ihn doch möglich, selbst etwas gegen das Problem zu tun. Er kann die Stop-Start-Technik selbst bei der Masturbation anwenden, kann sich bis zu dem Punkt masturbieren, an dem eine Ejakulation unabwendbar ist, und dann aufhören. Dies tut er fünfzehn Minuten lang, ehe er schließlich kommt. Das kann sehr effektiv sein, wenn es darum geht, die Verbindung zwischen Erregung und Angst zu durchbrechen. Jedoch sollte der Single nicht überrascht oder enttäuscht sein, wenn die Kontrolle, die er bei der Masturbation erlangt hat, sich nicht sofort auf seine sexuellen Interaktionen mit Partner auswirkt. Es gibt viele emotionale und zwischenmenschliche Faktoren in einer Paar-Situation, und diese machen es komplizierter, die frisch erlernte Fähigkeit in die Praxis umzusetzen. Wenn der Mann jedoch der Frau gegenüber offen ist und wenn es sich um eine beständige, kooperative Partnerschaft handelt, dann wird die Ejakulationskontrolle normalerweise mit der Zeit besser werden.

Es ist an dieser Stelle wichtig, darauf hinzuweisen, daß die Mehrzahl der Männer beim ersten Geschlechtsverkehr vorzeitig ejakuliert. Aber ein Mann (oder auch die beteiligte Frau), der dieses Erlebnis hat, sollte es nicht als Zeichen nehmen, daß er selbstsüchtig ist, daß seine Partnerin ihm nichts bedeutet oder daß er sexuell ein Versager wäre. Vielmehr muß er verstehen, daß er sich besser kontrollieren wird, wenn er und seine Partnerin weiterhin kommunizieren und sich darauf konzentrieren, den Spaß und die angenehmen Gefühle zu vergrößern, die den Geschlechtsakt begleitet haben. So kann er etwa versuchen, mehr Zeit auf zärtliches und langsames Liebesspiel zu verwenden und sich weniger auf Geschlechtsverkehr und Orgasmus zu konzentrieren. Wenn er weiterhin vorschnell ejakuliert, sollte er sich nicht verurteilen, sondern den Orgasmus auch in Zukunft genießen. Er muß sich klar darüber werden, daß Sex nicht unbedingt mit seiner Ejakulation enden muß. Er kann seine Partnerin weiter stimulieren und sie manuell oder oral befriedigen. Ein so erzeugter Orgasmus kann für die Frau ebenso genußvoll sein wie einer, der beim Geschlechtsverkehr eintritt, und es gibt keinen Grund, warum ein Mann sich für weniger männlich halten sollte, weil er mit der Zunge oder den Fingern Vergnügen bereitet und nicht mit dem Penis.

Abschließende Gedanken

Das Erlernen der Ejakulationskontrolle ist wie das Erlernen irgendeiner anderen Fähigkeit. Als erstes müssen Sie beschließen, daß sie es lernen wollen, und müssen Ihre Motivation so hoch halten, daß Sie alle notwendigen Stufen durchlaufen, bis Sie Ihr Ziel erreichen. Seien Sie sich klar darüber, daß das Zeit und Übung erfordert, und ärgern Sie sich nicht und verlieren Sie nicht den Mut, wenn Sie keine sofortige Besserung erkennen. Da es sich um etwas handelt, das Sie als Paar lernen, müssen Sie zusammenarbeiten, einander unterstützen, miteinander sprechen und vermeiden, in die Falle zu tappen, einander Schuld zuzuweisen. Wenn Sie die Kontrolle über die Ejakulation erlernen, dann lernen Sie damit nicht nur eine besondere

Fähigkeit, sondern lernen auch, besser über Sexualität zu kommunizieren und den Bereich Ihrer sexuellen Aktivität auszudehnen. Sie können Ihre gesteigerte Fähigkeit, die Ejakulation zu kontrollieren, einsetzen, um sexuelle Aktivitäten für Sie als Individuum und als Paar angenehmer zu machen.

ACHTZEHNTES KAPITEL

Was ist das eigentlich: Erregung?

Chronische Erektionsprobleme gehören zu den destruktivsten und schmerzhaftesten Erfahrungen, die ein Mann machen kann. Die traditionelle Bezeichnung für diesen Zustand macht deutlich, wie verheerend dieser Zustand angesehen wird: Impotenz, Unvermögen. Ein Mann kann vielleicht den Vorschlaghammer betätigen, einem ganzen Büro vorstehen, aber wenn sein Penis nicht wunschgemäß hart wird, gilt er als Schwächling, als sexueller Krüppel. Schlimmer noch, er hält sich selbst dafür. Er macht sich nieder, ignoriert seine eigenen Fähigkeiten und Errungenschaften, ist überzeugt, daß niemand, der an Erektionsschwierigkeiten leidet, ein richtiger Mann oder ein erfolgreicher Mensch sein kann. Der Ausdruck Erektionsproblem ist der Bezeichnung Impotenz vorzuziehen, weil er das Problem besser beschreibt und auf unangebrachte Emotionen verzichtet. Es ist der Penis, nicht das Individuum, der nicht richtig funktioniert. Zu Recht heißt es oft, daß Männer ihrem Penis zuviel Bedeutung beimessen.

Es gibt wirklich keinen Grund, warum ein Erektionsproblem solche Verwüstungen anrichten sollte. Es gibt zwar keine einfache oder Wunderkur zur Heilung derartiger Probleme, aber die meisten Männer können lernen - und tun es auch! -, sie zu beseitigen. Erektionsprobleme sind äußerst verbreitet. Mit vierzig Jahren haben 90 Prozent der Männer bereits mindestens einmal erlebt, daß sie keine Erektion bekommen haben oder halten konnten, die zum Geschlechtsakt ausreichte. Bei den meisten Männern ist das ein vorübergehender Zustand, selten und atypisch. Bei einem Drittel der Männer dauern diese Probleme länger an, ein paar Wochen oder Monate, aber schließlich kehrt die normale Erektionsfähigkeit zurück. Vielleicht zehn bis fünfzehn Prozent der Männer leiden unter chronischen Erektionsproblemen. In der Mehrzahl dieser Fälle ist die Ursache in erster Linie psychischer und nicht organischer Natur. Das ist deshalb ernst, weil sich dieser Zustand, wie jedes psychische Problem, verselbständigen kann. Die Erektionsprobleme werden im Laufe der Zeit chronisch und ernster, weil der Mann an Versagensängsten leidet, die wiederum Erektionsschwierigkeiten zur Folge haben.

Die Versagensangst, die für das Andauern der Erektionsprobleme verantwortlich ist, ist dennoch ausgesprochen real. Es hilft nicht viel, dem Mann zu sagen, daß sich alles nur im Kopf abspielt. Er braucht Hilfe, um sein sexuelles Selbstvertrauen wiederzugewinnen. Als erstes muß er sich die Informationen, die es über dieses Thema gibt, aneignen. Lassen Sie uns also damit anfangen, einige der Faktoren zu betrachten, die mit der sexuellen Erregung und Erektion des Mannes zu tun haben.

Die Fakten

Wenn wir von Erektionsproblemen sprechen, so meinen wir damit die Unfähigkeit, eine Erektion zu erlangen oder zu halten. Das Problem wird entweder als primär oder als sekundär kategorisiert - wobei das zweite bei weitem häufiger auftritt. Ein Mann mit sekundären Erektionsproblemen hatte mindestens einmal in seinem Leben erfolgreich Geschlechtsverkehr. Die meisten Männer haben häufig erfolgreiche Beischlaferlebnisse gehabt, ehe sie Phasen erlebten, in denen sie entweder keine Erektion erreichten oder aber, was häufiger ist, sie nicht halten konnten, also vor der Penetration wieder erschlafften. Der Mann, der an primären Erektionsproblemen leidet, hat niemals erfolgreichen Geschlechtsverkehr kennengelernt - was seltener vorkommt, aber immer noch häufiger, als allgemein vermutet wird. Für gewöhnlich ist er in der Lage, bis zum Orgasmus zu masturbieren, und häufig kann er durch manuelle oder orale Stimulierung zur Erektion und zum Orgasmus gelangen. Der Mann schämt sich seines sexuellen Problems, es ist ihm peinlich, und er sieht darin einen Beweis seiner eigenen Unzulänglichkeit.

Erregung und Erektion sind keine automatischen Reaktionen auf erotische Reize. Vielmehr wird ein Mann Erregung verspüren, wenn er sich mit sich selbst und seiner Partnerin wohl fühlt und ihr Beisammensein genießt. Sinnliche Gefühle bereiten auf sexuelle Erregung und Erektion vor, schließlich auf den Wunsch nach Geschlechtsverkehr und Orgasmus. Die Erektion ist nicht der Willkür unterworfen. Ein Mann kann sich nicht zwingen, eine zu haben. Im Gegenteil: Je mehr er sich wünscht, eine Erektion zu bekommen, und je mehr Aufmerksamkeit er dem Zustand seines Penis schenkt, desto geringer ist wahrscheinlich sein Erfolg. Die Erektion ist das Ende einer Kette psychischer und physiologischer Ereignisse. Wenn in dieser Kette Glieder fehlen, wird es nicht zur Erektion kommen. Die Erektion ist eine natürliche körperliche Reaktion, die von einer Reihe von Faktoren blockiert werden kann, unter anderem durch Angst, Wut, Depression, Müdigkeit, Alkohol, Medikamente.

Wenn es nicht zur Erektion kommt, liegt das Problem meist ganz am Anfang des sexuellen Reaktionszyklus. Der Mann könnte müde sein, deprimiert, frustriert, in Gedanken woanders oder einfach im Augenblick keine Lust zum Sex haben. Wenn er versucht, trotzdem mit seiner Partnerin zu schlafen - um ihr einen Gefallen zu tun oder weil er glaubt, daß sie es von ihm erwartet -, handelt er gegen seine Wünsche und Bedürfnisse. Die Folge davon ist, daß ihm die Situation unbehaglich wird. Auch wird er für erotische Reize nicht sehr empfänglich sein. Die Unfähigkeit, unter diesen Umständen eine Erektion zu erreichen oder zu halten, ist völlig natürlich und verständlich.

Eine andere Situation tritt ein, wenn ein Mann zuviel getrunken hat - eine der häufigsten Ursachen für Erektionsprobleme. Obwohl sich ein Mann in angetrunkenem Zustand Sex wünscht und Hemmungen verliert, sind seine körperlichen Funktionen eingeschränkt. Männer, die Erektionsprobleme aufweisen, nachdem sie viel getrunken haben, entwickeln Ängste in bezug auf ihre Leistungsfähigkeit. Diese Ängste können dazu führen, daß sie auch in späteren Situationen, wenn sie nüchtern sind, keine Erektion bekommen oder halten können.

Benjamin

Genau das ist Benjamin, einem meiner Patienten, passiert, einem sechsundvierzigjährigen erfolgreichen Verkäufer in einem Schiffsbaukonzern. Benjamin hatte schon immer verhältnismäßig viel getrunken, aber in einer bestimmten Phase, als er mehr Streß in der Arbeit hatte und dazu noch Probleme mit seinem halbwüchsigen Sohn, fing er an, mehr Alkohol zu konsumieren, als er vertragen konnte. Einmal war Benjamin nach einer Party recht betrunken, und als er und seine Frau heimkamen, versuchte er, mit ihr zu schlafen. Sein Glied wurde nicht steif, und obwohl seine Frau verstand, daß es am Alkohol lag, beunruhigte und deprimierte ihn dieses Erlebnis. Als er am nächsten Tag, vollkommen nüchtern, wieder versuchte, mit ihr zu schlafen, hatte er zwar anfangs eine Erektion, war aber nicht fähig, sie zu halten. So ging es weiter. Ein paarmal »funktionierte« er, aber meistens klappte gar nichts. Schließlich hörte er ganz auf, Sex mit seiner Frau zu haben.

Benjamins Erektionsproblem war ursprünglich eine Folge der Kombination aus Alkohol und persönlichem und beruflichem Druck, aber damals war er unfähig, es aus dieser Sicht zu sehen. Sein Trinken geriet so außer Kontrolle, daß er gezwungen war einzusehen, daß er zum Alkoholiker wurde. Mit Hilfe der Anonymen Alkoholiker gelang es ihm, das Trinken völlig aufzugeben, aber sein Erektionsproblem blieb bestehen. Es ist nicht ungewöhnlich, daß das Erektionsproblem fortbesteht, selbst wenn das ursprüngliche Problem beseitigt ist, einfach aus Versagensängsten.

Als sie an diesem Punkt angelangt waren, kamen Benjamin und seine Frau zu mir. Anfangs war er recht negativ eingestellt und schien völlig die Hoffnung aufgegeben zu haben, jemals seine Erektionsfähigkeit wiederzugewinnen. Schließlich sah er jedoch ein, daß seine Angst schuld an seinen Problemen war. Er und seine Frau fingen an, genitale und nicht-genitale Liebesspielübungen zu machen, um ihr Wohlbefinden und die Erregung zu steigern. Vorübergehend wurde der Geschlechtsverkehr verboten, um so den Leistungsdruck zu reduzieren. Benjamin sprach auf diese Behandlung gut an, und schon nach wenigen Wochen hatte er immer häufiger Erektionen.

Automatische Erektionen

Die meisten Männer reagieren genau wie Benjamin auf Erektionsprobleme. Sie ignorieren die Bedeutung des auslösenden, weniger offensichtlichen Gliedes in der Kette sexueller Erregung - nämlich vor allem die Gefühle, die alles ins Rollen bringen. Sie gehen von der irrtümlichen Annahme aus, daß eine Erektion automatisch erfolgen sollte, wann immer sich eine Gelegenheit zum Sex ergibt. Dies ist ein Aspekt des Mythos der »Sexmaschine Mann«. Die vernünftigste Reaktion besteht darin, dies als Zeichen dafür zu werten, daß er in diesem Augenblick keine Lust auf Sex hat - genauso, wie er sich kein komplettes Menü bestellen würde, wenn er keinen Appetit verspürt. Statt dessen könnte er seiner Partnerin einfach sagen: »Ich schätze, ich bin im Augenblick nicht in der richtigen Stimmung.« Oder er könnte sie bitten, ihn zu massieren - was es ihm ermöglicht, sich zu entspannen und aufnahme- und reaktionsbereiter zu werden. Er könnte ihr auch anbieten, sie manuell oder oral zu befriedigen.

Aber Männer mit Erektionsproblemen reagieren nicht so. Meistens flüchten sie sich in Panik und Verzweiflung. Statt zu versuchen, sich zu entspannen, und seine Partnerin zu bitten, ihn so zu berühren, wie er es am meisten mag, vermeidet es der Mann, ihr seine Ängste mitzuteilen oder sie einzubeziehen. Er versucht vielleicht, sich zur Erregung zu zwingen, spielt eine Leidenschaft vor, die er nicht empfindet. Wenn nichts zu funktionieren scheint, wird er vergeblich versuchen, mit einem nichterigierten Penis in sie einzudringen. Das sexuelle Beisammensein endet mit der Frustration beider Partner, mit Mißverständnissen und Abneigung auf beiden Seiten. Der Mann hält sich für einen Versager, weshalb er sich beim nächsten Mal sogar noch mehr unter Druck setzen wird, um »seine Männlichkeit zurückzugewinnen« und eine gute sexuelle Leistung zu erbringen. Das Ergebnis ist, daß er immer gehemmter wird, und schon fängt der Teufelskreis an. Er verfällt in ein Muster negativer Erwartung, wird »versagen«, und am Ende steht die Abstinenz. Was als ganz normale Angelegenheit begonnen hat, kann zur Tragödie werden.

Auswirkungen auf die Beziehung

Abgesehen von der verheerenden Wirkung, die das Erektionsproblem auf die Selbstachtung des Mannes ausübt, kann es auch äußerst schädlich für die Beziehung sein. Erektionsprobleme lassen sich für gewöhnlich auf Leistungsängste, Mißverständnisse und mangelnde Kommunikation zurückführen. Wenn ein Mann Probleme hat, ist es sehr schwer für ihn, seiner Partnerin zu erklären, was mit ihm los ist. Wenn er es für ein Zeichen seiner Männlichkeit hält, bei jeder sexuellen Begegnung fehlerfrei zu funktionieren, wird er von dem Wunsch erfüllt sein, sein Versagen zu vertuschen oder eine Entschuldigung dafür zu finden. Dem dringenden Bedürfnis entsprechend, einen Sündenbock zu finden, kann er versuchen, seiner Partnerin die Schuld zu geben, kann sie glauben machen, sein Versagen rühre daher, daß er sie unattraktiv findet oder sie ihn auf irgendeine Art abtörnt. Sie wiederum kann sich damit rächen, daß sie sich über sein Versagen lustig macht, und binnen kurzem wird die Beziehung angespannt und feindselig.

Eine andere ebenso unproduktive Reaktion ist es, an das Mitleid der Partnerin zu appellieren. Die Entschuldigungen, die er findet, um sein Erektionsproblem zu erklären, stimmen im Grunde – Überarbeitung, Müdigkeit, Streß, Ablenkung –, aber die Haltung ist falsch. Wenn die Frau so reagiert, wie er es sich wünscht, wenn sie tatsächlich Mitleid zeigt und sich mütterlich verhält, wird die Situation noch schlimmer.

Ihr Mitleid wird zur Krücke, was es für ihn in Zukunft nur noch schwieriger macht zu funktionieren. Er braucht weder Mitleid noch Mitgefühl, noch Nachsicht, sondern vielmehr eine Partnerin, die bereit ist, in seinen Schwierigkeiten ein gemeinsames Problem zu sehen, und die dabei helfen will, daß er sexuell wieder an sich glauben kann.

Wenn wir schon bei der Rolle sind, die die Frau in diesem Zusammenhang spielt, lassen Sie uns gleich über die These nachdenken, die in den letzten Jahren immer mehr Aufmerksamkeit erlangt – nämlich, daß das Problem eine Folge der Frauenbewegung sei. Man geht hierbei davon aus, daß in dem Maße, wie die Frauen sexuell fordernder und selbstsicherer werden, sie immer weniger bereit sind, als passives »Lustventil« für die Männer zu dienen. Der Druck auf die Männer, sexuelle Leistung zu erbringen, wächst, bis er schließlich zu stark wird. Das Ergebnis ist ein Versagen bei der Erektion. Es stimmt tatsächlich, daß immer mehr Männer über Erektionsprobleme klagen. Zum Teil spiegelt sich hier die größere Freiheit wider, mit der man sexuelle Probleme diskutiert, und auch die Tatsache, daß es Behandlungsmethoden für diese Probleme gibt, was in der Generation unserer Eltern noch nicht der Fall war. Aber das ist noch keine Antwort auf die Frage, ob die Einstellung und das sexuelle Bewußtsein, für das die Frauenbewegung einsteht, sich negativ auf die sexuelle Befriedigung der Männer auswirken.

Das beste Aphrodisiakum ist eine aktive und engagierte Sexualpartnerin. Eine Frau, die sich ihrer Sexualität bewußt ist, die klar und offen sexuelle Ansprüche stellt und sexuell empfänglich ist, wird beim Mann sexuelle Erregung bewirken. Studien haben eindeutig gezeigt, daß das weibliche Lustvermögen mindestens ebenso groß ist wie das der Männer, und es gibt keine Rechtfertigung dafür, Frauen den Anspruch zu verwehren, dieses Potential auszuschöpfen. Manche Männer jedoch, besonders diejenigen, die sich stark mit traditionellen Vorstellungen identifizieren, könnten sich allerdings von den neuen weiblichen Ansprüchen an die Gleichberechtigung auf sexuellem Gebiet bedroht fühlen.

Zum Teil liegt das Problem wohl auch darin, daß die Männer sich nicht bewußt sind, daß Frauen manchmal sexuell empfänglicher sind und eher einen Orgasmus erleben als sie selbst. Die doppelte Moral hat sie glauben lassen, daß die Initiative immer vom Mann ausgehen muß, daß er es ist, der den Sex mehr genießt, während Frauen schüchtern und zurückhaltend zu sein haben. Wenn nun eine Frau sehr empfänglich ist, stark reagiert und multiple Orgasmen erlebt, fühlen sich diese Traditionalisten bedroht und reagieren möglicherweise mit dem Verlust ihrer Potenz. Andere Männer, die mehr wissen und flexibler sind, sehen in dem neuen sexuellen Bewußtsein der Frauen eine gesunde Entwicklung, bedeutet sie doch, daß Frauen nun in der Lage sind, stärker zu reagieren, die Initiative zu ergreifen und so zu einfallsreicheren Sexualpartner zu werden. Diese Männer sehen in dem größeren Bewußtsein der Frauen und in ihrer Erregung ein Stimulans für sich selbst. In einer guten Beziehung können sich sowohl der Mann als auch die Frau frei fühlen, die Initiative zu ergreifen, und beide können nein sagen oder eine Alternative vorschlagen. Der Mann kann lernen, daß es sein Recht ist, nein zu sagen oder sich zu wünschen, daß er mehr Zeit zum Spielen oder mehr Streicheleinheiten bekommt. Die Initiative der Frau muß als Bitte verstanden werden, nicht als Einklagen einer sexuellen Leistung. Diese Haltung ist bestimmt die vernünftigste und produktivste, und wenn mehr Männer sie einnehmen würden, gäbe es wenig Grund zur Besorgnis darüber, wie sich die Frauenbewegung auf die Erektionsfähigkeit der Männer auswirken könne.

Der Umgang mit Erektionsproblemen

Wenngleich Erektionsprobleme in den meisten Fällen psychischen Ursprungs sind, können sie doch auch organische Ursachen haben, und es lohnt sich, sich Gewißheit darüber zu verschaffen. Der Arzt wird äußere Genitalien, Hormonspiegel, vaskuläre Funktion, neurologische Funktionsfähigkeit, Alkoholkonsum, eventuelle Nebenwirkungen von Medikamenten und allgemeine Gesundheitsprobleme untersuchen. Er wird Sie auch auf Diabetes abchecken, eine Krankheit, die zu sexuellen Problemen führen kann. Aber im Gegensatz zu der Vorstellung, die selbst unter Medizinern weit verbreitet ist, bekommen männliche Diabetiker nicht unbedingt sexuelle Probleme. Ich bin selbst Diabetiker und habe festgestellt, daß sich dieser Zustand nicht auf meine Sexualität auswirkt, solange ich meine Diät einhalte und regelmäßig Sport treibe.

Gegebenenfalls wird Ihr Arzt Sie an einen Urologen überweisen, den Facharzt, der die meiste Erfahrung mit sexuellen Schwierigkeiten des Mannes hat, oder aber zu einem Facharzt für Sexualmedizin, der eine gründlichere Untersuchung der Samenstränge und des Hormonspiegels sowie eine neurologische Untersuchung durchführen wird. Selbst wenn sich herausstellt, daß die Ursache für die Erektionsprobleme primär vaskular oder neurologisch und nicht psychisch ist, so ist es dennoch immer noch möglich, zum Orgasmus zu kommen und andere Aspekte des Sex zu genießen, auch ohne steife Erektion.

Die Anzahl der Männer, die eine Penisoperation auf sich nehmen, um wieder zu Erektion und Beischlaf fähig zu sein, hat dramatisch zugenommen. Es gibt zwei Arten von Penisprothesen. Bei der ersten werden zwei halbstarre Stangen in den Penis eingepflanzt, so daß er immer halb erigiert ist. Bei der zweiten Methode handelt es sich um ein System, das auf einem Zylinder basiert, der zum Geschlechtsverkehr aufgeblasen werden kann; ansonsten bleibt der Penis schlaff. Die Penisprothese stellt einen wichtigen Durchbruch bei der Behandlung von Erektionsproblemen dar, aber man sollte gründlich darüber nachdenken, ehe man diesen Eingriff vornehmen läßt. Es handelt sich hier bei um eine große Operation, und sie ist irreversibel, da sie die normale Funktion der Erektion zerstört. Viele Männer fühlen sich von der Idee angezogen, wieder automatische Erektionen zu haben und ihre sexuellen Probleme auf magische Art zu heilen. Aber für gewöhnlich ist dem nicht so. Die Penisprothese wirkt sich nicht auf das Verlangen oder den Orgasmus aus, und vor allen Dingen garantiert sie keine emotionale Befriedigung. Wenn die Penisprothese einem Paar auf sexuellem Gebiet helfen soll, dann müssen die beiden in allen Einzelheiten darüber sprechen (nachdem sie den Urologen konsultiert haben, der den Eingriff vornehmen wird), wie sie sie erfolgreich in ihr Liebesverhalten einbeziehen können.

Es gibt andere medizinische Möglichkeiten, die weniger drastisch sind als die Penisprothese - unter anderem Penisinjektionen und chirurgische Eingriffe, die die vaskuläre Funktion verbessern. Der Mann und seine Partnerin müssen die medizinischen, psychischen und partnerschaftlichen Aspekte des Erektionsproblems verstehen und alle möglichen Alternativen gründlich durchsprechen.

Wahrscheinlich aber wird der Arzt Ihnen bescheinigen, daß körperlich alles in Ordnung ist. Dies kann Sie dazu motivieren, das Erektionsproblem selbst in Angriff zu nehmen, da Sie nun sicher sind, daß Sie es mit psychischen und partnerschaftlichen Problemen zu tun haben.

Erektionsprobleme sieht man am besten als Herausforderung an zwei Personen. Obwohl der Mann die eigentliche Schwierigkeit hat, sind doch beide Partner davon betroffen. Da ein erfolgreiches Sexualleben im Interesse von Mann und Frau gleichermaßen liegt, sind beide gefordert, eine Lösung zu finden. Außerdem wird dem Leistungsaspekt der männlichen Sexualität zuviel Bedeutung beigemessen, wenn man darin ausschließlich ein Problem des Mannes sieht. Eine derartige Einstellung steigert den psychischen Druck auf den Mann und mindert seine Chancen, aus dem Teufelskreis des von der Angst angetriebenen Versagens auszubrechen.

Ein Sexualtherapeut bringt die Objektivität und Erfahrung mit, die so wichtig sind, wenn man einem Paar helfen will, eine Funktionsstörung zu überwinden. Es ist jedoch verständlich, daß viele Paare zögern, gleich beim ersten Anzeichen eines sexuellen Problems einen Sexual- oder Psychotherapeuten zu konsultieren, und lieber versuchen, es aus eigener Kraft zu beheben. Für diese Leute sind die folgenden Richtlinien und Übungen vielleicht nützlich. Dauert das Erektionsproblem jedoch länger an (über sechs Monate), ist professionelle Hilfe unumgänglich.

Während der sexuellen Erregung füllt sich das Gewebe des Penis mit Blut, und zusammen mit einer Muskelkontraktion führt dies zur steifen Erektion. Unschöne sexuelle Stimulierung oder - was häufiger ist - Gedanken und Gefühle können diesen natürlichen Prozeß blockieren. Der Schlüssel zur Überwindung von Erektionsstörungen liegt darin, die sexuelle Erregung zu steigern und alle Gefühle, die nichts damit zu tun haben, durch lustvolles Engagement zu ersetzen. Die Potenz ist einer der Bereiche, in denen Sie keine Eins bekommen, nur weil Sie sich Mühe geben.

Wenn ein Mann versucht, seinen Penis allein durch Willenskraft zur Erektion zu bringen, wird er sich nervös und ängstlich voll auf sein Glied konzentrieren. Da wir Menschen uns nicht gleichzeitig auf zwei Dinge konzentrieren können, nimmt die Aufmerksamkeit für die angenehmen, aus der sexuellen Interaktion selbst gewonnenen Körperempfindungen zweifellos ab. Der Mann löst sich aus der Situation, wird zum Zuschauer, der nur bemüht ist, Zeichen der Erregung aufzuspüren, und dabei die erotischen Stimuli, die sie erzeugen, kaum bemerkt. Sex ist kein Zuschauer-Sport; Sie müssen ein aktiver Partner sein, der geben und nehmen kann.

Erektionsübungen

Die Hauptursache von Erektionsproblemen liegt in Unsicherheit und Leistungsangst. Beheben lassen sie sich dadurch, daß Sie Ihr Zutrauen zum sexuellen Ausdruck und den ganz von allein auftretenden Erektionen und Erregungen zurückgewinnen. Sie können damit anfangen, mit Ihrer Partnerin bei einer Tasse Kaffee ein ruhiges und intimes Gespräch zu führen, dem eine entspannende, sinnliche Dusche zu zweit folgt. Seifen Sie sich gegenseitig am ganzen Körper ein, einschließlich der Genitalien, dann trocknen Sie sich ab. Sorgen Sie dafür, daß Sie Zeit haben und ungestört sind, damit Sie diese Erfahrung wirklich genießen können. Gehen Sie ins Schlafzimmer und nehmen Sie eine zum Liebesspiel bequeme Stellung ein. Dabei sollte die Frau zuerst die Gebende sein, der Mann der Empfangende. Sie kann damit anfangen, seine Brust oder seine Schenkel zu streicheln, und allmählich zu seinen Genitalien wandern. Der Mann konzentriert sich auf seine Lustgefühle, statt sich Sorgen zu machen, ob er wohl erregt sein wird und eine Erektion bekommt. Wenn der Mann wirklich empfänglich ist und die Frau ihn weiterhin auf sinnliche, erwartungsfreie Art stimuliert, wird es schließlich zur Erektion kommen. An diesem Punkt sollte das Liebesspiel beendet werden, und das Paar kann sich bequem aneinanderkuscheln, bis die Erektion schwindet.

Werden Sie sich Ihrer Gefühle bewußt. Wie fühlen Sie sich, wenn der Penis wieder schlaffer wird - ängstlich, besorgt, angespannt, wütend, erleichtert? Es ist besonders wichtig, darauf vertrauen zu lernen, daß eine Erektion wiederkommen wird, wenn sie nachgelassen hat. Eines der größten psychischen Probleme liegt darin, daß der Betreffende meint, eine Erektion unverzüglich ausnutzen zu müssen. Dies gilt ganz besonders in den Morgenstunden. Wenn die Erektion vor dem Beischlaf verschwindet, wie das für gewöhnlich der Fall ist, wird der Mann frustriert und deprimiert - zwei Emotionen, die die Erregung blockieren.

Etwa dreißig Sekunden später kann das Paar das Liebesspiel wieder aufnehmen, bis eine zweite Erektion eintritt. Der Mann konzentriert sich darauf, seine angenehmen Gefühle zu akzeptieren und auszukosten. Gestatten Sie es sich, empfänglich für die Stimulation zu sein. Reagieren Sie auf jede Berührung. Lassen Sie Ihren Körper jedes Gefühl einsaugen. Wenn eine Erektion eintritt, liegen Sie wieder ruhig beieinander, bis sie nachläßt. Indem der Mann den natürlichen Vorgang des Kommens und Schwindens von Erektionen verstehen lernt, macht er einen Riesenschritt vorwärts. Junge Männer sind an »automatische Erektionen« gewöhnt und daran, immer gleich bei der ersten Erektion mit einer Frau zu schlafen. Sie werden Sex mehr genießen und ein besseres Liebhaber sein, wenn Sie sich auf sinnliche, lustorientierte Berührungen mit Ihrer Partnerin einlassen und die Sexualität als eine intime Erfahrung sehen, nicht als automatische Reaktion.

Jetzt tauschen Sie die Rollen. Der Mann wird zum Gebenden, die Frau zur Empfangenden. Der Mann kann sich darauf konzentrieren, seiner Partnerin angenehme Gefühle zu bereiten. Ganz natürlich kann es dabei zur Erektion kommen. Ist das der Fall, genießen Sie das Gefühl einfach und fahren Sie damit fort, Ihre Partnerin zu liebkosen.

Machen Sie so weiter, bis Sie beide damit umgehen können, daß der Mann eine Erektion bekommt und daß sie wieder schwindet. Diese Übung soll dem Mann helfen, sich auf erotische Stimuli zu konzentrieren, ohne sich um seine Leistungsfähigkeit zu sorgen. Außerdem können sich dabei beide Partner an den natürlichen Ablauf von Erektionen gewöhnen. Es ist völlig normal, wenn der Penis während eines ausgedehnten Liebesspiels abwechselnd hart und weich wird. Tatsächlich wird der Penis im Verlauf einer durchschnittlichen Vorspielphase von fünfundvierzig Minuten zwischen zwei- und fünfmal hart und wieder weich. Der Orgasmus kann nach dieser allmählichen Aufbauphase sogar noch schöner sein. Es gibt keinen Grund zur Sorge, wenn die Erektion des Mannes teilweise oder ganz verschwindet. Wenn Sie sich Sorgen machen oder verkrampft bemühen, sie zurückzuholen, hat das genau den gegenteiligen Effekt.

Für die zweite Übung kann das Paar die Position wählen, bei der die Frau oben ist. Sie werden nicht ganz bis zum Geschlechtsakt gehen. Statt dessen wird die Übung beide Partner daran gewöhnen, den Penis nahe an der Vulva zu spüren. Wenn es für beide bequem ist, vielleicht mit Kissen unter den Schenkeln der Frau und einem unter dem Kopf des Mannes, fängt sie an, ihren Partner zu liebkosen und zu stimulieren. Er kann jederzeit um bestimmte Arten der Stimulierung bitten und sollte sich darauf konzentrieren, die angenehmen Empfindungen zu akzeptieren und zu genießen. Wenn der Mann irgendwann anfängt, sich Gedanken und Sorgen wegen des Zustandes seines Penis zu machen, darf er sich nicht zurückziehen und negativen Gedanken nachhängen, sondern sollte lieber seiner Partnerin erzählen, wie er sich fühlt. Dann können sie ihn gemeinsam wieder in die sexuelle Interaktion einbeziehen.

Wenn er eine Erektion bekommt, kann die Frau, statt diese abklingen zu lassen, seinen Penis in die Hand nehmen und damit um ihre Vulva streichen. Sie kann die Spitze seines Penis benutzen, um damit ihre Schamlippen, die Klitoris und den Venushügel zu stimulieren, sollte ihn aber nicht einführen. Wenn der Mann seine Erektion verliert oder anfängt, sich zu verkrampfen, sollte sie nicht aufhören, sondern ihn vielmehr streicheln, liebkosen. Sie kann ihn manuell oder oral erregen, und er darf sie, wenn er will, gleichzeitig stimulieren. Dieser Einsatz multipler Stimulation, der Phantasie ebenso wie Berührung umfaßt, ist der Schlüssel zum Aufbau und zur Erhaltung sexueller Erregung. Vergessen Sie nicht, es ist vollkommen normal, wenn der Penis abwechselnd hart und weich wird, wenn die Stimulation anhält. Die Übung kann damit enden, daß das Paar die Stellung wechselt und der Mann die Frau liebkost, wobei er die Art von Stimulation wählt, die sie am meisten genießt.

Bei der dritten Übung, einfach als Experiment gedacht, kann das Paar sehen, wieviel weniger effektiv es ist, wenn der Mann versucht, eine Erektion zu behalten, verglichen mit den Techniken, die sie in den vorangehenden Übungen eingesetzt haben. Das Paar kann jede Stellung einnehmen, die es mag, wobei die Frau den Mann stimuliert, bis er eine Erektion bekommt. Dann sollte sie ihn versuchen lassen, die Erektion aus eigener Kraft zu erhalten, indem er sich voll darauf konzentriert. Es ist fast unabwendbar, daß die Erektion verlorengeht. Beide Partner sollten in dieser Zeit auf ihre Gefühle achten. Der Mann kann erkennen, wie er zum Beobachter seiner eigenen Reaktionen geworden ist und wie wenig Vergnügen oder Stimulation für ihn in dieser Rolle steckt. Er ist nur mit sich selbst beschäftigt, statt aktiv mit der Frau und der angenehmen, erregenden Interaktion. Die Frau kann sehen, wie ängstlich sie wird, wie stark das Gefühl ist, von ihrem Partner »außen vor« gelassen zu werden, während er versucht, seine Erektion ohne ihre Teilnahme zu erhalten.

Wenn es gesehen hat, welche Fallgruben lauern, wenn er versucht, eine Erektion allein durch Willenskraft zu behalten, kann das Paar zum positiven Teil dieser Übung übergehen. Während die Frau rittlings auf dem Mann hockt, wendet sie eine Vielzahl von Techniken an. Sie kann mit der Spitze des Penis um ihre Vulva streichen, wie bei der letzten Übung, und am Ende darf sie den Penis in ihre Vagina einführen. Das Eindringen sollte einzig und allein von der Frau initiiert und gelenkt werden. Der Mann lehnt sich zurück und genießt. Wenn ihr auch nur ein Hauch von Verspannung an ihm auffällt oder sie merkt, daß seine Erektion nachläßt, kann sie wieder zu manueller oder oraler Stimulierung zurückgreifen. Der Geschlechtsverkehr läßt sich nicht von dem sinnlichen und sexuellen Prozeß trennen – er ist kein Versagertest für den Sex. Am besten sieht man im Geschlechtsakt eine besondere Variante des Liebesspiels; seine natürliche Erweiterung, nichts davon Losgelöstes. Sowohl der Mann als auch die Frau sollten sich bewußt sein, daß eine steife Erektion zur Penetration gar nicht nötig ist. Wenn die Frau ihn führt und aktiv teilnimmt, ist ein halb erigierter Penis relativ leicht einzuführen. Bestimmt die Frau den Moment des Eindringens, nimmt das dem Mann den Druck, und da sie Expertin ist, wenn es um ihre eigene Sexualität geht, ist es nur vernünftig, daß sie seinen Penis in die Vagina einführt.

Ist dies geschehen, kann das Paar sich anfangs mit langsamen, rhythmischen, erwartungsfreien Stoßbewegungen begnügen. Vielleicht neigen Sie dazu, heftig zuzustoßen, um zu verhindern, die Erektion zu verlieren. Tun Sie es trotzdem nicht. Lassen Sie zu, daß der Geschlechtsakt rhythmisch und engagiert ist. Das Paar kann bis zum Orgasmus gehen, wenn beide es wünschen, aber das Wichtigste ist, daß sich beide auf die angenehmen Empfindungen beim Geschlechtsverkehr konzentrieren. Später kann das Paar mit anderen Stellungen experimentieren.

Neues Zutrauen

Die Erektion ist ein natürliches Ergebnis rezeptiver, sexueller Stimulation - vorausgesetzt, nichts blockiert die Kette von Ereignissen, die die Erregung herbeiführen. Die Basis dieser Reaktion sind Lust und Sinnlichkeit, nicht Leistung und Unsicherheit. Eine der wirksamsten Methoden, die Erregung zu blockieren, besteht darin, seinen Ängsten freien Lauf zu lassen und zu versuchen, eine Erektion zu erzwingen.

Außerdem muß es sinnliche und sexuelle Stimulierung geben. Männer, die leistungs- statt lustorientiert sind, haben große Probleme damit, um bestimmte Arten von Stimulation zu bitten. Bei Erektionsschwierigkeiten bleiben sie in der Regel stumm und versuchen, das Problem allein zu bekämpfen, statt zum Beispiel zu sagen: »Schatz, ich möchte wirklich mit dir schlafen, aber im Augenblick geht's einfach nicht. Würdest du vielleicht meinen Penis ganz sanft streicheln, bitte?« Kein Mensch kann allein Geschlechtsverkehr haben, und genausowenig kann er mit einem Erektionsproblem allein fertigwerden. Der Schlüssel zur Lösung ist das erwartungsfreie Liebesspiel, gefolgt von multipler Stimulation. Sexualität ist eine intime Form der Kommunikation. Erektionsprobleme treten auf, wenn es zu einem Zusammenbruch der Kommunikation kommt, weil einer der Partner müde ist, besorgt, enttäuscht. Will man Erektionsprobleme oder andere sexuelle Störungen überwinden, muß man die Kommunikation wiederherstellen, sich auf das Liebesspiel konzentrieren und die Erektion und den Geschlechtsverkehr als natürliche Ausweitungen des Liebesspiels betrachten.

NEUNZEHNTES KAPITEL

Probleme mit dem Höhepunkt?

Ejakulationshemmungen stehen im Ruf, eine ziemlich seltene und exotische sexuelle Störung zu sein. Deshalb wird mit diesem Problem für gewöhnlich kurzer Prozeß gemacht. Dabei sind immerhin ungefähr fünf bis zehn Prozent der Männer irgendwann im Leben einmal davon betroffen. Es gibt verschiedene Formen der Ejakulationshemmung - von der völligen Unfähigkeit bis zu der spezifischen Unfähigkeit, in die Vagina zu ejakulieren. Am häufigsten sind vorübergehende Ejakulationsschwierigkeiten bei Männern mittleren Alters. Ein Mann, der an einer solchen Hemmung leidet, ist typischerweise erregt, entwickelt und behält eine Erektion, kommt aber nicht zum Orgasmus. Wenn dies mehrmals passiert, ist die Wirkung frustrierend, schockierend und besorgniserregend; aber bei den meisten Männern kehrt die Fähigkeit zu ejakulieren bald zurück. Ein Mann mit ernsten Ejakulationsstörungen kann beim Masturbieren einen Orgasmus bekommen, nicht aber mit einer Partnerin, selbst wenn er höchst erregt ist. Manche Männer haben dieses Problem nur beim Geschlechtsverkehr, andere können auch dann nicht zum Höhepunkt kommen, wenn sie von ihrer Partnerin manuell oder oral stimuliert werden. Seltsamerweise wird dieser Zustand, obwohl er sich in vielen Fällen akut psychisch und physisch auswirken kann, weder von den Experten noch von der Allgemeinheit sehr ernst genommen. Sehen wir uns einmal an, warum das so ist.

Verwirrungen

Erstens einmal gibt es ein Problem mit der Terminologie. Da die Ejakulationshemmung nicht so gründlich untersucht worden ist wie andere sexuelle Störungen, ist man sich nicht einmal über ihre Grundzüge einig. Diese Unsicherheit spiegelt sich in der Vielzahl von Ausdrücken wider, die verschiedene Autoren benutzen, um diese Störung zu beschreiben. In klinischen Berichten wurde sie mit unterschiedlichen Bezeichnungen versehen, u.a. »Ejakulationsunzulänglichkeit«, »verzögerte Ejakulation« und »Ejakulationsunfähigkeit«. »Ejakulationshemmung« ist jedoch vorzuziehen, da dieser Ausdruck am wenigsten wertet und das Problem am genauesten beschreibt. Die Unfähigkeit zu ejakulieren ist für gewöhnlich Folge einer Art Hemmung – der Unfähigkeit loszulassen, die sexuelle Erregung voll zu genießen und zuzulassen, daß sie ganz natürlich im Orgasmus gipfelt. Nicht verwechselt werden darf die Ejakulationshemmung mit der retrograden Ejakulation, einem Zustand, bei dem es zwar zum Orgasmus kommt, der Samen jedoch in die Blase zurückfließt, statt aus dem Penis ausgestoßen zu werden. Auch sollte es nicht mit dem bei Männern über sechzig ganz natürlichen Phänomen verwechselt werden, die ein geringeres Bedürfnis nach Ejakulation haben. Die Ejakulationshemmung ist somit ein Problem des Mannes, der trotz seines Verlangens nicht in der Lage ist zu ejakulieren.

Daß der Ejakulationshemmung so wenig Aufmerksamkeit geschenkt wurde, läßt sich auf zwei weitverbreitete Annahmen zurückführen: Erstens stellt die Ejakulationshemmung nur ein Problem dar, wenn sie in ihrer ernstesten Form auftritt. Zweitens ist der Mann, der an einer Ejakulationshemmung leidet, aufgrund seiner großen »Ausdauer« in der Lage, seine Partnerin in außergewöhnlichem Maße zu befriedigen, weshalb er sich, wenn ihm auch das Vergnügen des Orgasmus entgeht, damit trösten kann, ein Liebhaber der Superklasse zu sein.

Im ersten Fall wird die Ejakulationshemmung nur zusammen mit einem anderen sexuellen Problem erkannt. So hat der Betroffene etwa häufig eine Erektion und beginnt den Geschlechtsverkehr, ist aber selbst bei anhaltendem koitalem Stoßen und höchster Erregung unfähig, zum Höhepunkt zu gelangen. Wenn er nun immer frustierter wird und sich immer mehr auf die Ejakulation als Leistung fixiert, läßt seine Erregung allmählich nach, und schließlich verliert er die Erektion. »Aha«, heißt es dann: »Ich bin impotent!« Aber aufgrund der mangelnden Aufmerksamkeit, die er dem zugrundeliegenden Problem der Ejakulationshemmung zuteil werden ließ, wird er dem wahren Sachverhalt kaum auf den Grund kommen. In anderen Fällen zwingt sich der Mann, der an vorübergehenden Ejakulationshemmungen leidet, mit allen Mitteln zum Orgasmus und konzentriert sich so stark darauf, daß seine Erregung nicht nachlassen möge, daß ihm weder der Geschlechtsverkehr noch die Ejakulation viel Vergnügen bereiten (und seiner Partnerin ebensowenig), obwohl es ihm gelingt zu ejakulieren. Die wahrscheinliche Folge? Nachlassendes Interesse am Sex überhaupt. Aber da er das zugrundeliegende Problem nicht sieht, erkennt er auch nicht den Mittelpunkt seines fehlenden sexuellen Begehrens und seiner Befriedigung. Hinter all diesen Varianten verbirgt sich der Tatbestand, daß der natürliche Rhythmus des Übergangs von hoher sexueller Erregung zum Orgasmus gehemmt ist, und als Folge freut sich der Mann weniger auf den Höhepunkt und genießt ihn dann auch weniger. Statt daß der Orgasmus der natürliche Gipfel eines lustvollen und erregenden sexuellen Erlebnisses darstellt, wird er zum angstvollen Ziel, das der Mann häufig nicht erreicht.

Der zweite Fall – Ejakulationsstörungen als »verkappter Segen« – repräsentiert die männliche Verherrlichung der Leistung gegenüber der Lust in seiner extremsten Form. Dabei wird völlig übersehen, daß beiderseitiges Vergnügen der Schlüssel zur echten sexuellen Befriedigung eines Paares ist. Da eine Ejakulationshemmung die Lust stark beeinträchtigt, folgt daraus, daß beide Partner nur geringe Befriedigung verspüren können. Wenn es die ersten Male passiert, ist die Frau vielleicht noch angenehm überrascht von den Fähigkeiten ihres Partners; sie stellt vielleicht fest, daß die verlängerte Penisstimulation sie den Orgasmus mehr genießen läßt. Doch wenn ihr Partner ihr nicht völlig gleichgültig ist, wird sie sich seiner Frustration schon bald bewußt. Wenn der Geschlechtsverkehr länger als eine halbe Stunde dauert und der Mann noch immer nicht ejakuliert hat, wird es für ihn körperlich unangenehm, eine Folge der anhaltend hohen Muskelanspannung. Dieser Zustand ist zwar nicht wirklich schmerzhaft, aber ausgesprochen unangenehm, und auch für die Frau kann der lange Geschlechtsverkehr körperlich schmerzhaft werden.

Ursachen der Ejakulationshemmung

Im allgemeinen scheinen die Ursachen eher psychischer als physischer Natur zu sein. Sie rühren für gewöhnlich entweder von negativen sexuellen Erfahrungen oder von einer unangemessenen beziehungsweise unzureichenden sexuellen Schulung her. Es ist jedoch möglich, daß alles eine körperliche Ursache hat, besonders dann, wenn der Mann unter keinen Umständen zu einer Ejakulation fähig ist. In diesen Fällen sollte ein Urologe aufgesucht werden, um die medizinische Ursache abzuklären.

Meist liegt es daran, daß der Mann eine irrationelle Furcht entwickelt hat, in die Vagina oder überhaupt im Beisein einer Frau zu ejakulieren, was seine Ejakulationsfähigkeit mehr und mehr einschränkt. Männer mit diesem Problem sind der Meinung, daß es falsch, erschreckend oder unmoralisch sei, sich wirklich gehenzulassen, hemmungslos zu sein und sexuelles Vergnügen mit einer Frau zu genießen. Andere negative Faktoren sind die Angst, beim Sex entdeckt zu werden, eine streng religiöse (und körperfeindliche) Erziehung, Furcht vor der Ejakulation, Abneigung dem eigenen Samen gegenüber, Schuldgefühle, Angst vor Nähe oder ein stark traumatisches Erlebnis in der Vergangenheit.

Bei verheirateten Männern geht eine zeitweilige Ejakulationshemmung in der Regel mit einem Gefühl der Langeweile einher. Geht ein Mann schon davon aus, daß es ihn nicht sonderlich erregen wird, wenn er mit seiner Frau schläft, kann das leicht zur sich selbst erfüllenden Prophezeiung werden. Das ist vor allem dann wahrscheinlich, wenn es der Mann nicht gelernt hat, seine Partnerin um etwas zu bitten, was ihn besonders erregt. Der Mann ist daran gewöhnt, automatisch zu funktionieren und keine zusätzliche Stimulation von seiner Partnerin zu benötigen. Seine Langeweile und der Mangel an Engagement machen es ihm unnötig schwer, zum Orgasmus zu gelangen.

Jack

Männer, die unter Ejakulationsproblemen leiden, sind ausgezeichnete Beispiele für die These, daß ein Mensch lernen muß, sich selbst genau so wie seiner(m) Partner(in) Lust zu bereiten, um ein wirklich erfülltes Sexualleben führen zu können. Nehmen wir einmal Jack, einen meiner Patienten, achtunddreißig, technischer Zeichner, dessen drei Kinder aus zwei vorhergehenden Ehen bei ihm leben. Jack schien im großen und ganzen ausgeglichen, etabliert, er führte ein aktives, anregendes Leben, genoß es, alleinerziehender Vater zu sein, und berichtete von guten Beziehungen zu Frauen. Aber obwohl er bei der Selbstbefriedigung immer einen Orgasmus hatte, kam Jack bei seinen sexuellen Erlebnissen mit Frauen immer seltener zum Höhepunkt. Er tröstete sich damit, ein besonders ausdauernder Liebhaber zu sein, denn seine Partnerinnen kamen fast immer. Im Laufe der Therapie stellte sich heraus, daß Jack es für unmännlich hielt, von seiner Partnerin zu verlangen, daß sie ihn aktiv erregte. Statt dessen konzentrierte er sich darauf, eine gute Leistung zu erbringen, damit seine Partnerin nachher keinen Grund zur Klage hatte. Das Ergebnis war, daß ihn der Sex nie sonderlich erregte. Sobald er eine Erektion hatte, fing er mit dem Geschlechtsakt an. Die Erektion ist zwar ein Zeichen körperlicher Bereitschaft zum Geschlechtsverkehr, sie sagt aber nichts darüber aus, ob der Mann emotional und sexuell optimal erregt ist. Jack hielt es für »selbstsüchtig« und »unreif«, seine Partnerin zu bitten, sein Glied zu streicheln. Er konnte sich nie richtig gehenlassen oder sich gestatten, seine Bedürfnisse zu artikulieren. Jack hatte sich zum sexuellen Sklaven gemacht, der nicht das Recht hatte, selbstbewußt zu genießen.

Wir arbeiteten daran, Jack dabei zu helfen, daß er seine Wünsche ausdrücken lernte. Er fand zum Beispiel orale Stimulation besonders erregend, wenn er sich dabei bewegen konnte, und mochte es beim Verkehr am meisten, wenn seine Partnerin das Becken kreisen ließ und ihm gleichzeitig die Hoden liebkoste. Als er sich traute, Sonderwünsche zu äußern, und sich gestattete, loszulassen und das Erlebnis zu genießen, gelangte Jack immer häufiger und regelmäßiger zum Orgasmus.

Strategien zur Überwindung von Ejakulationshemmungen

Bei der Arbeit mit einem Mann, der an Ejakulationshemmungen leidet, besteht die wichtigste Strategie darin, ihn dabei zu unterstützen, daß er die Ejakulation zu genießen und darin den ganz natürlichen Höhepunkt sexueller Lust und Erregung zu sehen lernt. Wie auch bei anderen sexuellen Problemen wäre es ideal, wenn das Paar darin ein gemeinsames Problem sehen und wenn beide zusammen daran arbeiten würden, daß er freier wird, besser mit seiner Sexualität umzugehen lernt und seine Bitten freimütiger äußert. Die Behandlung von Ejakulationshemmungen ist ein allmählicher Prozeß, bei dem der Mann es sich gestattet, sexuelle Stimulierung direkter zu verlangen und gute Gefühle freier zu genießen. In dem Maße, in dem er Zutrauen erlangt und sich erlaubt, »selbstsüchtiger« zu sein, wird er die wachsende Erregung genießen und den Orgasmus zulassen können. Die beiden Schlüsselelemente zur Überwindung der Ejakulationshemmungen sind das Bitten um multiple Stimulierung und das Bewußtsein für Orgasmus-Auslöser. Zur multiplen Stimulation gehören die Phantasie beim Sex mit einer Partnerin, die Hodenstimulierung während des Geschlechtsverkehrs, das Stimulieren der Brüste und des Analbereichs der Partnerin, während sie Sie stimuliert, so daß ihre Erregung die Ihre noch steigert, das Küssen und Streicheln beim Verkehr, usw. Orgasmus-Auslöser sind individuell sehr unterschiedlich und lassen sich häufig beim Masturbieren erkennen, wenn der Mann mehr Kontrolle hat. Beispiele für Orgasmus-Auslöser sind unter anderem das Anspannen der Bein- und Gesäßmuskeln, der schnellere Rhythmus der Stoßbewegungen, die Konzentration auf erregende Phantasievorstellungen und verbale Kommunikation.

Das Endziel besteht zwar in der Fähigkeit, intravaginal zu ejakulieren, aber es ist meistens günstiger, dieses Ziel schrittweise anzugehen. Ein wichtiger erster Schritt besteht darin, daß sich der Betreffende in Gegenwart seiner Partnerin beim Orgasmus wohl fühlt. Loslassen, die Hemmungen mindern, indem Sie als Reaktion auf ihre manuelle oder orale Stimulation vor ihrer Partnerin ejakulieren, ist nicht nur normal, sondern auch ein ausgesprochen positiver

Schritt auf dem Weg zur Überwindung einer Ejakulationshemmung. Dann können Sie als nächsten Schritt wieder praktisch erfahren lernen, daß sexuelle Erregung gewöhnlich im Orgasmus gipfelt, und regelmäßig ejakulieren, wenn Ihre Partnerin Sie manuell oder oral stimuliert. Als nächstes sollten Sie näher und näher an der Vagina der Frau ejakulieren, um so die Ängste und Hemmungen zu reduzieren, die in Zusammenhang mit dem weiblichen Geschlecht stehen. Schließlich kann das Paar zum Koitus als Hauptstimulans zur Ejakulation übergehen. Der Mann sollte die Stellung kennen, die ihn am meisten erregt, und sie auch einnehmen dürfen. So findet es ein Mann vielleicht erregend, wenn die Frau ganz langsame Bewegungen ausführt, während es ein anderer möglicherweise vorzieht, daß die Frau ganz passiv bleibt und er kurz und schnell zustoßen kann. Das Paar kann sich küssen und streicheln, bis der Mann sehr erregt ist, und dann mit dem Geschlechtsverkehr beginnen. Es herrscht vielfach der Irrglauben, daß ein Mann nur die Stimulation des Geschlechtsverkehrs benötigen sollte. Das mag für Zwanzigjährige zutreffen, nicht aber für die Mehrzahl der Fünfzigjährigen. Die meisten Männer zwischen Dreißig und Fünfzig würden Sex erregender finden, wenn sie sich auf multiple Stimulation einließen. Beim Geschlechtsakt kann der Mann all seine Gefühle und Empfindungen genießen und sich genauso darum kümmern wie um die Reaktionen und Gefühle seiner Partnerin. Das Paar arbeitet gemeinsam am Abbau von Ängsten und Hemmungen, bis der Mann sich wohl fühlt, wenn er intravaginal ejakuliert. Vergessen Sie nicht, es ist eine gemeinsame Bemühung, bei der Mann und Frau zusammen daran arbeiten, eine für beide Beteiligten befriedigende sexuelle Interaktion herzustellen, bei der die Erregung ganz natürlich im Orgasmus gipfelt.

Statt nun ein solches Programm allein durchzuziehen, gehen viele Paare lieber zu einem Sexualtherapeuten oder Psychotherapeuten, der sie lehrt, freier zu werden und Hemmungen abzulegen. Hat der Mann keine feste Partnerin, die ihn unterstützt, ist er vielleicht besonders interessiert daran, einen Therapeuten aufzusuchen, nicht nur, damit er ihm hilft, seine Ejakulationshemmung zu verstehen, sondern auch, um ein individuell auf ihn zugeschnittenes Programm zu entwickeln.

Fangen Sie beim Kopf an

Denken Sie daran: Jeder Mann kann hin und wieder unter Ejakulationshemmungen leiden, ohne daß dies ein Zeichen dafür ist, daß grundlegend mit seiner Sexualität etwas nicht stimmt. Jede Situation, jedes Gefühl vermag gelegentlich schuld daran zu sein, daß ein Mann nicht ejakulieren kann. Wenn er müde oder betrunken ist, wütend auf seine Partnerin, wenn das Liebesspiel unerwartet durch einen Anruf oder die Kinder gestört wird, verspürt er vielleicht kein Bedürfnis oder keinen Wunsch zu ejakulieren. Das ist völlig normal.

Auch darf das Problem der Ejakulationshemmung nicht mit der ganz natürlicherweise abnehmenden Häufigkeit von Ejakulationen bei älteren Männern verwechselt werden. Wenn ein Mann sechzig und älter ist, ist es nicht ungewöhnlich, daß er Geschlechtsverkehr hat und genießt, aber nicht das Bedürfnis verspürt, jede Begegnung mit einer Ejakulation zu beenden. Viele ältere Männer verstehen nicht, daß dies ein normaler Bestandteil des Alterungsprozesses ist, und glauben vielmehr, es handele sich um eine sexuelle Fehlfunktion.

Der wichtigste Punkt, den Männer in bezug auf Ejakulationshemmungen im Kopf behalten müssen, ist, daß es sich weder um eine Katastrophe handelt, die das Ende seines Sexuallebens bedeutet, noch um etwas, das mit einem Achselzucken abgetan werden oder unbeachtet bleiben darf. Es handelt sich um ein sexuelles Problem, das wie andere Probleme auch Zeit und Mühe erfordert, um behoben zu werden. In den meisten Fällen spricht der Patient gut auf die Behandlung an. Wenn Sie an diesem Problem leiden, sind Sie es sich selbst und Ihrer Beziehung schuldig, Zuversicht und Wohlgefühl beim Orgasmus und der Ejakulation wieder aufzubauen.

ZWANZIGSTES KAPITEL

Seitensprünge

Verglichen mit den sexuellen Perspektiven, die ein unverheirateter Mann ins Auge fassen kann, ist die Ehe eine kleine, fest umgrenzte Welt. In unserer Gesellschaft herrscht das Ideal der Monogamie. Vielen Männern, die in dem Glauben aufgewachsen sind, ein Mann würde seine Männlichkeit durch sexuelle Eroberungen beweisen und Erfüllung darin finden, ist die Vorstellung, ein Leben lang nur zu einer einzigen Frau sexuelle Beziehungen zu haben, unerträglich. Selbst wenn er keine Gelegenheit zu und auch kein Verlangen nach außerehelichem Sex hat, ist ein Mann häufig dennoch besessen von dem Gedanken an eine Affäre, weil sie nun einmal verboten und eine Möglichkeit ist, zu demonstrieren, daß er »ein richtiger Mann« ist, kein jämmerliches Opfer der ehelichen Zwangsjacke. Früher oder später wird sich eine Gelegenheit für außerehelichen Sex ergeben. Und da ein »richtiger Mann« so etwas niemals ausläßt, scheint ein Seitensprung zwingend vorgeschrieben.

Entscheiden Sie sich

Das Dumme an dieser fatalistischen Haltung ist nur, daß sie Ihnen die Möglichkeit nimmt, sich rational zu entscheiden und auch die Verantwortung dafür zu übernehmen. Ein Seitensprung kann weitreichende Konsequenzen haben, und deshalb ist es wichtig, daß Sie wissen, was Sie tun. Es lohnt sich, den außerehelichen Sex einmal objektiv zu betrachten, zwischen unterschiedlichen Leveln des außerehelichen Engagements zu unterscheiden und die Vor- und Nachteile abzuwägen. Wir werden versuchen, uns nicht von vorgefaßten Meinungen und kulturellen Stereotypen beeinflussen zu lassen, ganz gleich, ob sie ursprünglich einmal liberal oder eher konservativ waren. Jede Verallgemeinerung kann unser Denken auf eigene Art beeinflussen. Eine traditionelle Einstellung besagt zum Beispiel, daß jede außereheliche Beziehung ausreicht, um eine Ehe zu beenden. Die betrogene Partei verläßt entweder das Haus oder zwingt den Partner zu gehen, jegliche Kommunikation - außer über ihre Anwälte - kommt zum Erliegen. Es gibt noch eine andere, allgemein akzeptierte traditionelle Vorstellung: daß jeder Mann Seitensprünge macht, daß aber die Ehefrau monogam ist und es vorzieht, »nichts Genaues« von den Aktivitäten ihres Partners zu erfahren.

Liberal eingestellte Paare denken in eine völlig andere Richtung. Ein Gedanke, der vor einigen Jahren Gewicht bekam, war, daß nicht Untreue die Ehe gefährde, sondern umgekehrt der Zwang zur Monogamie. Diese schränke die Fähigkeit des einzelnen ein, sich anderen gegenüber auszudrücken und frei zu fühlen; deshalb sei die ideale Ehe die, in der kein Partner den anderen fragt, wie oder mit wem er seine freie Zeit verbringt. Dabei geht man davon aus, daß der Mensch von Natur aus polygam ist, also lassen sich »Nebenbeziehungen«, flotte Dreier, Partnertausch, Gruppensex - sogar Bisexualität - bequem mit der Ehe vereinbaren, vorausgesetzt, beide Partner sind damit einverstanden, ihre »selbstsüchtigen und altmodischen Gefühle von Eifersucht und Besitzdenken« abzulegen. So sieht man im außerehelichen Sex keine Bedrohung, sondern Gelegenheit für beide Partner, sich von Restriktionen zu befreien und neue Freiheit und Offenheit zu erlangen.

Wenn wir uns den traditionellen Standpunkt sowie das Konzept der offenen Ehe genauer anschauen, so wird klar, daß beide gleichermaßen doktrinär sind, gleichermaßen ungeeignet als Orientierungshilfen für das wirkliche Leben. Um zu erkennen, wie emotional und wertend beide sind, müssen wir uns nur die gegensätzliche Terminologie der beiden ansehen. Diejenigen, die gegen Seitensprünge sind, benutzen Ausdrücke wie »Ehebruch«, »Betrug«, »Untreue«. Diejenigen, die sich für den außerehelichen Sex aussprechen, ziehen hingegen Ausdrücke wie »persönliches und sexuelles Wachstum«, »nicht von Eifersucht und Besitzdenken gefesselt sein« und »offene Ehe« vor. In diesem Kapitel werden wir uns bemühen, beide Extreme zu vermeiden. Wir werden versuchen, die außereheliche Sexualität objektiv und konstruktiv zu behandeln. Es gibt kein Blankourteil - gut oder schlecht -, das für alle außerehelichen Affären gültig ist. Vielmehr muß jede außereheliche Affäre im Zusammenhang mit ihrer Bedeutung für den einzelnen und seine Ehe betrachtet werden. Die religiösen und persönlichen Werte des Individuums wie des Paares müssen ebenfalls berücksichtigt werden.

Seitensprung ist nicht gleich Seitensprung

Zum Zwecke der Analyse ist es sinnvoll, die außerehelichen Affären in drei Gruppen einzuteilen: die flüchtige Affäre nach dem Motto »Gelegenheit macht Liebe«, die dauerhafte Affäre und schließlich die Alternativbeziehung. Die »Gelegenheit-macht-Liebe«-Affäre findet sich bei Männern am häufigsten. Sie kann sich während einer Geschäftsreise ergeben, als Folge einer Begegnung in einer Bar oder auf einer Party. Obwohl der Wunsch nach einem aufregenden Erlebnis oder das Bedürfnis nach sexueller Abwechslung eine große Rolle dabei spielen mag, entstehen die meisten Begegnungen dieser Art einfach deshalb, weil sie möglich sind. Die Gelegenheit ergibt sich von selbst, und es scheint wenig dabei zu sein, sie zu ergreifen. Sehr häufig finden diese Erfahrungen mit Prostituierten oder in Massagesalons statt. Im Falle des bezahlten, unpersönlichen Sex wünscht sich der Mann häufig eine sexuelle Aktivität, zu der seine Ehefrau nicht bereit ist oder um die er sie nicht zu bitten wagt. Dabei handelt es sich im allgemeinen um Fellatio; tatsächlich verlangt der verheiratete Freier in der Regel eher oral-genitale Kontakte als Geschlechtsverkehr.

Die Gelegenheit-macht-Liebe-Begegnung hat Vor- und Nachteile. Ein Vorteil ist, daß diese Art von Affäre, da sie kaum oder gar nicht mit Emotionen behaftet ist, die eheliche Beziehung am wenigsten bedroht. Ein Mann hat nach einem anonymen »One-Night-Stand« möglicherweise ein schlechtes Gewissen, aber ein derartiges Erlebnis stellt die Gefühle zu seiner Ehefrau nicht in Frage. Sollte die Ehefrau dieser Beziehung auf die Schliche kommen, fühlt sie sich davon weniger bedroht als von einer ernsteren Affäre. Es ist sogar möglich, daß eine flüchtige sexuelle Begegnung das Sexualleben zwischen dem Mann und seiner Ehefrau bereichert. Der Mann lernt vielleicht technisch hinzu oder gewinnt neue Lust am Sex, die er dann wieder in seine Ehe einbringt. Es kann einem Mann, der aus dem einen oder anderen Grund nur noch wenig Spaß am ehelichen Verkehr hat, Vergnügen bereiten und auch einen Hauch von Aufregung und Abenteuer in sein Leben bringen.

Zu den Nachteilen einer derartigen Affäre gehören die, die generell auch für unverheiratete Männer gelten – vor allem die Gefahr einer sexuell übertragbaren Krankheit und/oder eine ungewollte Schwangerschaft. Menschen, die sich zufällig treffen und miteinander schlafen, machen sich häufig nicht die Mühe, über gesundheitliche Risiken oder Verhütungsmethoden zu sprechen. Der Mann geht in der Regel stillschweigend davon aus, daß die Frau die Pille nimmt, oder es ist ihm einfach egal, und das Ergebnis kann eine ungewollte Schwangerschaft sein. Auch besteht die Möglichkeit, daß die Frau an einer Geschlechtskrankheit leidet, und wenn es sich tatsächlich um einen anonymen Kontakt handelt, bereitet es ihr kaum größere Sorgen, ob sie ihren Partner ansteckt. Wenn sich der Mann nun mit einer sexuell übertragbaren Krankheit infiziert, wird er sie mit hoher Wahrscheinlichkeit an seine Frau weitergeben. Er wird »beichten« müssen, um sie von der Notwendigkeit einer Behandlung zu überzeugen. Ein weiterer Nachteil besteht darin, daß der Mann auf diese Weise ins Alkohol- und Drogenmilieu geraten kann, das häufig im Umkreis von Bars und Bordellen angesiedelt ist.

Ein weiterer Nachteil der flüchtigen Affäre liegt darin, daß sie – wenngleich sie sexuell Neues zu bieten hat – häufig von der ehelichen Beziehung ablenkt. Ein Mann, der seine sexuelle Erregung und Abwechslung außerhalb der Ehe findet, ist nicht sehr motiviert, die erotische Beziehung mit seiner Ehefrau zu verbessern. Es besteht die Gefahr, daß flüchtige Begegnungen oder Besuche in Massagesalons zur Gewohnheit werden und so eine Tendenz verstärken, die höchst schädlich für die Ehe ist – nämlich den Sex in der Ehe als Routine und wenig aufregend abzutun und den Sex außerhalb der Ehe als abwechslungsreich und abenteuerlich zu sehen. Wenn man seine Ehe so behandelt, verringert es nicht nur den Spaß, sondern trägt sogar zu ihrer Zerstörung bei.

Die andauernde Affäre

Die andauernde Affäre ist für Männer die zweithäufigste Form von außerehelichem Sex. Solche Affären basieren auf dem Abkommen zwischen einem Mann und einer Frau, daß sie sich periodisch treffen, zum Sex, um sich zu unterhalten, gemeinsam etwas zu trinken, zu essen, aber sonst nichts. Es wird nicht erwartet, daß sich die Beziehung entwickelt, ernster oder intimer wird. Für gewöhnlich wird Intimität oder Besitzdenken, das über einen bestimmten Punkt hinausgeht, von einem oder beiden Partnern abgelehnt. Beispiele für diese Art von Affäre bieten der Vertreter, der den Abend immer mit einer bestimmten Frau verbringt, wenn sein Beruf ihn in ihren Wohnort führt, der Mann, der jede Woche oder so eine Alleinstehende aufsucht, um mit ihr zu schlafen, der Vorgesetzte und seine Sekretärin. Diese Affären sind häufig von kurzer Dauer, aber wenn sie die Bedürfnisse beider Parteien befriedigen und niemand Angst vor Entdeckung haben muß, können sie auch über Jahre Bestand haben.

Die andauernde Affäre hat eindeutige Vorzüge. Sie erlaubt einen gewissen Grad an Beständigkeit und menschlichem Kontakt und bedeutet ein zusätzliches sexuelles Ventil. Gleichzeitig erfordert sie kein größeres emotionales oder zeitliches Engagement. Obwohl sich die Beziehung emotional in Grenzen hält, bietet sie dem Mann doch die Möglichkeit, über Gedanken, Vorstellungen, Frustrationen und Emotionen zu sprechen, die er seiner Frau gegenüber nicht meint äußern zu können. So ist diese Affäre nicht nur ein sexuelles Ventil, sondern zugleich ein psychisches. Wenn eine Ehe zerrüttet ist, der Mann sich aber nicht scheiden lassen will, kann ihm diese Art einer Affäre helfen, den »Schein zu wahren«. Die andauernde Affäre lindert nicht nur seine Einsamkeit, sondern erfüllt auch seine sexuellen Bedürfnisse. Außerdem ist da noch der Vorteil, daß eine solche Beziehung, auch wenn sie zu bequemer, vertrauter Routine werden kann, dem Leben eines Mannes gleichzeitig noch einen Hauch von Abenteuer verleiht. Die Erfahrung, ein heimliches Treffen vorzubereiten, ein »Doppelleben« im Verborgenen zu führen, bietet einen gewissen Charme und Aufregung an und für sich.

Die andauernde Affäre hat dieselben Nachteile wie die flüchtige Begegnung – nämlich das Risiko der Entdeckung, der ungewollten

Schwangerschaft, der sexuell übertragbaren Krankheit –, aber sie hat auch noch einige spezifische. Die größte Gefahr besteht darin, daß sie zu tieferem und persönlicherem Engagement führen kann, als geplant war. Emotionen sind unberechenbar, und es gibt keine Garantie dafür, daß sie auf dem Niveau bleiben, das ihnen bestimmt war. Ein derartig wachsendes Gefühl kann auf Gegenseitigkeit beruhen, aber es kann auch nur einseitig sein. In beiden Fällen jedoch wird es mit Gewißheit zu unerwarteten Komplikationen führen.

Das Leben der meisten Menschen ist nicht so konzipiert, daß es plötzliche Emotionsladungen verkraften kann, und die Konsequenzen, wenn man sich plötzlich zwischen einer fordernden, eifersüchtigen Geliebten und einer zunehmend mißtrauischen Ehefrau wiederfindet, können verheerend sein. Da diese Art der Affäre häufig weit mehr Zeit und Energie erfordert, als ursprünglich abzusehen war, kann sie die Konzentration von anderen Lebensbereichen ablenken. Mit als erstes wirkt sich der Zeitdruck auf die Beziehung des Mannes zu seinen Kindern aus; er hat einfach keine Zeit mehr für die Vaterrolle. Er stellt fest, daß ihm weniger Zeit für seine Arbeit bleibt, für seine Hobbys und seine Freunde. Das, was ursprünglich seinem Vergnügen und seiner Entspannung dienen sollte, kann ironischerweise nun zu steigenden Anforderungen und Einschränkungen seiner Zeit und Energie führen. Wenn es dem Mann nicht gelingt, die Affäre zu beenden (was für gewöhnlich weitaus härter und komplexer ist, als sie zu beginnen), kann die Situation leicht außer Kontrolle geraten und in einer Katastrophe enden.

Ein weiterer Nachteil ist der Verlust der ehelichen Intimität. Nicht nur, daß die andauernde Affäre sich wahrscheinlich negativ auf die sexuelle Beziehung des Mannes zu seiner Frau auswirkt, sie wird sich wahrscheinlich auch auf ihre emotionale Verbundenheit auswirken. Der Mann bringt weniger Energie für seine Ehe auf und wird sich seiner Frau weniger mitteilen. Aufgrund seines schlechten Gewissens und/oder seiner Angst vor Entdeckung ist er besonders vorsichtig und wenig kommunikativ. Als Folge hiervon kann seine Frau mißtrauisch werden oder einfach das Gefühl bekommen, daß er sie nicht mehr liebt. Sie zieht sich zurück, was wiederum dazu führt, daß er sich enger an seine Freundin bindet.

Brian und Ellen
Brian und Ellen sind ein gutes Beispiel. Ursprünglich suchte mich Ellen wegen einer Therapie auf. Sie war unglücklich, mutlos und beklagte sich darüber, daß ihr die Verantwortung für das Haus und zwei Kinder zuviel würde. Sie erklärte, daß sie eine Abwechslung brauchte und mit dem Gedanken spielte, wieder zur Schule zu gehen. Es wurde bald klar, daß eines ihrer größten Probleme darin bestand, daß ihr Mann zu beschäftigt war, um ihr zu helfen oder sie emotional zu unterstützen. Auf meinen Vorschlag hin bat Ellen darum, daß er ebenfalls an den Sitzungen teilnahm. Nachdem ich mit beiden gemeinsam und dann mit Brian allein gesprochen hatte, erfuhr ich von der Geschichte, die sich hinter ihrem derzeitigen Problem verbarg.

Brian war Leasing-Agent, hatte relativ flexible Arbeitszeiten und Kontakt zu einer Vielzahl von Menschen. In den beiden ersten Jahren ihrer Ehe war ihr Sexualleben recht gut gewesen, aber während der Schwangerschaft kam es fast zum Erliegen. Brian beschloß, sich anderweitig umzutun, und hatte eine ganze Reihe von flüchtigen Affären. Er fand den außerehelichen Sex aufregender als den »etablierten« mit seiner Frau. Brian hatte das Gefühl, wieder jung zu sein, und freute sich, daß Ellen ihm nicht auf die Schliche kam. In diesem Stil machte er weiter, bis ihm nach der Geburt des zweiten Kindes – fünf Jahre später – alles zuviel wurde. Bei all seiner Arbeit, seiner Ehefrau, den Kindern und sonstigen Verpflichtungen blieb ihm kaum Zeit für sich selbst. Er wurde immer empfindlicher, und Ellen litt ebensosehr wie er selbst. Als diese Probleme bei den Sitzungen zutage kamen, beschlossen sie, daß es wohl das Beste wäre, sich scheiden zu lassen. Es hatte sich einfach zuviel Wut, Enttäuschung und Fremdheit auf beiden Seiten aufgestaut, als daß sie die nötige Energie hätten aufbringen können, ihre Ehe zu retten.

Alternativbeziehungen

Diese dritte Kategorie ist die komplexeste und auch diejenige, die die Ehe am stärksten bedroht: die sexuell wie gefühlsmäßig intime Alternativbeziehung. In dieser Situation werden mehr emotionale und sexuelle Bedürfnisse des Mannes in der außerehelichen Beziehung als in der Ehe erfüllt. Es gibt definitive Vorteile sowie auch Nachteile, die man bei der Alternativbeziehung in Betracht ziehen muß.

Eine intime Affäre kann das Ego mächtig stärken, besonders bei Menschen, denen es am Arbeitsplatz oder in der Ehe nicht gutgeht oder die aus anderen Gründen niedergeschlagen sind. Wenn Liebe, Aufregung und Leidenschaft im Leben eines Menschen eine Zeitlang fehlen, kann es ausgesprochen belebend wirken, wenn man sie plötzlich wieder spürt. Stellt ein Mensch fest, daß er noch lieben und geliebt werden kann, sieht er das Leben mit ganz anderen Augen. Es heißt, Liebe wäre das beste Heilmittel, und das gilt auch für ein außereheliches Verhältnis. Eine Alternativbeziehung kann sich auf das ganze Leben eines Mannes deutlich regenerierend auswirken. Sie kann ihn dazu treiben, Dinge auf eine Art in die Hand zu nehmen, die er zuvor nicht für möglich gehalten hätte. Wer eine Ehe führt, die irreparabel zerstört ist, aber zu apathisch ist, etwas zu verändern, dem kann eine Alternativbeziehung vor Augen führen, was ihm entgangen ist, und ihn dazu bewegen, die Scheidung einzureichen. Tatsächlich ist für Männer eine Alternativbeziehung der häufigste Scheidungsgrund.

Aber auch die potentiellen Nachteile einer Alternativbeziehung sind nicht zu unterschätzen. Die Gefahren und Probleme, die mit den beiden anderen Arten von Affären assoziiert werden, ergeben sich auch hier. Hinzu kommt, daß die Alternativaffäre häufig im Fiasko endet. Sie bedeutet den größten psychischen Streß für einen Mann, da sie ihn praktisch zwingt, ein Doppelleben zu führen. Eine der beiden beteiligten Frauen wird am Ende verletzt sein, wird sich zurückgewiesen fühlen, und es besteht die Möglichkeit, daß der Mann schließlich beide Partnerinnen verliert. Der emotionale Konflikt kann sehr intensiv werden und sich negativ auf Familie, Beruf und allgemeines Wohlbefinden auswirken. Die meisten Männer sind unfähig, diese Art Doppelleben zu ertragen, ganz gleich, was man in letzter Zeit aus Büchern oder Zeitschriften an Ratschlägen erfährt, wie man mit mehreren Liebesbeziehungen zur gleichen Zeit umgehen sollte. Die Mehrzahl der Männer, die sich auf eine Alternativbeziehung einlassen, stellt schließlich fest, daß sie sich zwischen der Geliebten und ihrer Ehe entscheiden müssen. Und diese Entscheidung wird aller Wahrscheinlichkeit nach von beträchtlichem psychischem Aufruhr und Schmerz begleitet sein. Psychologen witzeln häufig: Wenn die Menschen aufhören würden, Affären zu haben, würden die Geschäfte um ein Drittel zurückgehen. Die Affären stürzen für gewöhnlich die Ehe in die Krise, wenn sie entdeckt werden, und selbst wenn das nicht der Fall sein sollte, verursachen sie doch sowohl dem Mann als auch seiner Geliebten hohe Belastungen.

Eine gewisse Art der Alternativbeziehung ist die äußerst romantische, emotional intensive Beziehung, die nicht sexuell vollzogen wird. Das Gefühl des Verbotenen und der quälende Wunsch, sexuelle Beziehungen zu dem anderen aufzunehmen, können die Gedanken eines Menschen beherrschen. Diskussionen mit der Frau darüber, daß sie nur gute Freunde sind und sich auf kein Abenteuer einlassen sollten, dienen nur dazu, sexuelle Spannung zu erzeugen. In dieser Atmosphäre lösen ein Kuß oder eine Berührung schon mächtige Gefühle und Wünsche aus. In gewisser Weise sind nicht vollzogene Affären für eine Ehe ein größeres Risiko als jede andere außereheliche Beziehung.

Übernehmen Sie die Verantwortung für Ihre Entscheidungen

Diese Aufzählung der Vor- und Nachteile der unterschiedlichen Arten von Affären ist natürlich stark vereinfacht. Im wirklichen Leben ist jede außereheliche Begegnung einzigartig und paßt so recht in keine der genannten Kategorien. Ganz gleich, wie sorgfältig wir das Für und Wider abwägen, wir können niemals ganz objektiv sein. Letzten Endes entscheiden wir intuitiv und aus dem Augenblick heraus, und häufig bereuen wir diese Entscheidung später. Das ist nur noch ein Grund mehr, um unsere Situation und unsere Gefühle von vornherein gründlich zu untersuchen, um eine gewisse Basis für künftige Entscheidungen zu haben. Im Idealfall diskutieren Mann und Frau schon zu Beginn ihrer Ehe offen und ehrlich über dieses Thema, um über die Geanken und Gefühle des anderen Bescheid zu wissen. Tatsächlich jedoch geschieht dies nur selten, wenn überhaupt jemals. Der Mann hat für gewöhnlich eine bestimmte Vorstellung, die häufig ganz anders aussieht als die seiner Frau. Typisch für ihn ist, daß er davon ausgeht, seine Frau würde niemals einen Seitensprung machen, er selbst aber hätte »Gelegenheit-macht-Liebe«-Begegnungen oder eine andauernde Affäre. Nur wenige Menschen halten im voraus eine Alternativbeziehung für möglich.

Meine persönliche Erfahrung

Als Emily und ich heirateten, bestand ein Teil meines traditionellen männlichen Chauvi-Denkens auch in der Annahme, daß ich heimliche Affären haben würde. Ich hatte nicht viel über Emily nachgedacht, was außerehelichen Sex anging, aber ich nahm an, daß sie meinem Beispiel nicht folgen würde. Nach einem Jahr Ehe kam das Thema einmal bei einem Gespräch auf, und Emily erzählte mir, daß sie keinerlei Doppelmoral akzeptieren würde. Eines unserer gemeinsamen Ziele bestand darin, das Gefühl von persönlicher Gleichberechtigung immer weiter zu stärken. Ich versicherte ihr, daß für mich höchstens Gelegenheit-macht-Liebe-Affären in Frage kommen würden; daß die Affäre nicht wichtig und völlig von der Ehe losgelöst sein würde. Sie erklärte, wenn ich zu Seitensprüngen bereit wäre, würde sie für sich dasselbe Recht in Anspruch nehmen. Emily machte ihre Abneigung gegen flüchtige Affären deutlich und sagte, wenn sie eine Affäre hätte, würde sie auch ein gewisses Maß an emotionalem Engagement beinhalten. Wir sprachen darüber, ob ich damit klarkommen würde, und ich mußte zugeben, daß das nicht der Fall war. Wir sahen uns der Frage gegenüber, ob wir in unserer Ehe in bezug auf Sex einen doppelten Maßstab anlegen wollten. Es schien ganz klar, daß – zumindest in unserem Fall – ein einziger Maßstab befriedigender sein würde und daß mir die unbedingte eheliche Treue mehr zusagte als eine mögliche Vielzahl flüchtiger Affären.

So machten wir unsere Gefühle und Erwartungen ganz deutlich. Der Vorteil davon ist, daß unsere Vereinbarung uns mehr Freiheit im Umgang mit Freunden des anderen Geschlechts einräumt, als wir sie hätten, wenn sich keiner von uns auf das Versprechen des anderen verlassen könnte. Wir sind allerdings auch verwundbarer, sollte einer von uns die Vereinbarung brechen und doch eine Affäre haben. Wenn es dazu käme, zöge es Schmerz und Wut nach sich und würde eine Menge Gespräche und Diskussionen erfordern. Aber da wir einander sehr viel bedeuten, würde es nicht unbedingt das Ende unserer Beziehung sein. Bislang hat unser Abkommen die Bedürfnisse unserer Ehe ganz gut erfüllt, das heißt aber nicht unbedingt, daß es auch für Sie oder Ihre Ehe gut ist. Sie müssen sich Ihrer eigenen Werte, Gefühle, Erfahrungen und der konkreten Situation bewußt werden.

Anhaltspunkte für den Umgang mit Nebenbeziehungen

Sie sollten nicht nur die Vor- und Nachteile der unterschiedlichen Arten von außerehelichem Sex, sondern auch Richtlinien kennen, die sich in diesen Situationen bewährt haben. Als erstes gilt: Je besser die Ehe, desto weniger ist durch eine Affäre zu gewinnen. Wenn eine im Grunde gute Beziehung durch sexuelle oder emotionale Probleme belastet wird, ist es sinnvoller, diese gemeinsam aufzuarbeiten, als eine neue Beziehung einzugehen und diese später wieder zu lösen. Wenn die Probleme zu schwerwiegend scheinen, kann vielleicht ein Ehetherapeut helfen. Viele Menschen lehnen professionelle Hilfe ab, weil sie sie als Zeichen von Schwäche ansehen, als Eingeständnis, daß die Dinge ihrer Kontrolle entglitten sind. Aber wenn diese Entscheidung überhaupt etwas aussagt, dann doch nur, daß einem Paar seine Beziehung wichtig ist. Außerdem kann ein Therapeut, der im Umgang mit ehelichen und sexuellen Problemen ausgebildet und erfahren ist, einen objektiven Standpunkt beziehen und auch das Wissen anbieten, das nötig ist, um Konflikte besser zu verstehen und zu lösen.

Weiter ist es wichtig, sich vor Selbsttäuschung zu hüten. Es ist sehr leicht, sich einzureden, daß das, was Sie tun, in bester Absicht geschieht, auch wenn das ganz und gar nicht der Fall ist. Wo es um außerehelichen Sex geht, ist Ehrlichkeit um der Ehrlichkeit willen nicht unbedingt das Gelbe vom Ei. Ihrer Ehefrau einen Seitensprung zu gestehen mag auf den ersten Blick tugendhaft scheinen. Sie haben möglicherweise das Gefühl vollendeter Offenheit, wenn Sie Ihrer Frau von Ihren Erfahrungen erzählen. Tatsächlich aber drücken Sie ihr gegenüber indirekt Ihre Feindseligkeit aus und/oder versuchen, Ihr eigenes Schuldgefühl auf sie abzuwälzen. Daß Sie einen Teil Ihres Lebens vor Ihrer Frau geheim halten müssen, ist vielleicht der Preis für eine Affäre. Es ist meistens unfair, von einer Ehefrau zu verlangen, eine Affäre zu akzeptieren und die Ehe fortzuführen, als wäre nichts geschehen. Eine Geliebte zu haben und gleichzeitig den Zustand süßer Unschuld zu genießen - das ist einfach zuviel verlangt. Eine Strategie, die Männer in dieser Situation häufig anwenden - ihre Frauen zu überreden, selbst eine Affäre zu haben, um »gleichzuziehen« - ist nichts weiter als eine Art von Zwang, der eher das Bedürfnis des Ehemannes widerspiegelt, sein schlechtes Gewissen zu beruhigen, als die Sorge um die Bedürfnisse seiner Frau. Vielleicht drückt es sogar unterschwellig den Wunsch nach Trennung aus.

Schließlich gibt es Verhaltensweisen, die darauf hindeuten, daß sich hinter dem Seitensprung destruktive Motive verbergen. Da haben wir etwa den Mann, der eine Reihe von Affären mit jüngeren Frauen hat, für gewöhnlich, um seine Attraktivität und sexuelle Tüchtigkeit unter Beweis zu stellen. Dieser Mann redet sich vielleicht ein, daß seine Frau ihn nicht mehr antörnt und ihn geradezu zwingt, sein sexuelles Vergnügen anderweitig zu suchen. In Wirklichkeit hat er es mit einem grundlegenden Problem zu tun, dem er sich nicht stellen will.

Sexuelles Versagen ist kein guter Grund, Sex außerhalb der Ehe zu suchen. Es stimmt schon, viele Männer (aber auch einige Frauen) mit einer sexuellen Fehlfunktion beginnen eine außereheliche Affäre, um zu sehen, ob sie dort funktionieren (d.h., hat er bessere Kontrolle über seine Ejakulation, bessere Erektionen, größeres Verlangen oder keine Ejakulationshemmungen?). Doch wenn Sie das herausgefunden haben, erhebt sich immer noch die Frage, wie Sie mit dem Sex in der Ehe umgehen wollen. Die ehrlichere, produktivere Art wäre zu versuchen, das Problem innerhalb der Ehe zu lösen und sich professioneller Hilfe zu versichern, wenn es erforderlich ist.

Ein weiteres Beispiel destruktiven Verhaltens gibt der Mann ab, der wiederholt außerehelichen Sex mit verheirateten Nachbarinnen, mit den Freundinnen seiner Frau, mit Mitarbeiterinnen und anderen Frauen sucht, deren Identität eine Entdeckung der Affäre sowohl extrem wahrscheinlich als auch äußerst peinlich machen würde. Ein solcher Mann setzt den außerehelichen Sex in der Regel unbewußt als Mittel ein, sich selbst oder seine Ehefrau zu bestrafen - möglicherweise auch beide.

In den Fällen, in denen Selbsttäuschung keine Rolle spielt, kann der außereheliche Sex eine positive Rolle im Leben eines Mannes spielen. Wie eine voreheliche Affäre kann die außereheliche eine Lernerfahrung bedeuten; sie kann einem Menschen zeigen, was in einer Beziehung möglich ist, auf sexuellem oder emotionalem Gebiet oder auf beiden. Ob nun das Wissen, das durch außerehelichen Sex gewonnen wurde, verwendet wird, um die Ehe zu bereichern oder um die Trennung zu beschleunigen, ist etwas, was der einzelne für sich selbst herausfinden muß.

Jack

Jack, einer der älteren Studenten meiner Vorlesung über menschliches Sexualverhalten, verfaßte als Teil der Klassenarbeit einen sexuellen Lebenslauf. Seine Geschichte illustriert, wie außerehelicher Sex eine Ehe positiv beeinflussen kann. Jack war ein neunundzwanzigjähriger Buchhalter, der in einem religiös fundamentalistischen Haushalt aufgewachsen war. Mit einundzwanzig hatte er geheiratet, und auch wenn er ein paar Freundinnen gehabt hatte, so hatte er doch nie mit einer anderen Frau als seiner Ehefrau geschlafen. Obwohl er mit seiner Arbeit, dem Haus und vor allem seinem vierjährigen Sohn recht glücklich war, hatte er doch das Gefühl, daß es seinem Leben an Aufregung mangelte. Sex mit seiner Frau klappte, war aber Routine. Wenn er auch zwei Jahre brauchte, um es zuzugeben: was er sich wünschte, war eine Affäre. Es dauerte weitere sechs Monate, ehe sich anläßlich einer Geschäftsreise eine Gelegenheit bot.

Der Sex in jener ersten Nacht war zwar nicht berauschend, aber Jack fühlte sich sehr frei und liberal. Im nächsten Jahr nahm er jede Gelegenheit wahr, zu reisen und sexuelle Beziehungen einzugehen.

Eine Frau machte ihn mit oralem Sex bekannt, und als er heimkam, führte er seine Frau in diese Technik ein. Nach einem Jahr ermutigte Jack seine Frau, eine Affäre zu haben, »um sich sexuell zu emanzipieren«. Sie kamen überein, nicht über die Einzelheiten ihrer Affären zu reden, aber die neuen sexuellen Techniken miteinander zu teilen, die sie lernten. Nach diesem Muster lebten sie zwei Jahre, und ihr Sexualleben blühte auf.

Derzeit hat Jack keine Freundin, weil die sexuelle Beziehung zu seiner Frau so viel besser geworden ist und weil es in der Vergangenheit einige emotional erschöpfende Diskussionen und Streits gegeben hat, vor allem über Jacks Reaktionen auf die Affären seiner Frau. Wenn sich jedoch eine wirklich verführerische Gelegenheit ergibt, wenn er außerhalb der Stadt ist, dann wird er diese nicht ausschlagen. Ihre persönliche Beziehung ist gereift, zum Teil, weil sie über ihre Gefühle in bezug auf die Ehe und andere Beziehungen gesprochen haben. Ihre Bemühungen, Techniken, die sie in außerehelichen Beziehungen gelernt haben, in die Ehe einzubringen, hat sie einander näher gebracht und dazu beigetragen, die Zweifel und Ängste gering zu halten, die für gewöhnlich mit derartigen Affären einhergehen.

Partnertausch und offene Ehe

Es gibt Paare, die behaupten, Partnertausch (»Swinging«) würde die eheliche Beziehung nicht gefährden. Ungefähr ein bis drei Prozent der verheirateten Bevölkerung haben Erfahrung damit. Sie bestätigen, außereheliche Affären unter kontrollierbaren Bedingungen gehabt und so ihren Ehen Abwechslung und Aufregung verliehen zu haben, ohne dabei den Respekt vor und das Vertrauen zum Partner zu verlieren. Swinging muß nicht unbedingt schlecht oder abstoßend sein – es kommt auf das Paar, seine Ziele und Wertungen und auf die Art der Beziehung an. Es fällt jedoch auf, daß nur wenige Paare länger als sechs Monate swingen und daß gewöhnlich der Ehemann die Entscheidung trifft, und zwar sowohl am Anfang einer derartigen Beziehung als auch an deren Ende.

Die »offene Ehe«, ein Arrangement, bei dem beide Partner frei sind, außereheliche Beziehungen einzugehen, ohne diese Aktivitäten geheimzuhalten, wurde in einigen Büchern propagiert, die zu Bestsellern avancierten. Forschungsstudien haben jedoch gezeigt, daß das Konzept der offenen Ehe für die meisten Paare nicht geeignet ist. Es hört sich in der Theorie toll an, wird sich aber in aller Regel ausgesprochen negativ auf das Leben und die Ehe der Menschen auswirken. In derartigen Beziehungen ist das Potential für Selbstbetrug wie auch für Zwang sehr groß. Die Vermutung, die hinter der offenen Ehe steht, ist die, daß ein reifer und liberal eingestellter Mensch weder Wut noch Eifersucht verspürt, wenn sein(e) Partner(in) eine sexuelle Beziehung mit einem anderen Menschen eingeht. Da wir uns alle gern für reif und liberal halten, leugnen wir möglicherweise gewisse emotionale Reaktionen auf die außerehelichen Aktivitäten unseres Partners, wie brennende Eifersucht, obwohl sie uns im Grunde keineswegs fremd sind. Gefährlich wird es spätestens, wenn diese unterdrückten Gefühle plötzlich zum Ausbruch kommen und die Ehe in einen Sturm von Abscheu und heftigen Emotionen hineinreißen.

Wie Sie auf einen Seitensprung Ihrer Frau reagieren

Statistisch gesehen lassen sich mehr Männer auf außerehelichen Sex ein als Frauen. Kinsey hat festgestellt, daß ungefähr fünfzig Prozent aller verheirateten Männer mindestens eine außereheliche Beziehung hatten, und neuere Forschungen zeigen, daß diese Zahl heute näher an 55 oder 60 Prozent liegt. Im Vergleich dazu haben zwischen 25 und 40 Prozent der Ehefrauen außerehelichen Sex. Ein wichtiger Faktor hierbei ist die Tatsache, daß sich Männern mehr Gelegenheiten bieten. Außerdem gelten Seitensprünge als fester Bestandteil der Männerrolle. Dazu kommt, daß Männer häufiger für Sex zahlen, was bei Frauen noch ausgesprochen selten vorkommt. Ein für gewöhnlich nicht erwähnter Faktor ist auch, daß Männer weniger geübt darin sind, ein Angebot auszuschlagen, als Frauen.

Männer reagieren stärker auf außereheliche Affären ihrer Frauen als umgekehrt, was größtenteils auf die Doppelmoral zurückzuführen ist, die davon ausgeht, daß Männer mehr Abwechslung und Aufregung brauchen als Frauen. Was bei Männern als akzeptabel gilt, wird Frauen gleich als Untreue und Tugendlosigkeit ausgelegt. Diese unterschiedliche Einstellung spiegelt sich auch in der Art von Affären wider, die Frauen für gewöhnlich haben – am häufigsten ist bei ihnen die Alternativbeziehung. Eine »Gelegenheit-macht-Liebe«-Affäre findet sich bei Frauen viel seltener. Dieser Kontrast reflektiert die tiefgehenden und komplexen kulturellen Unterschiede in bezug auf die spezifischen Verhaltensweisen der Geschlechter. Hinzu kommt, daß Männer unterstützt, wenn nicht sogar indirekt aufgefordert werden, sich auf flüchtige Liebeleien einzulassen, während sich diese Haltung in den meisten Teilen der weiblichen Bevölkerung nicht beobachten läßt. Typischerweise sucht die Frau eine Beziehung, in der sie wichtige emotionale und/oder sexuelle Bedürfnisse abdecken kann, die in ihrer Ehe nicht befriedigt werden. Mit anderen Worten, eine Affäre der Ehefrau beeinflußt die Intimität und Stabilität der Ehe im allgemeinen mehr. Das ist auch der Hauptgrund dafür, daß Männer einen Seitensprung ihrer Frau als so bedrohlich empfinden.

Es gibt kein Patentrezept für den Umgang mit der außerehelichen Affäre der Ehefrau, allerdings ein paar praktische Anhaltspunkte, die sich als wertvoll erweisen können: Es gehört zur traditionellen Rolle des Mannes, auf eine Affäre seiner Frau mit äußerster Wut, mit Rachegelüsten und eventuell Gewalt zu reagieren. Verhält sich ein Mann anders, kompromittiert er damit sein Ehrgefühl und seine Männlichkeit. Doch selbst wenn sie von der Gesellschaft gebilligt wird, sollte eine solch stereotype Reaktion vermieden werden. Wenn Ihre Frau eine Affäre hat, müssen Sie das nicht unbedingt als Beleidigung für Ihre Männlichkeit auslegen. Ebensowenig ist es ein sicherer Vorbote der Scheidung. Es zeigt jedoch, daß es große Probleme in der Ehe gibt und daß einige wichtige persönliche und/oder sexuelle Bedürfnisse in dieser Beziehung nicht erfüllt werden.

Der vielleicht beste Umgang mit einem Fremdgehen Ihrer Frau besteht darin, daß Sie zu verstehen suchen, was es für die eheliche Beziehung bedeutet. Die Affäre könnte, wenigstens teilweise, eine

Botschaft sein, mit der Ihre Frau Ihre Aufmerksamkeit auf die Defizite in der Ehe lenken möchte. Ihre Entscheidung, eine Affäre einzugehen, könnte ihre Langeweile und Unzufriedenheit mit ihrer Rolle als Ehefrau, Mutter, Berufstätige und Managerin des familiären Gesellschaftslebens widerspiegeln. Es könnte ein Ausdruck ihres Gefühls sein, daß Sie ihr nicht genug Zeit und Aufmerksamkeit widmen, daß Sie sich vernachlässigt und ungeliebt fühlt. Sie könnte auch ihre Wut darüber zeigen, daß Sie in ihr keine gleichberechtigte Partnerin sehen. Wie es scheint, gibt es viele Gründe, und zwei kommen neuerdings noch hinzu: häufigere Gelegenheit und gestiegene persönliche Unabhängigkeit.

Männer fühlen sich von der Vorstellung bedroht, ihre Frau könnte bei einem anderen Mann größere Befriedigung finden als bei ihnen. Sexuelle Probleme in der Ehe können diese Furcht natürlich vergrößern. In der Mehrzahl der Fälle jedoch ist es das Bedürfnis nach emotionaler und psychischer Befriedigung, das die Frauen zu außerehelichen Affären motiviert, nicht einfach der Wunsch nach besserem Sex. So muß sich der Mann nicht fragen: »Wo habe ich als Sexpartner versagt?«, sondern: »Welche emotionalen Bedürfnisse habe ich als Ehemann und Liebhaber nicht erfüllt?«

Andererseits sollten Sie auch nicht den Fehler machen, die Affäre der Frau zu egozentrisch zu interpretieren, als hätte, was immer sie tut, nur Bedeutung in bezug auf Ihre Person. Manchmal hängt es einfach mit den Umständen zusammen. Manchmal werden Beziehungen so weitgehend zerstört, daß sie nicht mehr zu reparieren sind. Die Botschaft, die die Affäre einer Ehefrau dann überbringt, heißt vielleicht nicht, daß sie mehr Liebe und Aufmerksamkeit von Ihnen wünscht, sondern einfach, daß die Ehe unbefriedigend ist und sie aussteigen will. Und natürlich gibt es immer auch die Möglichkeit, daß sie sich ganz einfach von einem anderen Mann angezogen fühlt, dessen Gesellschaft sie der Ihren vorzieht – keine angenehme Wendung der Dinge, das ist sicher richtig, aber eine, der man sich stellen und mit der man umgehen muß, sollte sie sich als wahr erweisen. Wenn eine Ehe wegen eines anderen auseinandergeht, ist es für den Mann besonders hart, aber er kann es überleben und seine persönliche und sexuelle Selbstachtung zurückgewinnen.

Abschließende Gedanken

Wenn wir davon ausgehen, daß die Ehe eine potentiell entwicklungsfähige Institution ist, die für jedes Paar von großem Nutzen sein kann, das bereit ist, an der Verbesserung seiner Beziehung zu arbeiten, müssen wir meiner Meinung nach das Problem mit einer gewissen Vorsicht angehen. In den meisten Fällen wirkt sich eine außereheliche Beziehung negativ auf eine Ehe aus. Für den Mann oder die Frau, die mit ihrer Ehe sexuell und/oder emotional unzufrieden sind, ist es günstiger, daran zu arbeiten, diese Probleme in der Ehe zu lösen, als sich in eine zweite Beziehung zu flüchten und die Ehe aufs Spiel zu setzen. Aber an und für sich können außereheliche Beziehungen nicht kategorisch als gut oder schlecht abgetan werden, sondern müssen danach beurteilt werden, wie sie sich auf die Ehe und die beteiligten Personen auswirken. In gewissen Fällen können außereheliche Beziehungen einen positiven Einfluß auf eine Ehe haben, in anderen Fällen können sie ein Zeichen setzen. Ein Mensch, der sich mit dem Gedanken trägt fremdzugehen, sollte dabei immer bedenken, daß dies nie ohne ein gewisses Risiko möglich ist.

Einundzwanzigstes Kapitel
Wieder allein

Einige Theoretiker haben vorgeschlagen, die Gesetze zur Ehe dahingehend zu verändern, daß sie mit jenen übereinstimmen, die für geschäftliche Beziehungen gelten. Statt eine Verpflichtung für die Ewigkeit einzugehen und all Ihre Pläne, Finanzen und Sexualität in die Ehe einzubringen, würden Sie einen Ehevertrag unterzeichnen, der Grenzen spezifiziert - besonders finanzieller Art - und auch festhält, was zu geschehen hat, falls die Ehe nicht funktioniert. Es würde eine zeitliche Begrenzung geben - sagen wir mal, fünf Jahre -, nach deren Ablauf der Ehevertrag erneuert, verändert oder aufgehoben werden kann.

Vielleicht ganz hübsche Zukunftsmusik! Aber derzeit kann man getrost sagen, daß die meisten von uns in der Erwartung oder zumindest Hoffnung heiraten, daß die Beziehung für den Rest des Lebens Intimität und Sicherheit bieten wird. Wie viele von uns jedoch dieses Ziel erreichen, steht auf einem anderen Blatt. Tatsache ist, daß heutzutage zahllose Ehen versagen, wenn es darum geht, »glücklich bis ans Ende aller Tage« miteinander zu leben. Von zehn Paaren, die heute heiraten, werden vier geschieden. Auch wenn die Scheidung heute in unserem Kulturkreis sehr häufig ist und ihr nicht mehr das Stigma anhaftet wie noch in der Generation unserer Eltern, ist es doch schwer, wieder als Single zu leben. Es erfordert eine Menge Energie und Mühe, sich seelisch, sozial und sexuell an den neuen Status zu gewöhnen. Studien über Ehescheidungen haben gezeigt, daß der psychische Prozeß, sich zur Scheidung zu entschließen, sie durchzustehen und die Realität zu akzeptieren, im allgemeinen mindestens zwei Jahre dauert.

Noch in der Generation unserer Eltern blieben Paare zusammen, Punkt - außer es gab einen wirklich gravierenden Scheidungsgrund (Gewalt, Alkoholismus, finanzielle Vernachlässigung). Die Ehe wurde von Familie, Gemeinschaft und Religion unterstützt. Viele unglückliche und destruktive Ehen wurden aufrechterhalten, weil es einfacher war. Heute jedoch wird ein Paar, wenn es das Gefühl hat, das eheliche Band aus Respekt, Vertrauen und Intimität ist schwach oder unzulänglich geworden, die Ehe aufkündigen. Nicht nur die Scheidungszahlen steigen, auch die Zahl der Ehefrauen, die ihre Männer verlassen, hat drastisch zugenommen. Man geht heute von Schätzungen aus, nach denen siebzig Prozent der Scheidungen von Frauen eingereicht werden. So muß sich der Mann darauf gefaßt machen, daß er der Verlassene ist, statt die Rolle desjenigen übernehmen zu können, der auf eigenen Wunsch seiner Wege geht.

Der geschiedene Mann muß lernen, den Verlust einer vertrauten Kameradin und Sexualpartnerin hinzunehmen. Ganz gleich, wie armselig die Beziehung in der Vergangenheit war, die Scheidung hinterläßt ein emotionales Vakuum, das über Monate hinweg Quelle von Kummer und Schmerz sein kann. Der Geschiedene muß die Möglichkeiten bedenken, die ihm nun, da er wieder allein ist, zur Verfügung stehen, und muß Alternativen für die Zukunft entwikkeln.

Ein geschiedener Mann kann stark unter Depressionen leiden, die von Versagens- oder Verlustgefühlen ausgelöst werden. Viele geschiedene Männer glauben, daß sie in den Augen ihrer Familie, Freunde und der Gesellschaft Versager sind – daß sie der Rolle des Ehemanns und Vaters nicht gewachsen waren, die sie mit der Hochzeit übernommen haben. Doch statt auf diesem Gefühl der Niederlage herumzureiten, ist es besser, die Scheidung als einen unschönen, aber notwendigen Schritt zu betrachten, der schließlich zu einer wertvollen Erfahrung werden kann. Wenn es für Partner nicht möglich ist, in ihrer Ehe Befriedigung zu finden, ist die Scheidung eine logische und psychisch gesunde Alternative. Viele berichten auch von einem Gefühl der Erleichterung, wenn sie sich aus einer unbefriedigenden Ehe befreit haben. Die Lektionen, die ein Mann aus einer solchen Erfahrung ziehen kann, über sich selbst als Menschen und das Wesen der Ehe, können bedeutsam und hilfreich für künftige Beziehungen sein.

Sorgerecht und Besuchsrecht

Der geschiedene Mann muß sich in seiner Rolle als Vater umdefinieren lernen, wozu auch Unterhaltszahlungen und Besuchsrecht gehören. Hierbei handelt es sich um ein komplexes Thema, das ein ganzes Buch für sich allein beanspruchen könnte, aber ich möchte hier doch gerne ein paar Gedankenanstöße geben. Manchmal glauben die Kinder, *sie* hätten die Scheidung verursacht - daß die Ehe nicht zerbrochen wäre, wenn sie sich anders verhalten hätten. Sie müssen den Kindern klarmachen, daß das Problem nicht bei ihnen lag, sondern vielmehr in der Beziehung zwischen Ihnen und Ihrer Frau. Ganz wichtig ist es, immer wieder zu betonen, daß sie nicht Partei ergreifen müssen und daß Sie, auch wenn die Ehe gescheitert ist, doch immer noch ihr Vater sind und sie lieben.

Sie müssen Ihren finanziellen Verpflichtungen den Kindern gegenüber nachkommen, ganz gleich, wie Sie zu Ihrer Ex-Frau stehen, denn nur so behalten sie ihr Vertrauen. Leider wird den Müttern sehr viel häufiger als den Vätern das Sorgerecht übertragen. Ich bin ein starker Verfechter des gemeinsamen Sorgerechts, wenn es irgend realistisch ist. Aber wie auch immer dies alles geregelt wird, wichtig ist, daß Sie Ihre Kinder regelmäßig sehen und sich um sie kümmern.

Häufig bleibt zwischen den Eheleuten eine Menge Wut und Verbitterung zurück, und sie mißbrauchen die Kinder als Zankapfel. Das ist nicht nur für die Kinder destruktiv, sondern zerstört darüber hinaus Ihre eigene Fähigkeit, sich ein neues Leben als Single aufzubauen. Auch wenn Sie wahrscheinlich wütend, oder zumindest ausgesprochen ambivalent, Ihrer Ex-Frau gegenüber sein werden, müssen Sie begreifen, daß um Ihrer selbst und um der Kinder willen alles besser gehen würde, wenn jeder von Ihnen ein neues Leben beginnen könnte. Sie müssen auf respektvolle, kooperative Art miteinander umgehen, aber die emotionale Distanz zum anderen bewahren, besonders wenn neue Liebesbeziehungen im Spiel sind.

Neue Beziehungen

Es kann für einen frisch geschiedenen Mann sehr schwierig werden, eine neue Beziehung einzugehen. Besonders wenn die Scheidung mit großem emotionalem Schmerz einherging, ist der Wieder-Single vielleicht nicht bereit, mit einer anderen Frau intim zu werden und sich so anfällig für weiteren Schmerz zu machen. Doch die meisten Männer finden schnell heraus, daß das Risiko der Investition in eine neue Beziehung von der Freude und Befriedigung aufgewogen wird, die Nähe bringen kann. Tatsächlich heiraten fünf von sechs geschiedenen Männern wieder, meistens innerhalb von drei Jahren nach der Scheidung. Doch allzu oft passiert es, daß der Mann sich eine Ehepartnerin sucht, die der ersten Frau sehr ähnlich ist und mit der sich die Spannungen und Schwierigkeiten der ersten Ehe wiederholen.

Die Tatsache, daß die Scheidungsrate bei Zweitehen bedeutend höher ist als bei Erstehen, läßt vermuten, daß dieses Muster weitverbreitet ist. Statt nun in diese Falle zu stolpern, sollte sich der geschiedene Mann bemühen, die wenig erfolgreiche Ehe als Gelegenheit zu nutzen, um zu lernen, was unverzichtbar ist, damit eine Ehe für ihn befriedigend sein kann. Der Mann, der sich wieder verheiraten will, sollte sich die Zeit nehmen, eine wirklich passende Partnerin zu suchen, statt sich blindlings in eine Ehe zu stürzen, um der Einsamkeit zu entgehen. Wenn ein Mann die Scheidung nutzt, um daraus zu lernen, wird seine zweite Ehe für gewöhnlich intimer und befriedigender als die erste.

Jim

Jim war zweiunddreißig und nach fünf Jahren Ehe geschieden. Obwohl die Scheidung bitter war und sich hinzog, überstand Jim alles recht gut und machte sogar noch sein Diplom. Während er auf die Scheidung wartete, hatte Jim eine Reihe von Affären, die jeweils ein paar Monate dauerten. Als die Scheidung schließlich durch war, kam er zu dem Schluß, daß er von diesen kurzen, in erster Linie sexuellen Kontakten genug hatte und sich eine intimere Beziehung wünschte, wenn auch nicht unbedingt eine zweite Ehe.

Nach zwei erfolglosen Versuchen entwickelte er eine enge Beziehung zu einer geschiedenen Frau mit einem kleinen Kind. Sie lebten zweieinhalb Jahre zusammen, beschlossen dann aber, sich zu trennen. Jim lernte bei der Arbeit eine andere Frau kennen. Auch Judy war geschieden und hatte zwei Kinder. Obwohl ihre Beziehung eng und intim war, lebte Jim weiterhin allein, denn er kannte inzwischen die Gefahren einer Situation, in der man zusammen lebte, ohne vorher geklärt zu haben, was eingebracht werden sollte. Jim wollte sicher sein, daß er die Affäre mit Judy aus den richtigen Gründen heraus begonnen hatte, nicht weil er vor einsamen Nächten fliehen wollte oder jemanden brauchte, der für ihn sorgte. Jim und Judy beschlossen schließlich, zusammen zu leben und später zu heiraten, aber nicht, ehe sie ihre Gefühle und Erwartungen gründlich durchgesprochen hatten. Sie kamen überein, daß Jim ihre beiden Kinder adoptieren würde und daß sie ein Jahr später ein gemeinsames Kind haben wollten. Sie besprachen auch ihre sexuellen Bedürfnisse, ihre Karrierepläne, die Art, wie sie leben wollten, und in jedem Punkt vergewisserten sie sich, daß sich die Probleme, die in ihrer ersten Ehe aufgetreten waren, nicht wiederholen würden. Diese Planung zahlte sich aus, und ihre Ehe erweist sich heute als solide und zufriedenstellend.

Freundschaften

Ehe er jedoch eine neue und erfolgreiche Sexualbeziehung eingeht, muß der geschiedene Mann erst einmal mögliche Partnerinnen kennenlernen. Das macht ihm unsere Gesellschaft nicht eben leicht. Ehepaare neigen dazu, nur verheiratete Freunde zu haben, und ein frisch geschiedener Mann steht möglicherweise vor dem Problem, daß die gesellschaftlichen Möglichkeiten, die ihm offenstehen, stark eingeschränkt sind. Manchem Ehepaar, das sich der Einsamkeit, die ein geschiedener Mann verspürt, nicht bewußt ist, ist es vielleicht peinlich, ihn in ihre Aktivitäten einzuschließen. Statt nun zu erwarten, daß die anderen seine Gedanken lesen können, sollte der Mann, der wieder allein ist, die Verantwortung übernehmen und seine Freunde über seine Gefühle und Bedürfnisse informieren. Freunde fühlen sich vielleicht unwohl, wenn sie mit ihm über gesellschaftliche Ereignisse und über Frauen sprechen, oder sie sind unsicher, wie und ob sie das Thema auf seine Scheidung bringen können, oder aber sie verfallen ins andere Extrem und gehen davon aus, daß er als Junggeselle ein tolles Sexleben genießt, und dann erzählen sie ihm, wie sehr sie ihn beneiden. Es liegt an ihm, offen und ehrlich zu sein und ihnen anzuvertrauen, wie es ihm geht und was er von ihnen braucht oder nicht braucht. Er muß gewisse Dinge klar machen, zum Beispiel, ob er mit seiner Ex-Frau zusammen eingeladen werden will oder nicht, ob er die Bemühungen seiner Freunde leiden kann, ihn mit unverheirateten Frauen zu verkuppeln, ob er etwas dagegen hat, als einzelner unter Paaren eingeladen zu werden.

Sexuelle Freundschaften und Intimitätsgrade

Eine der ersten Fragen, die Sie sich stellen müssen, betrifft das Niveau von Intimität in einer Beziehung, das Sie gegenwärtig anstreben. Manche Männer interessieren sich zunächst einmal nur dafür, eine Frau für eine Nacht abzuschleppen. Häufig steckt dahinter der Wunsch, sich seine Männlichkeit zu beweisen und von Verlustgefühlen zu erholen. Es ist eine Art zu sagen: »Ich bin ein attraktiver Mann und kann mit vielen Frauen schlafen.« Für die meisten ist das jedoch nur eine Übergangsphase, die ihnen schon bald langweilig wird.

Auch das Konzept der »sexuellen Freundschaft« ist für viele Männer reizvoll. Darunter versteht man eine kameradschaftliche und sexuelle Beziehung zu einer Frau, die Kommunikation, emotionale Vertrautheit und Erotik umfaßt, aber nicht auf längerfristige Verbindlichkeit zielt. Einige sexuelle Freundschaften beinhalten die Vereinbarung, daß man sich ausschließlich mit dieser Partnerin trifft oder schläft, aber das muß nicht sein. Eine sexuelle Freundschaft kann zwei Monate oder zwei Jahre dauern, und vielleicht bleiben Sie sogar Freunde, wenn Sie sexuell längst kein Paar mehr sind. Manche Männer erinnern sich später gern an eine sexuelle Freundschaft und haben ein gutes Gefühl, was sie selbst und die miteinander verbrachte Zeit betrifft. Andere Männer finden, das Ende der sexuellen

Freundschaft hinterlasse immer einen schlechten Geschmack; ihre Gefühle sind verletzt und sie haben den Eindruck, benutzt worden zu sein. Dies geschieht am ehesten, wenn einer der Beteiligten unrealistische Erwartungen hatte oder Versprechungen gemacht hat, die er oder sie nicht erfüllen kann. So fühlen sich z.B. Paare, die zusammenziehen - oder, was noch schlimmer ist, gemeinsam ein Haus kaufen oder die Stelle wechseln, der Beziehung zuliebe -, besonders verbittert. Eine weitere Falle besteht häufig darin, daß der Mann die Kinder der Frau zu sehr ins Herz schließt oder daß sie zur »vorübergehenden Stiefmutter« für seine Kinder wird. Wenn Sie eine sexuelle Beziehung eingehen, sollten Sie sie als das genießen, was sie ist, und sich eine realistische Perspektive über den Grad an Intimität, Vertrauen und Dauer bewahren, den diese Art von Beziehung bietet. Eine meiner liebsten Faustregeln ist, daß eine Ehe niemals mehr als ein Drittel der eigenen Selbstachtung ausmachen sollte. Eine sexuelle Freundschaft ist ein wichtiger, aber vorübergehender Teil Ihres Lebens und sollte niemals mehr als ein Fünftel der Selbstachtung ausmachen. Man nimmt wegen einer sexuellen Freundschaft keine grundlegenden Änderungen in seinem Leben vor.

Und was ist mit dem Mann, der einen höheren Grad an Intimität und Sicherheit sucht und gern wieder eine Partnerin zum Heiraten finden würde? Erstens: Vergewissern Sie sich, daß Sie es auch aus wirklich positiven Gründen tun - daß Sie in der Lage sind, eine Wahl zu treffen, und bereit sind, die Verpflichtungen einzugehen, die nötig sind, um eine gute Ehe führen zu können. Schließlich ist es die Mühe nicht wert, wieder zu heiraten, wenn die neue Beziehung Ihrem Leben nicht viel Positives zu geben hat. Sie können auch als Single ein erfülltes und befriedigendes Leben führen. Wenn Sie heiraten wollen, um Ihre Einsamkeit zu beheben, oder weil Sie eine Mutter für Ihre Kinder brauchen beziehungsweise jemanden, der sich um Sie kümmert, dann wird das wahrscheinlich nach hinten losgehen und mehr Zerrissenheit in Ihrem Leben bewirken, als wenn Sie allein bleiben. Sie können selbst für sich sorgen; der Entschluß, eine Ehefrau zu suchen, sollte nur getroffen werden, um Ihr Leben um die emotionale und sexuelle Vertrautheit und Sicherheit zu bereichern.

Eine zweite Regel besteht darin, nicht zu verzweifeln, sondern drängende Streitfragen mit der neuen Frau in Ihrem Leben klar und realistisch zu diskutieren. Manche Männer beschließen, daß sie diesmal mehr von sich in die Ehe einbringen werden, und sind so eifrig auf die Heirat erpicht, daß sie ihrer neuen Partnerin alle möglichen Eigenschaften andichten. Statt sich von romantischen Illusionen fortreißen zu lassen oder von dem unrealistischen Glauben, daß diese Beziehung perfekt sei, weil sie so viel besser ist als die vorhergehende Ehe, stellen Sie lieber sich und Ihrer neuen Partnerin die notwendigen harten und wichtigen Fragen. Wie soll Ihr Leben in fünf Jahren aussehen? Welches sind die besonderen Probleme – in bezug auf Sexualität, Lebensumstände, Finanzen, Stiefkinder, wollen Sie weitere Kinder, wie wollen Sie mit Familien und Freunden umgehen? All dies muß besprochen werden. Besonders wichtig ist es dabei, sich über die Themen klar zu werden, die in Ihrer ersten Ehe problematisch waren – ob sie nun Sexualität betrafen, Finanzen, Auseinandersetzungen, gemeinsam verbrachte Zeit oder mögliche Seitensprünge –, und sie als »Fallen« zu sehen, die sie in dieser Beziehung vermeiden wollen. Statt die empfindlichen Bereiche zu verschweigen und zu hoffen, daß sie sich nicht wieder bemerkbar machen, müssen Sie sie Ihrer neuen Partnerin anvertrauen. Wenn sie anfangen, Schwierigkeiten zu bereiten, müssen Sie sich sofort darum kümmern. Wie lautet doch das Sprichwort: »Vorbeugen ist besser als heilen.« Wenn Sie Respekt vor dieser neuen Ehe haben und möchten, daß sie emotional und sexuell gut läuft, müssen Sie Zeit und Energie darauf verwenden und mit Ihrer neuen Partnerin auf achtungsvolle, kooperative Art kommunizieren.

Witwer sein

Der Tod des Partners ist für den Überlebenden ein schweres Trauma, und es ist ganz normal, eine ganze Reihe starker Reaktionen zu durchlaufen. Tritt der Tod der Frau plötzlich ein, wird die erste – und natürliche – Reaktion des Ehemannes darin bestehen, die neue Situation zu leugnen, das Gefühl zu haben, daß sie nicht »sein kann«.

Ob wir uns darüber klar sind oder nicht, ein Ehepartner nimmt großen Raum in unserem Leben ein. Der plötzliche Verlust hinterläßt eine Lücke, die wir anfangs nicht begreifen können. Es kann Monate dauern, bis der Witwer wieder das Gefühl bekommt, Teil dieser Welt zu sein. Besonders Männern unter fünfzig ist der Gedanke fremd, daß ihre Frau sterben könnte. Was die ältere Bevölkerung angeht, so gibt es viel mehr verwitwete Frauen als Männer. Und doch muß man auch als Mann damit leben lernen.

Die nächste Reaktion sind Kummer und Depression. Wenn der Witwer anfängt, die Dimensionen seines Verlustes zu begreifen, wird das Gefühl der Trauer überwältigend. Manchmal kann er sich dabei ertappen, daß er unkontrolliert weint, oder er verliert die Selbstbeherrschung. Auch das muß er als natürlich hinnehmen. Schmerz und Trauer können ihn beunruhigen. Er denkt vielleicht an die Dinge, die er und seine Frau gemeinsam tun wollten und für die jetzt nie mehr Gelegenheit ist. Vielleicht hat er ein schlechtes Gewissen, weil er nicht aufmerksamer oder großzügiger war, weil er ihr nicht die Geschenke gekauft hat, die sie sich wünschte, oder sie nicht zu den Orten geführt hat, die sie immer besuchen wollte. Er hat vielleicht sogar einfach deswegen ein schlechtes Gewissen, weil er noch lebt und weiterhin Spaß an Dingen haben kann, während für seine Frau »alles vorbei« ist. Wut ist in dieser Phase nicht ungewöhnlich. Viele Witwer sind sauer auf ihre Frauen, weil sie sie verlassen haben, weil sie sie allein gelassen haben – ein irrationales, aber natürliches Gefühl, das der Witwer versuchen sollte zu akzeptieren. Wut auf die tote Ehefrau bedeutet nicht, daß Sie sie gehaßt haben; es ist vielmehr ein Zeichen dafür, wie wichtig sie Ihnen war und wie schwer es für Sie ist, sich mit ihrem Verlust abzufinden und ein eigenes Leben aufzubauen. Wut gehört zum Trauerprozeß.

Praktische Probleme, denen sich der Witwer gegenübersieht

Zur Ehe gehören nicht nur emotionale Bindungen, sondern auch praktische Strategien der Lebensbewältigung, und viele Probleme des Witwers hängen mit seinem Gefühl zusammen, plötzlich allein für alles verantwortlich zu sein. Das gilt ganz besonders, wenn auch Kinder betroffen sind, für die gesorgt werden muß. Es ist ganz normal, wenn ein Witwer es für unfair hält, daß er plötzlich all das allein tun muß, was er und seine Frau früher gemeinsam getan haben, besonders Hausarbeit und Kinderfürsorge. Der Mann könnte in Versuchung geraten, sich von diesen Verantwortungen abzuschotten, indem er sich betrinkt oder sie einfach ignoriert. An diesem Punkt wird es wichtig, daß er die Zügel in die Hand nimmt und erkennt, daß es Probleme gibt; daß er sich ihnen stellt, statt zu versuchen, ihnen aus dem Weg zu gehen. Nicht, daß er kein Recht auf seinen Kummer hätte, aber er muß sich trotz allem um die Realitäten kümmern, und dazu gehört auch die Verantwortung seinen Kindern gegenüber. Er muß anfangen, nach vorne zu schauen und sich ein eigenes Leben aufzubauen.

Manchen Witwern gelingt es beim besten Willen nicht, die volle Verantwortung für Heim und Familie zu übernehmen. Dann ist er gut beraten, wenn er eine Bekannte oder Verwandte um Hilfe bittet. Wenn er jemanden hat, der ihn im Haushalt unterstützt, wird es ihm leichter fallen, ein eigenes Leben zu beginnen. Er sollte Hilfsangebote nicht mit dem Hinweis ablehnen, er möchte lieber alles allein schaffen. Es ist kein Zeichen von Schwäche, Hilfe zu akzeptieren! Sie machen sich in einer solchen Lage ja von niemandem abhängig, sondern versichern sich nur der Unterstützung von Dritten, um verantwortungsbewußt für sich und die Kinder sorgen zu können. Es ist ein Zeichen dafür, daß Sie Ihr künftiges Leben organisieren wollen.

Es hilft sehr, wenn der Witwer jemanden hat, mit dem er seine starken und komplexen Gefühle von Schuld, Trauer und Zorn teilen kann. Ein Freund, Familienmitglied, Pfarrer oder der Hausarzt übernehmen häufig diese Rolle. Der Witwer sucht vielleicht auch einen Psychologen auf, der ihm dabei helfen kann, über seine Gefühle zu sprechen, sie zu verstehen und zu verarbeiten. Ob er nun professionelle oder nicht-professionelle Hilfe sucht, es besteht kein Zweifel daran, daß ein frisch verwitweter Mann jemanden braucht, der zuhören kann. Gefühle, die vom Tod des Partners – oder auch durch eine Scheidung – ausgelöst werden, erweisen sich fast immer als zerstörerisch, wenn sie nicht ausgesprochen werden dürfen, und können einen Mann daran hindern, den Übergang zu einem guten Single-Leben zu finden.

Wenn Ihre Frau nach langer Krankheit gestorben ist, gehört es sicher zu den am schwersten vorstellbaren Aufgaben des Lebens, ihr Sterben zu akzeptieren. Aber Sie und Ihre Frau konnten sich auch auf ihren Tod vorbereiten. Es war besser für Sie und Ihre sterbende Frau, der Realität ins Auge zu sehen, als so zu tun, als wäre alles in Ordnung. Ein sterbender Mensch braucht Nähe und Unterstützung, braucht Hilfe, um akzeptieren zu können, was ihm geschieht. Wenn Sie so tun, als wäre alles in Ordnung, als würde Ihre Frau wieder gesund, isoliert sie das nur in einer Hülle der Unwirklichkeit, nimmt ihr die Möglichkeit, ihre wahren Gedanken und Gefühle auszudrükken. Indem er der sterbenden Ehefrau gegenüber unehrlich ist, ganz gleich, wie gut es gemeint ist, macht es der Überlebende sich selbst nur schwerer. Nicht allein, daß er die Mühe auf sich nimmt, den Schein zu wahren, er macht es sich auch unmöglich, gemeinsam mit der Sterbenden dem Tod ins Auge zu sehen. Wenn der Tod dann schließlich eintritt, ist er so nicht auf die verheerenden Auswirkungen des Verlustes vorbereitet.

Sexuelle Fragen

Was passiert sexuell in der Zeit der langen Krankheit? Der Ehemann verspürt wahrscheinlich normale sexuelle Bedürfnisse. Als erstes muß er sich darüber klar sein, daß es keine Schande ist, wenn ein Mann, dessen Frau todkrank ist, sexuelle Bedürfnisse hat. Sexuelles Verlangen ist ein grundlegender und natürlicher Bestandteil des Lebens. Die Frage ist nur, wie kann ein Paar die Bedürfnisse nach Sexualität und Zärtlichkeit mit der Realität in Einklang bringen, daß einer der Partner todkrank ist?

Die sexuelle Beziehung zwischen Mann und Frau kann fortdauern, solange es für beide angenehm ist. Wenn die Krankheit es für die Frau unmöglich macht, noch Geschlechtsverkehr zu haben, kann das Paar andere Formen der sexuellen Interaktionen genießen, vom Streicheln oder Massieren bis zur manuellen oder oralen Stimulierung bis zum Orgasmus. Es ist nichts dagegen zu sagen, wenn die sexuellen Beziehungen fortgesetzt werden, wenn einer der Partner weiß, daß er bald sterben muß. Im Gegenteil: Eines der wichtigsten Bedürfnisse sterbender Menschen ist es, nicht zurückgewiesen, ignoriert oder abgelehnt zu werden, sondern zu fühlen, daß man sie noch immer liebt. Eine der bedeutendsten Möglichkeiten, wie man das Selbstwertgefühl eines Menschen heben kann, liegt in der Zärtlichkeit, und eines ihrer wichtigsten Ausdrucksmittel ist die Sexualität, allerdings nicht das einzige.

Manchmal können sexuelle Beziehungen mit dem sterbenden Partner beschränkt oder ganz und gar unangemessen sein. In den letzten Stadien der Krankheit ist Sex vielleicht ganz unmöglich. In diesen Fällen kann die Masturbation als ausgezeichnetes sexuelles Ventil für den Mann dienen. Er sollte sich nicht selbst mißachten, wenn er masturbiert, sondern darin eine vernünftige Möglichkeit für sich sehen, seine ganz menschlichen Bedürfnisse in dieser Situation zu befriedigen. Eine andere Möglichkeit besteht natürlich darin, sich eine sexuelle Beziehung außerhalb der Ehe zu suchen. Manche Paare kommen stillschweigend überein, daß es in Ordnung ist, wenn der Ehemann sich sexuell mit anderen Frauen einläßt. Jedoch sollte ein solcher Schritt vorher gründlich durchdacht werden. Da sexuelle Beziehungen häufig zu großer emotionaler Nähe mit dem anderen führen, könnte der Ehemann mit einigem Recht fürchten, durch eine sexuelle Verbindung mit einer anderen die Nähe zu beeinträchtigen, die er zwischen seiner Frau und sich in ihren letzten Monaten spüren möchte. Letztendlich muß man die Alternativen gegeneinander abwägen – und jeder Mann muß für sich selbst entscheiden, je nach seinen eigenen Umständen und seinem eigenen Wertesystem.

Der Witwer hingegen sieht sich ganz anderen sexuellen Problemen gegenüber. Auch wenn er seine Partnerin verloren hat, ist ihm wahrscheinlich sein sexuelles Interesse geblieben. Auch hier ist es sehr wichtig, daß sich der Witwer bewußt wird, daß seine sexuellen Bedürfnisse ganz natürlich sind. Er sollte sich nicht schämen, wenn er sexuelle Gefühle hat, sondern sein anhaltendes erotisches Interesse positiv bewerten, als ein Zeichen für seinen Überlebenswillen und seinen Wunsch, trotz alledem ein aktives und erfülltes Leben zu führen.

Er kann eine Zeitlang forschen und experimentieren, um die beste Möglichkeit für sich zu finden, seine Sexualität im Hinblick auf seine derzeitigen Bedürfnisse und Gefühle auszuleben. Während manche Männer finden, daß Sex in ihrem Leben in diesem Augenblick keine große Rolle spielt, werden doch viele den Wunsch verspüren, sexuell wieder aktiv zu werden. Ihnen stehen verschiedene Möglichkeiten offen. Für viele Witwer ist die Masturbation eine hilfreiche und angenehme Art, sexuelle Spannungen abzubauen. Masturbation ist nicht anormal oder schmerzhaft, weder jetzt noch zu irgendeiner anderen Zeit, und sie kann in Situationen, in denen der Witwer noch nicht zu einer neuen Beziehung bereit ist, nützlich und angebracht sein. Der Witwer sollte auch ohne schlechtes Gewissen in der Lage sein, über eine Vielzahl möglicher sexueller Lebensmuster nachzudenken und sie auszuprobieren, bis er eine findet, die seinen Bedürfnissen und Wertungen entspricht.

Eines der Hauptprobleme, denen sich Witwer gegenübersehen, wenn sie sich sexuell mit einer anderen Frau einlassen, ist das Gefühl, sie würden ihrer toten Frau untreu. Der Witwer muß begreifen, daß es seine Frau auch nicht zurückkbringt, wenn er sich emotionale und sexuelle Befriedigung versagt; das macht nur sein eigenes Leben schwieriger und unglücklicher. Er ist es sich selbst schuldig, nach dem Tod seiner Partnerin so viel Glück zu erleben, wie er kann - die meisten Ehefrauen, die ihre Männer wirklich lieben, würden es nicht anders wollen -, und eine sexuelle Beziehung kann eine wichtige Quelle des Glücks darstellen. Die Tatsache, daß er mit anderen Frauen Sex hat, bedeutet nicht, daß er seine Frau nicht geliebt hat; sie bedeutet nur, daß er ein gesunder Mann ist, der sich entschlossen hat, sein Leben trotz seines Verlustes fortzuführen.

Das Witwer-Syndrom

Wenn er dann jedoch eine neue Sexpartnerin findet, stellt der Witwer vielleicht fest, daß er im Hinblick auf Romantik ein wenig aus der Übung ist. Genau so, wie Sie nach einigen Jahren Pause auch nicht gleich wieder gut Tennis oder Klavier spielen können, werden Sie sich wahrscheinlich auch unsicher fühlen und einige Zeit benötigen, um wieder Zutrauen zu sich gewinnen, wenn Sie nach einer Periode der Enthaltsamkeit Ihre sexuelle Aktivität mit einer neuen Partnerin wieder aufnehmen. Angst, Schuldgefühle und andere Empfindungen dieser Art können die ersten Erfahrungen beeinträchtigen und Probleme wie Erektionsschwierigkeiten, vorzeitigen Samenerguß oder Ejakulationshemmungen mit sich bringen. Derartige Schwierigkeiten sind unter diesen Umständen nicht ungewöhnlich, und der Mann darf bloß nicht überreagieren oder den Mut verlieren. Durch praktische Übung kann er sich als Sexpartner wieder wohl zu fühlen lernen, und seine sexuelle Funktionsfähigkeit wird zurückkehren. Wenn die sexuellen Probleme länger als sechs Monate andauern, sollte er jedoch einen Sexualtherapeuten aufsuchen.

Wenn er eine neue emotionale und sexuelle Beziehung aufbaut, sollte der Witwer vermeiden, Vergleiche zwischen seiner neuen Partnerin und seiner früheren Frau zu ziehen. Die Erfahrungen mit Ihrer neuen Partnerin sind sowohl sexuell als auch sonst wahrscheinlich ganz anders als die mit Ihrer früheren Frau, und Vergleiche zwischen beiden tun niemandem gut. Die tote Ehefrau zu idealisieren kann Ihre neue Partnerin unter Druck setzen und dazu führen, daß sie sich ungeliebt fühlt und den Mut verliert. Andererseits kann es zu Schuldgefühlen auf seiten des verwitweten Mannes führen, wenn er seine neue Partnerin verherrlicht. Günstiger ist es in jedem Fall, wenn der Mann sich bemüht, keine Vergleiche zu ziehen und mit der neuen Beziehung an sich umzugehen.

Abschließende Gedanken

Es ist schwer, verwitwet oder geschieden zu sein, eine Erfahrung, die Schmerz, Wut, Depressionen und Selbstzweifel verursacht. Wie rational wir auch mit einer derartigen Erfahrung umgehen, wir können nicht hoffen, ihren negativen Auswirkungen völlig zu entfliehen. Doch wenn wir unseren Wert als Mann und als Mensch nicht aus den Augen verlieren, wenn wir positiv von uns denken und unser Recht auf Glück und Erfüllung bejahen, werden wir auch in der Lage sein, uns von dem Verlust zu erholen und unser Leben neu zu organisieren. Indem wir unsere Sexualität bejahen und unsere sexuellen Empfindungen auf gesunde Art zum Ausdruck bringen, bejahen wir zugleich uns als Mensch. Der männliche Wieder-Single muß sich klar darüber sein, daß er eine Reihe von Alternativen hat und sich entscheiden kann, welche am ehesten in seinem Interesse liegt.

Zweiundzwanzigstes Kapitel

»Im Rahmen des Normalen« – Homosexualität

Bis vor etwa zehn Jahren wurde die Homosexualität in Büchern, wenn sie sich überhaupt damit befaßten, als Problem abgehandelt, das gelöst werden mußte. Man ging davon aus, daß der Homosexuelle anormal war, daß etwas in seiner Entwicklung schiefgegangen war, was ihn veranlaßte, eine Art des sexuellen Ausdrucks zu suchen, die als unnatürlich und pervers galt, und daß alle Homosexuellen unglücklich, verzweifelt und einsam waren. Die Homosexualität galt als Krankheit, und wie bei jeder Krankheit mußte es eine Ursache und ein Mittel dagegen geben. Das einzig Dumme war nur, daß niemand fähig zu sein schien, den Grund oder das Heilmittel zu finden.

In den letzten Jahren jedoch haben sich die wissenschaftlichen Erkenntnisse über die Homosexualität und die Einstellung ihr gegenüber grundlegend gewandelt. Im Gleichschritt mit der Liberalisierung unserer Haltung gegenüber der Sexualität allgemein hat sich eine aktive Schwulenbewegung gebildet (ähnlich der Bewegungen anderer Minderheiten), die den Respekt und die Gleichberechtigung verlangt, die den Homosexuellen lange verweigert wurden. Zahlreiche Prominente haben sich seither öffentlich zu ihrer Neigung bekannt, und andere Einzelpersonen sind stolz »aus der Versenkung« gekommen. Inzwischen haben Psychologen und andere Forscher Zweifel an den meisten Vermutungen angemeldet, die die »Welt der Normalos« für die Homosexualität bereit hielt. Diese Forschungen zeigen, daß Homosexualität keineswegs eine Krankheit ist, sondern vielmehr eine normale Variante menschlicher Sexualität, nicht weniger »natürlich« oder »gesund« als jede andere.

Homosexualität als normale Variante des menschlichen Geschlechtslebens

Alle Kulturen billigen gewisse Verhaltensmuster und lehnen andere ab. Was in einer Gesellschaft als normal und wünschenswert gilt, kann in einer anderen anormal und nicht anzustreben sein. Obwohl es zu allen Zeiten und in allen Kulturen Homosexuelle gegeben hat, gingen die Ansichten der verschiedenen Gesellschaften ihnen gegenüber immer stark auseinander. Manchmal wurde Homosexualität als normales Verhalten akzeptiert (zum Beispiel bei den alten Griechen); dann wieder wurde sie als sündig und pervers verurteilt und mit der Todesstrafe belegt (wie im fundamentalistischen Iran). Aber die Homosexualität ist das geblieben, was sie immer war - nicht mehr und nicht weniger als die emotionale und sexuelle Vorliebe für Partner, die demselben Geschlecht angehören wie man selbst. Ob diese Vorliebe als abnorm oder als persönliches Recht angesehen wurde, hing von den Werten und Einstellungen der Instanzen ab, die darüber urteilten.

In den Vereinigten Staaten sind die Einstellungen gegenüber der Homosexualität in der Veränderung und Neudefinition begriffen. Die zunehmende Stärke und Sichtbarkeit der Schwulenbewegung und die allgemein liberalere Einstellung gegenüber der Sexualität verleiht dieser neueren, offeneren Ansicht mehr Kraft. Dennoch gibt es immer noch eine erschreckende Zahl von Mißverständnissen, Aberglauben und Mythen, selbst unter den aufgeschlosseneren und gebildeteren Mitgliedern einer Gesellschaft. Mit der wachsenden Stärke von fundamentalistischen religiösen Gruppen und angesichts der Ängste, die durch AIDS ausgelöst werden, hat es einen Rückschlag für die Homosexuellen gegeben, haben die Vorurteile ihnen gegenüber wieder zugenommen. In diesem Kapitel will ich versuchen, diese falschen Vorstellungen, besonders im Hinblick auf die männliche Homosexualität, zu zerstreuen, indem ich das Thema so faktenreich und objektiv wie möglich abhandle.

Daten zur Homosexualität

Eine weitverbreitete, aber nichtsdestoweniger falsche Ansicht ist, daß Menschen entweder rein heterosexuell oder aber ausschließlich homosexuell sein müssen. Alfred Kinsey fand jedoch heraus - und dabei stützte er sich auf zahlreiche Fallbeispiele -, daß Homosexualität und Heterosexualität nebeneinander bestehen können und sich nicht gegenseitig ausschließen müssen. Seine Untersuchungen ergaben, daß der sexuelle Lebenslauf vieler Männer sowohl heterosexuelle als auch homosexuelle Gefühle und Erfahrungen beinhaltete.

Schätzungsweise 75 Prozent der Männer haben wenigstens einmal Phantasien, Gedanken oder Gefühlen einen anderen Mann betreffend nachgehangen, die dazu führten, daß sie sexuell erregt wurden. Meistens ist das bei Jugendlichen und jungen Erwachsenen der Fall. Es kann vermutet werden, daß einer von drei Männern irgendwann in seinem Leben mindestens eine homosexuelle Erfahrung hatte, die zum Orgasmus geführt hat, auch dies für gewöhnlich wieder als Jugendlicher oder junger Erwachsener. Ungefähr einer von zehn Männern war während mindestens einem Jahr in seinem sexuellen Ausdruck vorwiegend homosexuell orientiert. Sechs bis acht Prozent der Männer sind homosexuell orientiert. Diese Fakten sind besonders für heterosexuelle Männer wichtig, die fälschlicherweise glauben, daß ihre sexuelle Orientierung über jeden Zweifel erhaben sein muß, und daß es sie zu »latenten Schwulen« macht, wenn sie homosexuelle Gedanken oder einzelne homosexuelle Erfahrungen haben. Der überstrapazierte Ausdruck der »latenten« Homosexualität ist weder nützlich noch sehr akkurat. Er dient nur dazu, den Männern angst zu machen und ihre schwulenfeindlichen Gefühle zu verstärken. Das ist die Basis der Homophobie, die in unserem Kulturkreis so ausgeprägt ist. Die Männer haben solche Angst vor ihren homosexuellen Gedanken, Gefühlen, Phantasien und/oder Erfahrungen, daß sie schrecklich wütend werden und die Homosexuellen erniedrigen, um jeglichen Hauch von »latenter Homosexualität« in sich selbst zu bekämpfen.

Homosexualität ist keine Krankheit

Eine weitverbreitete falsche Ansicht ist auch, daß Homosexualität eine Form von Krankheit darstellt; eine Ansicht, die fest im öffentlichen Bewußtsein verankert ist. Viele Leute halten es für eine Sache der Logik, daß jeder, der Partner desselben Geschlechts vorzieht, »krank« sein muß und die Hilfe eines Psychiaters benötigt. Es stimmt zwar, daß Psychiater viele Bücher und Artikel geschrieben haben, die diesen Standpunkt vertreten. Aber diese Berichte beruhen auf Theorien und nicht auf Fakten und Beweisen, und die zitierten Fallstudien stammen aus den Reihen der Patienten der Psychiater selbst, was die Sachlage zwangsläufig verzerrt.

Es gibt eine Menge solide wissenschaftliche Beweise dafür, daß Homosexuelle - als Gruppe - nicht mehr pathologische Verhaltensweisen an den Tag legen als Heterosexuelle. Der familiäre Druck und die gesellschaftliche und wirtschaftliche Diskriminierung, mit der Homosexuelle fertigwerden müssen, rufen in ihrem Leben noch viel mehr Streß hervor. In Anerkennung derartiger Beweise und als Reaktion auf den Druck durch die Schwulenbewegung beziehen sowohl die *American Psychological Association* als auch die *American Psychiatric Association* nunmehr offiziell den Standpunkt, daß sich Homosexualität im Rahmen der Normalität bewegt und kein Fehlverhalten darstellt. Dieser Standpunkt wurde von den meisten Sexualforschern übernommen, einschließlich Masters und Johnson und dem Kinsey Institut. Für manche Männer ist eine homosexuelle Orientierung die gesundeste und mithin optimale Lebensform.

Am besten ist es, wenn man in der Homosexualität lediglich die emotionale und sexuelle Anbindung an eine Person gleichen Geschlechts sieht. Solange die Homosexualität (und dies gilt auch für alle anderen Arten sexueller Aktivität) im Privaten gelebt wird, nicht erzwungen ist, keine Verletzungen bewirkt und keine Kinder einbezieht, und solange sie nicht eingesetzt wird, um Schuldgefühle zu erzeugen oder sich selbst oder seinen Partner zu bestrafen, solange befindet sie sich im Rahmen des normalen und akzeptablen Sexualverhaltens. Damit will ich nicht sagen, daß Homosexualität in irgendeiner Weise besser wäre als Heterosexualität oder daß jeder es versuchen sollte. Was ich damit sagen will, ist, daß Homosexualität als gültige sexuelle Orientierung akzeptiert werden sollte. Es wäre ebenso falsch, die Homosexualität als sexuelle Norm zu sehen, wie man sie als minderwertig oder inakzeptable Form des sexuellen Ausdrucks abstempeln sollte.

Vorurteile gegenüber Schwulen

Viele Menschen glauben, homosexuelle Männer ließen sich anhand gewisser körperlicher Eigenschaften oder Besonderheiten ihrer Kleidung oder ihres Verhaltens erkennen. Manche Leute gratulieren sich selbst dazu, daß ihre Fähigkeit, Homosexuelle zu erkennen, Weltgewandheit und Menschenkenntnis verrät. Aber in Wirklichkeit handelt es sich hier eher um ein Zeichen von Vorurteilen, ähnlich jenen des Antisemiten, der überzeugt ist, daß er »einen Juden immer und überall erkennt«. Tatsächlich lassen sich die wenigsten Homosexuellen an Äußerlichkeiten erkennen. Die meisten Schwulen wollen sich nicht unterscheiden und halten sich deshalb ziemlich zurück, was ihr Aussehen, ihr Auftreten und ihre Kleidung anbelangt. Es stimmt auch nicht, daß sich Homosexuelle ausschließlich in bestimmten charakteristischen Berufen finden lassen. Es gibt auf jedem Gebiet Homosexuelle, auch unter Schauerleuten, Maschinisten, Ärzten, Kraftfahrern und Professoren. Manche Homosexuelle kleiden und verhalten sich allerdings tatsächlich auffallend feminin. Aber sie sind in der Minderheit, und die anderen Schwulen sehen häufig auf sie herab und meiden sie, weil sie keine Lust haben, mit ihrer Sexualität hausieren zu gehen.

Trotz der Liberalisierung der Einstellung ist die Gesellschaft den Schwulen gegenüber auch heute noch feindselig. Homosexualität gilt in den USA weiterhin als Grund, einen Mann von der Wehrpflicht zu entbinden, und trotz einer klerikalen Bewegung zur Integration der Schwulen in die religiöse Gemeinschaft, betrachtet die römisch-katholische Kirche Homosexualität noch immer als Perversion. Mehr noch, die Einstellung der meisten Menschen ist noch immer armselig und reicht von Mißbilligung bis hin zu offener Abscheu. Worin liegen nun die Gründe für diese weitverbreiteten und beharrlichen Widerstände?

Sie haben unter anderem mit der Furcht zu tun, die Homosexualität befinde sich im Vormarsch – und wenn sie nicht mit Gewalt niedergehalten wird, bedrohe sie die Familie als Keimzelle des Staates und die Gesellschaftsstruktur als ganzes. Doch diese Angst ist völlig unbegründet. Untersuchungen zeigen, daß sich der Prozentsatz der Männer mit homosexueller Orientierung nicht verändert hat. Homosexualität ist zwar sichtbarer geworden, weil mehr und mehr Menschen sich öffentlich dazu bekennen, aber sie bedeutet keine Gefahr für die Familie. Die Mehrzahl der Männer ist immer heterosexuell gewesen, und das wird auch so bleiben; sie werden heiraten und mehr als genug Kinder zeugen, um den Fortbestand unserer Gesellschaft zu sichern.

Die Angst vor AIDS ist die neueste Entschuldigung für Homophobie. Zwar stellt die HIV-Infektion tatsächlich ein sehr ernstes gesundheitliches Risiko und zugleich ein Hauptproblem von Homosexuellen dar. Dennoch ist AIDS weder eine homosexuelle noch eine heterosexuelle Krankheit, sondern vielmehr eine *Krankheit,* die in erster Linie *von Männern übertragen* wird.

Ein anderer Grund, warum so viele Menschen Angst vor der Homosexualität haben, ist die Überzeugung, Homosexuelle würden Kinder belästigen. Der Homosexuelle, der umherläuft und Jungen verführt, ist für viele besorgte Eltern eine Horrorvision. Es ist jedoch erwiesen, daß die Mehrzahl aller Fälle von Kindsmißbrauch von Heterosexuellen an jungen Mädchen begangen wird. Und wenn tatsächlich Jungen Opfer werden, handelt es sich bei den Tätern auch nur in den wenigsten Fällen um Homosexuelle.

Damit einher geht die subtile Angst, die wachsende Akzeptanz der Homosexualität könne daran schuld sein, daß die männliche Rolle nicht länger klar definiert ist; dies wird wiederum, so wird unterstellt, dazu führen, daß mehr Jungen und junge Männer homosexuell werden. Viele Menschen lehnen vor allem homosexuelle Lehrer ab, aus Angst, diese könnten die Jugendlichen verführen, in einem Lebensalter, in dem sie besonders leicht zu beeindrucken sind und sich ihre sexuelle Identität gerade erst herausbildet. Die vorliegenden Daten deuten jedoch darauf hin, daß auch diese Befürchtungen größtenteils unbegründet sind. Gesteigertes Bewußtsein und Toleranz führen nicht zu vermehrter Homosexualität.

Der vielleicht wichtigste Grund dafür, daß sich heterosexuelle Männer den Homosexuellen gegenüber so feindselig verhalten, hat mit der Angst zu tun, die eigene sexuelle Orientierung könne ungewiß sein. Heterosexuelle Männer haben Angst, »angesteckt« zu werden, wenn sie Kontakt mit Homosexuellen haben. Der Heterosexuelle fühlt sich bedroht, weil er fürchtet, daß es einen homosexuellen Teil in ihm gibt, den der schwule Mann erkennen und für sich zu gewinnen versuchen könnte. Dieses Mißverständnis ist meistens die Ursache, wenn heterosexuelle Männer Schwulen gegenüber überreagieren. Der Heterosexuelle hat das Gefühl, seine Männlichkeit vor der eingebildeten Ansteckungsgefahr schützen zu müssen, indem er sich rüde und bedrohlich verhält oder dem Homosexuellen sogar Gewalt antut. Selbst wenn sie nicht angemacht werden, neigen heterosexuelle Männer häufig dazu, Schwule auf der Straße zu belästigen, um zu zeigen, wie »macho« sie sind. Ein Mann jedoch, der sich seiner heterosexuellen Orientierung sicher ist, verspürt nicht das Bedürfnis, auf diese Art zu reagieren. Er sieht in der Einladung des Schwulen das, was sie ist - ein vergeblicher Flirt, ein fehlgeschlagener Versuch, einen Sexualpartner zu finden -, und reagiert einfach, indem er ihn ignoriert oder offen und entschieden erklärt, daß er an homosexuellen Kontakten nicht interessiert ist.

Heterosexuelle fühlen sich von schwulen Männern auch deshalb bedroht, weil die Männer in unserer Gesellschaft auf subtile Art lernen, Körperkontakt unter Männern abzulehnen und zu vermeiden. Wir lernen, daß der Kontakt unter Männern streng in Grenzen gehalten werden muß (Kampfsportarten, ein rüder Klaps auf den Rücken, ein markiger Händedruck sind gerade noch erlaubt). Selbst in der Vater-Sohn-Beziehung finden Berührungen, spielerisches Ringen und Umarmungen gewöhnlich ein Ende, sowie der Junge älter wird. Vermutlich liegt diese Zurückhaltung im Interesse eines vermeintlichen Männlichkeits-Ideals. Frauen hingegen läßt man gewähren, wenn sie sich körperlich und emotional ausdrücken wollen. Die Demonstration von Zuneigung unter Frauen wird im allgemeinen akzeptiert und scheint keine Ängste zu wecken, daß auf diese Art eine Lesbe produziert oder die »weibliche Identität« unterminiert werden könnte. Verlieren kann dabei nur der heterosexuelle Mann, der vom Austausch zärtlicher Umarmungen mit seinem besten Freund oder seinem Kind nur profitieren könnte.

Gründe für Homosexualität

Auch wenn viele Theorien darüber im Angebot sind, warum bestimmte Menschen homosexuell werden, bleibt die Frage doch im großen und ganzen noch offen. Die Leute wollen wissen: »Was ist schiefgegangen, daß jemand homosexuell werden mußte?« Ein derartiger Zugang verrät eine voreingenommene und nicht gerade wissenschaftliche Einstellung, da sie davon ausgeht, daß Homosexualität unbedingt eine psychische oder physische Fehlfunktion irgendwelcher Art voraussetzt. Einer beliebten Therorie zufolge sind Homosexuelle das Produkt von Familien mit einer dominierenden Mutter und einem passiven oder abwesenden Vater. Obwohl diese Behauptung auf einige Homosexuelle zutreffen mag, hat sie doch für die Mehrzahl der Schwulen keine Gültigkeit. Eine andere beliebte Theorie lautet, daß Homosexualität physiologische Grundlagen habe, wie Hormonstörungen oder eine genetische Prädisposition. Diese Faktoren mögen bei einer kleinen Anzahl männlicher Homosexueller eine bestimmte Rolle spielen, doch haben Forschungen ergeben, daß für die Mehrzahl der homosexuellen Männer hormonelle oder genetische Faktoren offenbar keine Hauptrolle spielen. Es gibt noch eine Reihe anderer Theorien, die jedoch ebensowenig eindeutig durch die Wissenschaft belegt sind.

Wenn man schon überlegt, was zur Homosexualität geführt haben könnte, sollte man bedenken, daß die die sexuelle Orientierung betreffende Entscheidung - also Hetero- oder Homosexualität - ein komplexes Phänomen ist, das von zahlreichen, miteinander in Zusammenhang stehenden Faktoren beeinflußt wird - Kindererziehung, Freundschaften, Sexualerziehung beziehungsweise deren Fehlen, der Umgang mit Zärtlichkeit, Körperfeindlichkeit, Beziehungen zwischen Männern und Frauen, frühe sexuelle Erfahrungen, all dies kann die sexuelle Orientierung beeinflussen.

Es ist möglich, daß eine Reihe »angenehmer Erfahrungen« in Gegenwart eines Geschlechtsgenossen in einer späteren Vorliebe für männliche Sexualpartner gipfelt – ein Prozeß, der analog zu dem verläuft, was unserer Hypothese zufolge bei der Entwicklung der Heterosexualität passiert. Die Erfahrungen früher Orgasmusreaktionen können besonders wichtig sein. Die sexuellen Phantasien, denen Männer beim Masturbieren nachhängen, besonders, wenn sie immer um dasselbe Thema kreisen, können sich stark auf die Entwicklung der sexuellen Orientierung auswirken. Beim Menschen ist die Sexualität einem Lernprozeß unterworfen, und die Art des Lernens bestimmt, ob man letztendlich Sexualpartner des eigenen oder des anderen Geschlechts vorzieht.

Doch ganz gleich, was nun zur Homosexualität führt, man sollte darin eine Lebensform sehen, die mit den emotionalen und sexuellen Wünschen und Bedürfnissen eines Menschen übereinstimmt. Ob sich ein Mensch für Homosexualität, Heterosexualität oder Bisexualität entscheidet, seine Neigung sollte von anderen Menschen respektiert werden, ungeachtet dessen, ob sie seine Ansichten teilen oder nicht. Es kann noch einige Zeit dauern, bis wir in unserer Gesellschaft eine derartige Toleranz erreichen, aber wenn es soweit ist, bedeutet das bestimmt mehr Glück und Erfüllung, als jemals unter dem Regime der alten voreingenommenen und repressiven Haltung möglich war.

Was schwule Männer sexuell tun

»Nichts Genaues weiß man nicht«, könnte man flapsig sagen, wenn man die Vermutungen der Hetero-Welt über schwule Sexualpraktiken zusammenfassen möchte. Es wird von sonderbaren Ritualen und perversen Handlungen gemunkelt. Diese Vermutungen sind ein Beispiel für die Neigung der Menschen, jeder Gruppe, von der man nur wenig weiß, abseitiges Sozialverhalten zuzuschreiben. Selbst wenn sich einige Schwule in »exotischen« Praktiken üben mögen, ist ihr Prozentsatz doch wahrscheinlich nicht höher als bei den Heteros. Die meisten Sexualtechniken, die schwule Paare anwenden, sind identisch mit denen von Heterosexuellen – eine Tatsache, die die Absurdität noch unterstreicht, irgendeine bestimmte Sexualtechnik als spezifisch homosexuell zu brandmarken. Eine homosexuelle Handlung wird über die Tatsache definiert, daß zwei Personen gleichen Geschlechts daran beteiligt sind, nicht durch die Art der angewandten Technik. So stellt der oral-genitale Kontakt zwischen einem Mann und einer Frau keinen Hinweis auf latente Homosexualität dar. Oral-genitaler Kontakt ist heterosexuell, wenn er zwischen Partnern verschiedenen Geschlechts stattfindet, und homosexuell, wenn gleichgeschlechtliche Partner beteiligt sind. So einfach ist das.

Fellatio ist unter Schwulen recht beliebt, kann gleichzeitig (»69«) oder jeweils nur von einem Partner ausgeübt werden. – Wie beim heterosexuellen Kontakt. Analverkehr wird von manchen Schwulen ausgeübt, aber auch von jedem siebten Mann-Frau-Gespann. Im Gegensatz zu weitverbreiteten Vorurteilen ist es bei homosexuellen Paaren nicht die Regel, daß beim Analverkehr immer ein und derselbe Partner die weibliche und der andere die männliche Rolle einnimmt. Man(n) wechselt sich ab. Doch seit Beginn der AIDS-Epidemie wird vom Analverkehr dringend abgeraten. Bedingt risikofrei ist er nur mit Kondom und/oder in monogamen Beziehungen zwischen »Negativen«. Andere Sexualtechniken sind gegenseitige manuelle Stimulation, Selbstbefriedigung in Gegenwart des Partners, Reiben (das gegenseitige Reiben des Penis am Körper des Partners), und Schenkelverkehr (Stoßbewegungen mit dem Penis zwischen den Beinen des Partners).

Hierbei ist nicht zu vergessen, daß all diese Aktivitäten von heterosexuellen Paaren ebenso ausgeübt werden können (und werden!) wie von homosexuellen Paaren. (Tatsächlich gibt es nur eine, die ausschließlich heterosexuellen Paaren vorbehalten bleibt, nämlich der Vaginal-Koitus.) Homosexuelle wenden diese Techniken mit ebensoviel (oder -wenig) Abwechslung und Phantasie an wie Heterosexuelle. Küssen, Liebkosen und andere Berührungen, die Bestandteil des heterosexuellen Liebesspiels sind, werden üblicherweise von Schwulen ebenso einbezogen.

Natürlich gibt es Kontakte unter Schwulen – wie anonyme sexuelle Begegnungen in Herrentoiletten oder öffentlichen Bädern nur für Männer –, bei denen Zärtlichkeit und Emotion fehlen. Aber dasselbe gilt auch für fast alle Aktivitäten zwischen heterosexuellen Männern und Prostituierten. Diese Begegnungen sind jedoch seit dem Auftreten von AIDS nicht mehr so häufig, und wer sich schon darauf einläßt, sollte wenigstens Kondome benutzen. Außerdem sollte es nicht zum Austausch von Sperma kommen.

Die Männer, die ihre homosexuellen Kontakte auf kurze, unpersönliche Begegnungen beschränken, sind häufig diejenigen, die sich bemühen, nach außen hin eine heterosexuelle Fassade aufrechtzuerhalten, und ihre Vorliebe in aller Heimlichkeit ausleben. Anonymität und fehlende Wärme können allerdings mindestens zum Teil der Intoleranz unserer heterosexuellen Gesellschaft angelastet werden.

Homosexuelle brauchen und suchen Nähe und Intimität in ihren Beziehungen. Wie ihre heterosexuellen Geschlechtskameraden verspüren auch sie das Bedürfnis nach Spontaneität und Abwechslung und nach größerer sinnlicher und emotionaler Befriedigung in ihren sexuellen Begegnungen.

Schwule Lebensstile

Die Lebensstile von Schwulen sind sehr unterschiedlich – eine Tatsache, die der Vorstellung zuwiderläuft, die Mehrzahl der Homosexuellen wäre nur daran interessiert, sexuelle Kontakte zu schließen, so daß andere Dinge zweitrangig werden. Vielen Männern gelingt es, ihre Homosexualität in ihr Leben zu integrieren, sich in produktiven Beschäftigungen zu engagieren, eine Vielzahl von sozialen und kulturellen Interessen zu pflegen und gute Freundschaften zu führen, sowie eine erotische Verbindung mit einem Liebhaber einzugehen. Aufgrund des Stigmas, mit dem unser Kulturkreis die Homosexualität belegt, entscheiden sich viele Schwule, ihre sexuelle Orientierung nur heimlich zu leben, nur anderen Homosexuellen und ihren engsten Freunden gegenüber zuzugeben, daß sie schwul sind, und sich dem Rest der Welt als »normal« zu präsentieren. So führen sie praktisch ein Doppelleben, halten zwei voneinander völlig unabhängige Identitäten aufrecht. Der psychische Druck eines derartigen Lebensstils kann ausgesprochen schädlich sein. Diese Männer sind noch nicht bereit oder in der Lage, sich der wachsenden Gemeinde von Schwulen anzuschließen, die ihre sexuelle Orientierung offen und direkt äußern, die dafür kämpfen, daß Homosexuelle keine Menschen zweiter Klasse sind und sich nicht zu schämen brauchen, keine Schuldgefühle aufbauen oder sich rechtfertigen müssen.

Wie jede Minderheit legen auch die Homosexuellen großen Wert auf Etablissements, die es ihnen erlauben, die Gesellschaft Gleichgesinnter zu genießen. Daher die wachsende Beliebtheit von Gay-Clubs, Gay-Bars, etc. Im Grunde erfüllt die Gay-Bar für Homosexuelle denselben Zweck wie die Cocktail-Lounge für heterosexuelle Singles. Nicht alle schwulen Männer mögen diese Bars; manche meiden sie sogar und ziehen andere soziale Aktivitäten vor, wie kleine Dinnerpartys oder Mannschaftssport. »Cruising« (die Suche nach sexuellen Kontakten) erfordert das Umherlaufen oder -fahren in Gegenden, in denen es viele andere Schwule gibt, die eine sexuelle Beziehung suchen. Cruising erfordert ein subtiles und komplexes System nonverbaler Signale - ganz gleich, ob es in einer Bar, auf einer Party, im Klassenzimmer oder an einer Kreuzung stattfindet. Es ist dem Balzverhalten heterosexuell orientierter Personen nicht unähnlich.

Sexuelle Beziehungen unter Schwulen sind weniger dauerhaft als bei Heterosexuellen oder Lesben. In gewisser Hinsicht läßt sich dies allerdings durch die zerstörerischen Auswirkungen der negativen Haltung der Gesellschaft gegenüber homosexuellen Männerbeziehungen erklären. Langfristige Bindungen zwischen heterosexuellen Partnern werden sozial auf jede erdenkliche Art gefördert, besonders wenn sie in der Ehe münden und Kinder aus ihnen hervorgehen. Die weibliche Homosexualität wird zwar von der Gesellschaft auch nicht gebilligt, ruft aber weniger Feindseligkeit hervor. Traditionsgemäß dürfen Frauen körperlich offener miteinander umgehen; von unverheirateten Frauen wird (jedenfalls in den angelsächsischen Ländern) schon fast erwartet, daß sie sich eine Wohnung teilen. So kann ein lesbisches Paar eine Beziehung unterhalten, ohne dabei soviel Aufmerksamkeit zu erregen wie zwei Schwule.

Trotzdem gehen viele schwule Männer eine Beziehung ein, die fünf, zehn oder zwanzig Jahre dauert, manchmal sogar noch länger. Einige schwule Paare haben sogar versucht, ihre Bindung durch eine offizielle Eheschließung zu legitimieren. Sie halten es für eine Form offener Diskriminierung, wenn man ihnen die Rechte und Vorteile verweigert, die heterosexuellen Paaren eingeräumt werden.

Schwule organisieren sich in unterschiedlichster Form. Die *Gay Activist Alliance* arbeitet zum Beispiel zusammen mit anderen Gruppen daran, die Diskriminierung der Homosexuellen zu beenden, wenn es um Einstellungsverfahren, Wohngemeinschaften und andere soziale Belange geht. Religiöse Gruppen bemühen sich darum, daß Homosexuelle innerhalb der religiösen Einrichtungen akzeptiert werden. Es gibt »Dignity«-Gruppen, Messen für schwule Katholiken und Kirchen für die Gemeinde der Schwulen. Derartige Organisationen unterstreichen die Tatsache, daß Schwule Menschen sind, deren sexuelle Orientierung und deren Lebensstil legitim sind und die man in keiner Weise daran hindern darf, dieselben Freiheiten zu genießen, die auch anderen Menschen zugestanden werden. Selbsthilfegruppen wie die »Schwulen Anonymen Alkoholiker« oder Schwulentelefone sind eingerichtet worden, die sich mit den spezifischen Schwierigkeiten befassen, denen sich Homosexuelle gegenübersehen.

Man(n) kann sich entscheiden

Wie wir zu Beginn dieses Kapitels gesehen haben, ist die sexuelle Orientierung konstant, was nichts daran ändert, daß manche Männer sowohl bei homosexuellen als auch bei heterosexuellen Aktivitäten Erregung verspüren. Es könnte dies so aussehen, als wären Männer, die in beide Richtungen neigen, ohne weiteres in der Lage, sich sowohl homosexuell als auch heterosexuell zu betätigen, wie es sich gerade ergibt. Der Mehrzahl macht die länger gelebte Bisexualität jedoch ausgesprochene Schwierigkeiten. Sich in beiden Welten zu bewegen zieht gesellschaftlich und psychisch ernstzunehmenden Streß nach sich, und dieser Druck ist für den einzelnen nur schwer auszuhalten. So müssen sich die meisten Männer, die ausgeprägt homosexuell empfinden, irgendwann bewußt entscheiden und entweder ihre homosexuelle Orientierung akzeptieren oder versuchen, ihr heterosexuelles Potential zu stärken.

Eine solche Entscheidung bleibt letztendlich dem einzelnen überlassen. Es geht darum herauszufinden, wo er glaubt am meisten Freude, Erfüllung und Glück zu finden. Seine Entscheidung sollte nicht darauf basieren, was andere ihm wünschen, ganz gleich, ob es sich bei diesen anderen um seine Eltern, seine Frau, seine Religionsgemeinschaft, seinen Arbeitgeber oder die Gesellschaft im ganzen handelt. Es stimmt zwar, daß diejenigen, die einem Menschen am nächsten stehen, glauben, nur sein Bestes zu wollen, aber ihre eigenen Gefühle setzen sie außerstande, ihm einen unvoreingenommenen und vorurteilsfreien Rat zu geben. Er selbst ist es, der mit der Entscheidung leben muß, und deshalb muß er auch die Verantwortung dafür übernehmen.

Auch ist es nicht ratsam, die Entscheidung über seine sexuelle Orientierung auf den Sankt-Nimmerleins-Tag zu verschieben. So schwierig das Leben für einen Homosexuellen unter gewissen Umständen auch sein mag, es gibt nur wenige Dinge, die schmerzhafter sind, als wenn er das Leben eines Heterosexuellen führt und dabei ständig gegen die Überzeugung ankämpfen muß, seine wirklichen emotionalen und sexuellen Bedürfnisse würden in einer homosexuellen Beziehung besser befriedigt werden. Einer der häufigsten Fehler ist der Versuch, dem Problem durch Heirat zu entfliehen. Oft sind das dann nur Scheinehen, in denen der Mann ein Doppelleben führt. Besonders schwierig ist es auch, wenn der Mann - aus Angst davor, sich seiner homosexuellen Neigung zu stellen - beschließt, seine sexuellen Bedürfnisse überhaupt zu leugnen, und dann keinerlei sexuelle Kontakte mehr eingeht. Ein solcher Mensch verurteilt sich selbst zu einem Schattenleben in beiden Welten.

Wir sind alle sexuelle Wesen, ob wir uns dessen nun bewußt sind oder nicht, und wir haben Anspruch auf irgendeine Form sexuellen und emotionalen Ausdrucks. Wenn wir diese Tatsache leugnen, so verschließen wir uns damit einer der wichtigsten Quellen des Glücks – aber auch dies ist eine individuelle Entscheidung. Dabei kann professionelle Hilfe von unschätzbarem Wert sein. Ein Therapeut, der wirklich qualifiziert genug ist, um in derartigen Situationen zu helfen, wird dem Patienten keine bestimmte Entscheidung aufdrängen, sondern ihm vielmehr helfen, seine wahren Bedürfnisse zu erkennen, und ihn dann dabei unterstützen, diese zu verwirklichen. Dieser professionelle Helfer kann ein Psychologe sein, ein Pfarrer, ein Sozialarbeiter, ein Psychiater oder auch ein Mann, der als Berater für eine Schwulenvereinigung tätig ist. Sein Wirken hängt weniger von seiner beruflichen Qualifikation ab als von dem Bemühen, dem Klienten zu helfen, eine für ihn persönlich zufriedenstellende Entscheidung zu treffen. In meiner eigenen Praxis habe ich einer ganzen Reihe von Männern helfen können, sich für eine sexuelle Richtung zu entscheiden, und immer habe ich mich an mein Prinzip gehalten, daß die Wünsche und Bedürfnisse des Klienten an erster Stelle stehen. Eine Lösung dieses (oder jedes anderen) sexuellen Problems, die von außen auferlegt wird, ist keine Lösung.

Tom

Tom war ein neunzehnjähriger College-Student, der seit seinem dreizehnten Lebensjahr aktiv schwul war. Im vergangenen Sommer hatten seine Eltern von seinen homosexuellen Aktivitäten erfahren und darauf bestanden, daß er einen Therapeuten aufsuchte. Tom machte deutlich, daß er unter Druck zu mir kam und von mir dieselbe Ablehnung erwartete wie von seinen Eltern. Meine erste Aufgabe bestand darin, ihm zu erklären, daß ich in der Homosexualität eine legitime Alternative sehe und daß ich nicht beabsichtigte, ihn zu zwingen, seine Haltung zu verändern. Wir beschlossen, drei Sitzungen darauf zu verwenden, seine sexuelle Entwicklung und seine Vorlieben zu betrachten, und dann einen Plan aufzustellen. Tom kam zu dem Ergebnis, daß eine homosexuelle Orientierung für ihn besser sein würde, da seine sexuellen Erfahrungen, seine Masturbationsphantasien und emotionalen wie sexuellen Vorlieben alle auf eine überwältigende Anziehungskraft anderer Männer hinwiesen. Wir konzentrierten uns in der Folge darauf, wie er dies seinen Eltern so beibringen könnte, daß sie seine Entscheidung akzeptierten, ohne sich selbst in Frage stellen zu müssen. Tom erkannte, daß es unrealistisch wäre zu erwarten, daß sie in Begeisterungsstürme über seine Entscheidung ausbrechen würden, zumindest anfangs, und daß er höchstens hoffen durfte, daß sie sie akzeptieren würden. Das erwies sich als richtig: Toms Eltern fanden sich schließlich mit seiner Homosexualität ab, und diese Haltung wiederum trug enorm dazu bei, daß sich die Spannungen innerhalb der Familie lockerten. Das ermöglichte Tom, sich auf das eigentliche Problem zu konzentrieren: wie er ein gutes homosexuelles Leben führen konnte – persönlich, sexuell, emotional und beruflich. Dieses Bemühen, ein erfolgreiches und befriedigendes Leben zu führen, ist ein wesentlicher Bestandteil des Akzeptierens der eigenen Homosexualität.

George
Ein anderer Patient, George, war einundzwanzig und sehr ambivalent in bezug auf seine sexuelle Orientierung. Seit seinem vierzehnten Lebensjahr bewunderte er immer athletische, ausgesprochen virile Männer und fühlte sich zu ihnen hingezogen. Überzeugt, daß er einen zu kleinen Penis hatte, erregte ihn der Gedanke an Männer mit großen Geschlechtsorganen. Obwohl George häufig masturbierte und dabei homosexuelle, heterosexuelle, bisexuelle und gruppensexuelle Phantasien entwickelte, hielten sich seine tatsächlichen Erfahrungen in Grenzen. Er hatte zwei gute homosexuelle Erlebnisse, bei denen er durch Fellatio zum Orgasmus gelangt war, und eine erfolglose Erfahrung mit heterosexuellem Geschlechtsverkehr, bei der er ejakulierte, ehe er seinen Penis einführen konnte. George wollte mit mir seine wirren sexuellen Empfindungen besprechen. Ich sagte ihm zunächst, daß die Entscheidung »normal oder schwul« ganz allein bei ihm lag. Nach vier oder fünf Sitzungen, in denen wir seine sexuellen Erfahrungen, Gefühle, Werte und Phantasien untersuchten, kam George zu der Entscheidung, daß es für ihn besser sei, sich einer heterosexuellen Beziehung zuzuwenden. Wir befaßten uns daraufhin mit einem systematischen Programm, das seine heterosexuelle Komponente stärken und die homosexuellen Wünsche und Gefühle reduzieren sollte. Dieser Lernprozeß verlief erfolgreich, und George führt heute ein glückliches Leben als Heterosexueller. Er wird von Frauen nicht nur sexuell erregt, sondern genießt mit ihnen auch eine emotionale Intimität, die er mit Männern nicht kannte.

Eine rationale Betrachtung der Homosexualität

Sowohl für Homo- als auch für Heterosexuelle wäre es das beste, wenn sich unsere Gesellschaft das grundlegende Prinzip zu eigen machen würde, das verantwortungsbewußten Therapeuten heute als Richtschnur dient: Über seine sexuelle Orientierung muß der einzelne selbst frei und zu seinem eigenen Besten entscheiden. Menschen, die sich für eine homosexuelle Lebensform entscheiden, sollten ebenso respektiert werden wie jene, deren Entscheidung zugunsten der Heterosexualität ausfällt. Die Homosexualität sollte als echte Alternative angesehen werden, nicht als zweite Wahl. Wir dürfen nie vergessen, daß ein Homosexueller vor allen Dingen ein Mensch ist, und wir sollten die positiven Aspekte seiner Menschlichkeit betonen.

Ich kenne viele beruflich erfolgreiche Schwule. Ob wir in Zukunft noch mehr von ihnen vorfinden werden, liegt zumindest teilweise an der Einstellung, die die Heterosexuellen ihnen gegenüber einnehmen werden. Das Wichtigste ist jedoch, daß sich der Schwule selbst akzeptiert, damit er in seinem eigenen Gefühls- und Sexualleben reüssiert.

Dreiundzwanzigstes Kapitel

Sexuell übertragbare Krankheiten und AIDS

Es ist traurig, aber wahr: Sie können von der Liebe krank werden. Sexuell übertragbare Krankheiten sind ein sehr reales Problem. Sie sind sogar die häufigsten Infektionskrankheiten nach der Erkältung. Sie in einer Diskussion über Sexualität nicht zu beachten wäre nachlässig. Einer der wichtigsten Dreh- und Angelpunkte in diesem Buch ist, daß ein Mensch die Verantwortung für sein Verhalten übernehmen muß, daß er die Konsequenzen zu tragen hat, seien sie nun angenehm oder weniger erfreulich. Sexuell übertragbare Krankheiten können eine unschöne Folge vom Sex sein, und deshalb stellen sie ein Risiko dar, mit dem sich jeder befassen sollte, der sich körperlich auf die Liebe einläßt.

Ein Punkt darf dabei nicht aus den Augen verloren werden: Sie bekommen keine Geschlechtskrankheit, weil Sie Sex hatten. Es ist kein Urteil, keine Strafe, kein bakterielles Damoklesschwert, das nur darauf wartet, auf den sexuellen Missetäter niederzugehen. Vielmehr ziehen Sie sich eine sexuell übertragbare Krankheit durch sexuellen Kontakt zu, was etwas ganz anderes ist. Die Vorstellung, eine sexuell übertragbare Krankheit wäre eine der Strafen für Sex, haben sich Moralisten lange Zeit zunutze gemacht, um sexuelle Aktivitäten zu unterdrücken. Es ist ein alter und hartnäckiger Irrtum, ähnlich der Ansicht, daß Epidemien die Menschheit als Folge des sündigen Verhaltens der Bevölkerung heimsuchten. Diese Denkart hat in letzter Zeit wieder einen Aufschwung erfahren, aufgrund unserer Erfahrungen mit AIDS und Herpes, zwei unheilbaren, sexuell übertragbaren Krankheiten. Die Tatsache, daß derartige Vorstellungen weit verbreitet sind, ist eher ein Beweis für die Bereitschaft der Menschen, irrationale Schuldgefühle zu entwickeln, als für die Richtigkeit dieses Gedankens. Die mittelalterlichen Epidemien waren keine Folge der Sünde, sondern der schlechten sanitären Verhältnisse. Genauso ist

AIDS keine Strafe, die wir durch gelebte Sexualität selbst über uns gebracht haben, sondern das Ergebnis von Unwissenheit und mangelnder sexueller Verantwortung. Es ist die Folge unseres Versagens, wenn es darum geht, uns einem Problem zu stellen, unsere sexuellen Aktivitäten zu planen und die Verantwortung für unser Verhalten zu übernehmen.

Sex zu meiden, weil man sich dabei eine Krankheit zuziehen kann, ist keine Lösung. Schließlich können Sie sich mit Grippe infizieren, wenn Sie Viren einatmen, die von einer infizierten Person ausgeatmet wurden, und Sie können Hepatitis einfangen, indem Sie kontaminierte Nahrung zu sich nehmen – wohl kaum ein Grund, die Gesellschaft anderer Menschen zu meiden oder sich zu weigern, Nahrung aufzunehmen. Bei den sexuell übertragbaren Krankheiten sieht es ähnlich aus. Hier lautet die Antwort nicht, Sex zu vermeiden, sondern sich der Mittel bewußt zu werden, sexuell übertragbare Krankheiten zu verhindern, zu erkennen und zu behandeln, so daß sich dieses medizinische Problem nicht auf Ihr Leben und Ihre sexuelle Funktion auswirkt.

Einige Tatsachen

Mit der Vorstellung, sexuell übertragbare Krankheiten stellten eine Strafe für sexuelle Aktivitäten dar, geht der Gedanke einher, nur moralisch »degenerierte« und »schmutzige« Menschen könnten sich sexuell übertragbare Krankheiten zuziehen. Viele Leute denken: »So etwas kann mir nicht passieren«, sie sind überzeugt, daß sich nur eine vage definierte Gruppe von Menschen, die einem selber moralisch und gesellschaftlich unterlegen sind, damit anstecken kann. Wenn sich ein Mensch, der so denkt, infiziert, reagiert er gemeinhin mit äußerster Überraschung und Scham: »Das kann doch nicht wahr sein! Doch nicht bei mir!« Er hat das Gefühl, jetzt als einer von genau jenen unerwünschten Individuen gebrandmarkt zu sein, über die er vorher den Stab gebrochen hatte. Er wendet sich vielleicht gegen die Sexualpartnerin, von der er vermutet, daß sie ihn angesteckt hat, und beschuldigt sie, eine »Hure« zu sein. Eine derartige

Haltung ergibt nur wenig Sinn, wenn man bedenkt, wie verbreitet sexuell übertragbare Krankheiten sind. 1987 hat es allein eine Million bekannte Fälle von Gonorrhöe gegeben, und da die meisten Fälle nicht bekannt werden, geht man von Schätzungen aus, wonach die wirkliche Zahl eher bei zweieinhalb Millionen lag. Angesichts derartiger Zahlen wird klar, daß wir alle sexuell übertragbare Krankheiten ernst nehmen müssen.

Wenn es überhaupt eine Gruppe gibt, die anfälliger für sexuell übertragbare Krankheiten ist als andere, dann sind es Jugendliche, denn die höchste Ansteckungsrate findet sich bei Personen im Alter zwischen fünfzehn und neunzehn Jahren. Aber sexuell übertragbare Krankheiten können Menschen jeden Alters, aller Rassen, Religionen, Schichten und sexueller Orientierung treffen. Wenn Sie einmal einen Moment über die Ausmaße des Netzwerks nachdenken, das in unserer Gesellschaft durch sexuellen Kontakt geformt wird, wird Ihnen auffallen, daß es nur sehr wenige Menschen gibt, die potentiell kein Opfer sexuell übertragbarer Krankheiten sein können.

Wie zieht man sich nun eine sexuell übertragbare Krankheit zu? Um diese Frage beantworten zu können, muß man zwischen den vier häufigsten und ernstesten Krankheiten unterscheiden: Gonorrhöe, Herpes, Chlamydienbefall und Syphilis. Gonorrhöe (auch als Tripper bekannt) wird durch genitalen Kontakt übertragen. Aber der heterosexuelle Geschlechtsverkehr ist nicht die einzige Art, durch die diese Krankheit übertragen wird. Man kann sich mit Gonorrhöe auch über oralen und analen Sex infizieren. Daraus folgt, daß diese Krankheit bei homosexuellen Kontakten ebenso übertragen werden kann wie bei heterosexuellen, und die bekannte Rate unter homosexuellen Männern ist sogar deutlich höher als unter heterosexuellen Männern.

Herpes ist eine Virusinfektion, die – für gewöhnlich latent – ein Leben lang im Körper des Menschen verbleibt, der sich einmal damit infiziert hat. Herpes kann nur durch direkten genitalen Kontakt übertragen werden, wenn jemand unter einem akuten Schub leidet (also ansteckend ist, weil sich Herpes-Bläschen zeigen). Herpes wird durch jeden Kontakt mit den Bläschen übertragen.

Chlamydien sind Mikroorganismen, die die Genitalien von Männern und Frauen befallen. Die Symptome beim Mann sind dünnflüssiger, klarer Ausfluß und leichte Schmerzen beim Wasserlassen. Frauen spüren für gewöhnlich nichts. Leider wird dies schnell zur häufigsten sexuell übertragbaren Krankheit in unserem Land, zum Teil deshalb, weil sich die Partner gegenseitig immer wieder anstecken. Deshalb ist es unerläßlich, daß beide Partner gleichzeitig behandelt werden.

Syphilis (auch als »Lues« oder »harter Schanker« bekannt) wird durch intime Kontakte übertragen, die überwiegend, aber nicht notwendig, sexueller Art sind. So kann Syphilis etwa durch den Kuß eines Menschen übertragen werden, der einen Schanker im Mund hat. Die Erreger, die Syphilis oder Gonorrhöe hervorrufen, sterben schnell ab, wenn sie nicht in einer warmen, feuchten Umgebung sind. Deshalb ist es entgegen der weitverbreiteten Ansicht unmöglich, sich durch den Kontakt mit einer unsauberen Toilettenbrille anzustecken.

Aus Statistiken geht hervor, daß etwa eine von drei Personen in unserer Gesellschaft irgendwann in ihrem Leben mit einer sexuell übertragbaren Krankheit infiziert wird. Da niemand sicher sein kann, nie mit einer derartigen Krankheit in Kontakt zu kommen, sollte man wissen, woran man sie erkennt. In dem Maße, in dem die Angst vor AIDS in der Öffentlichkeit zugenommen hat, wurden die anderen sexuell übertragbaren Krankheiten als unwichtig abgetan. Da dies jedoch in bezug auf die Häufigkeit falsch ist, lassen Sie uns damit beginnen, die wichtigsten anderen sexuell übertragbaren Krankheiten zu diskutieren.

Gonorrhöe

Gonorrhöe ist die häufigste sexuell übertragbare Krankheit (die Zahl der Fälle steht zu Syphilis im Verhältnis zehn zu eins) und wird durch Genitalkontakt von einer Person auf eine andere übertragen. Die wichtigsten Symptome beim Mann sind ein Brennen beim Wasserlassen und ein starker weißlicher oder gelblicher Ausfluß. Diese Symptome treten in den meisten Fällen auf, aber es gibt auch Männer, die sich mit Gonorrhöe infizieren und keine erkennbaren Symptome aufweisen. Unbehandelt oder falsch behandelt kann Gonorrhöe zu Nierenerkrankungen, Blasenentzündungen, Blutvergiftung und sogar Arthritis führen.

Bei Frauen ist Gonorrhöe sehr viel schwerer zu erkennen, da sie für gewöhnlich keinerlei Symptome aufweisen, wenn auch manche Schmerzen beim Wasserlassen und einen leichten Ausfluß bekommen. Für Frauen kann die unbehandelte Gonorrhöe noch gravierendere Folgen haben als für Männer, unter anderem Unfruchtbarkeit und Entzündungen der Gebärmutter. Die Inkubationszeit liegt bei Männern und Frauen zwischen zwei und zehn Tagen. Symptome treten, wenn überhaupt, nach Ablauf dieser Periodc auf.

Der einzig sichere Weg festzustellen, ob Sie Gonorrhöe haben oder nicht, ist der Test durch einen Arzt oder das Gesundheitsamt. Dort wird ein Abstrich gemacht und eine Kultur angelegt, die einzige definitive Art zu bestimmen, ob ein Mensch an dieser Krankheit leidet. Eine Blutuntersuchung oder der VDRL-Test, der bei der Feststellung von Syphilis zur Anwendung kommt, sind zum Nachweis einer Gonorrhöe nicht geeignet. Es ist übrigens nicht schlecht, ausdrücklich einen VDRL-Test zusätzlich zu verlangen, selbst wenn die Symptome auf Gonorrhöe und nicht Syphilis hindeuten. Es ist gut möglich, daß man beide Krankheiten gleichzeitig hat. Zum Glück läßt sich Gonorrhöe meist leicht mit Penicillin und anderen Antibiotika behandeln.

Herpes

Herpes kann nur diagnostiziert werden, wenn ein aktiver Ausbruch der Krankheit mit Bläschenbefall auftritt. In diesem Fall können Sie Ihren Hausarzt, Urologen oder Dermatologen aufsuchen, der einen Abstrich machen, diesen analysieren und Ihnen dann sagen wird, ob es sich um Herpes handelt oder nicht. Wenn Sie Herpes haben, müssen Sie zwar darauf achten, dürfen aber nicht überreagieren. Auch wenn es derzeit noch keine Heilung hierfür gibt, sind die Auswirkungen von Herpes doch weniger ernst als die von Gonorrhöe oder Syphilis. Manche Menschen erleben einen einzigen Schub, und anschließend bleibt das Herpes-Virus latent. Typischer ist es, daß der Herpes in monatlichen oder wöchentlichen Schüben auftritt und dann allmählich an Häufigkeit und Intensität abnimmt. Wichtig ist, daß der Mann seinen Herpes-Zyklus kennt und sich in den Zeiten, in denen er (oder seine Partnerin) Symptome aufweist, von jedem direkten Genitalkontakt fernhält. Selbst wenn bereits beide Partner mit Herpes infiziert sind, sollte diese Regel strikt eingehalten werden, da es zu einer Neuinfizierung mit zusätzlichen Herpesviren kommen kann. Das Paar kann sich während eines Herpes-Schubs sexuell stimulieren, oder ein Partner kann den anderen stimulieren, aber beide müssen sorgfältig darauf achten, jeglichen Kontakt mit Herpes-Bläschen zu vermeiden.

AIDS

Das Wort AIDS *(Acquired Immune Deficiency Syndrome)* reicht aus, um nicht nur bei Männern Entsetzen hervorzurufen, sondern auch bei Frauen, nicht nur in Amerika, sondern überall in der Welt. Tatsächlich spricht man in Medizinerkreisen sogar schon vom FAIDS-(Furcht vor AIDS)-Syndrom. AIDS ist eine neue Krankheit, die erst 1980 erkannt wurde, und man muß in ihr eine wichtige Bedrohung der öffentlichen Gesundheit sehen, die das Potential hat, sich zu einer weltweiten Epidemie auszuwachsen. Die gegenwärtige Atmosphäre aus Angst, Stigmatisierung und moralischer Wertung, mit der man die Krankheit als Gottes Rache an den Homosexuellen, als Mittel der Natur oder als Gottes Strafe für sexuelle Ausschweifung auffaßt, ist alles andere als produktiv.

Lassen Sie uns zuerst ganz objektiv die gegenwärtig bekannten wissenschaftlichen Fakten untersuchen und dann diskutieren, wie wir uns verantwortlich verhalten, Safer Sex praktizieren und für unsere sexuelle Gesundheit sorgen können. Erstens ist AIDS ein Virus, das in erster Linie durch Blut und Samenflüssigkeit übertragen wird. Wenngleich es sich auch in anderen Körperflüssigkeiten findet – Speichel, Tränen, Schweiß –, scheint es derzeit unwahrscheinlich, daß die Krankheit auf diese Weise übertragen wird. Zweitens ist

AIDS keine Krankheit, die von einer bestimmten sexuellen Orientierung abhängig ist. Sie kann sowohl Heterosexuelle als auch Homosexuelle treffen. Drittens sieht es so aus, als ob AIDS, wenn die Krankheit durch sexuelle Kontakte übertragen wird (im Gegensatz zur Ansteckung über eine Bluttransfusion oder infizierte Spritzen) von Männern auf Frauen oder von Männern auf Männer übertragen wird. Mit anderen Worten, es sind in erster Linie Männer, die die Krankheit weitergeben. Die Weitergabe von einer Frau zu einem Mann scheint, wenngleich möglich, so doch eher selten. Viertens: Die Träger von AIDS sind gesunde Männer, die keine Symptome aufweisen und auch noch kein AIDS bekommen, aber weiterhin ansteckend bleiben und für alle Zeiten Träger sind. Fünftens: Das Medium, durch das die Krankheit übertragen wird, ist neben Blut die Samenflüssigkeit, die in den Körper des anderen eindringt, sei es vaginal, oral oder anal.

Der Grund dafür, daß es so viele Fälle von AIDS unter Homosexuellen gibt, liegt in der Anzahl der Sexualpartner, die einige schwule Männer haben (so infiziert der Träger viele Männer) und in der Häufigkeit des Analverkehrs (bei dem kleine Äderchen verletzt werden können, wodurch sich Blut und Sperma mischen, was das größte Risiko für eine Übertragung von AIDS bedeutet). Männer, die passiv Analverkehr haben, stellen die größte Risikogruppe dar.

Es ist jedoch ebenso möglich, daß ein Mann, der das AIDS-Virus in sich trägt, eine Frau infiziert, wenn sein Sperma in ihre Vagina, ihren Mund oder Anus gelangt. In manchen Ländern ist AIDS unter Heterosexuellen häufiger als in der homosexuellen Szene.

AIDS-Vorbeugung

Da AIDS eine tödliche Krankheit und derzeit noch unheilbar ist, liegt die Antwort ganz offensichtlich in der Vorbeugung. Es gibt dreierlei Präventivmaßnahmen. Erstens können Sie Ihre Aktivitäten auf heterosexuelle Kontakte reduzieren. Für die Frau gilt es, ihre sexuellen Aktivitäten nur auf Partner zu beschränken, von denen sie weiß, daß sie ausschließlich heterosexuell verkehren und keine Drogen spritzen. Zweitens sollten Sie sicher sein, daß die Person, mit der Sie sexuell aktiv sind, keine HIV-Antikörper aufweist. Sie müssen offen über sexuell übertragbare Krankheiten sprechen, ganz besonders über AIDS, um zu entscheiden, ob die Person möglicherweise ein Risiko bedeutet, was die Ansteckung mit dieser Krankheit betrifft. Ist dies der Fall und Sie würden eine feste Beziehung mit diesem Menschen eingehen, dann könnten Sie verlangen, daß ein AIDS-Test gemacht wird. Es gibt Kliniken und auch niedergelassene Ärzte, bei denen Sie den Test anonym durchführen lassen können. Der erste AIDS-Test (im Screening-Verfahren) ist so angelegt, daß er häufig fälschlich positiv ausfällt. So gibt es eine Anzahl von Menschen, die das Virus nicht in sich tragen, bei denen der Test aber dennoch positiv ausfällt. In diesem Fall sollten Sie nicht in Panik geraten, sondern einen zweiten Test machen lassen, der genauer ist.

Drittens kann man Safer Sex praktizieren. Das heißt, einem Menschen nicht erlauben, in Sie zu ejakulieren (oral, anal oder bei Frauen auch vaginal). Die andere, bedeutend verläßlichere Form des Safer Sex besteht darin, beim vaginalen, oralen oder analen Sex ein Kondom zu benutzen.

»Positiv«: Was nun?

Ein positives Ergebnis im zweiten und präziseren AIDS-Test bedeutet, daß Sie HIV-Antikörper im Blut haben und Ihr Leben lang Träger sind. Es bedeutet nicht zwangsläufig, daß AIDS ausbrechen wird. Tatsächlich kommt die Krankheit offenbar bei der Mehrzahl der mit HIV infizierten Personen nicht zum Ausbruch. Sie können Ihre Gesundheit schützen und die Wahrscheinlichkeit reduzieren, daß AIDS ausbricht, indem Sie besonders gesund leben; das heißt, gut und gesund essen, ausreichend schlafen, regelmäßig Sport treiben, nicht rauchen, keine Drogen und nur äußerst wenig Alkohol zu sich nehmen. Besprechen Sie weitere Schritte, die Sie ergreifen können, um Ihre Gesundheit und Ihr Immunsystem zu schützen, mit Ihrem Hausarzt.

Fällt Ihr Test positiv aus, so bedeutet das eine dramatische Veränderung Ihres Sexuallebens. Sie können keine sexuelle Aktivität mehr ausüben, bei der Körperflüssigkeiten ausgetauscht werden. Sie können sich sinnlich und sexuell ausdrücken, aber in Grenzen; Sie können sich selbst stimulieren oder von Ihrem Partner(in) bis zum Orgasmus erregen lassen, aber oraler Sex oder Geschlechtsverkehr sind unmöglich. Da auf diesem Gebiet noch medizinische und psychologische Unsicherheit herrscht, würde ich Ihnen raten, sich einer Selbsthilfegruppe anzuschließen. Hier finden Sie emotionale Ermutigung, aber auch korrekte Informationen und praktische Vorschläge.

AIDS ist ein sehr ernstes medizinisches Problem, mit dem sich Männer wie Frauen, Heterosexuelle wie Homosexuelle befassen sollten. Je besser Sie darüber informiert sind, desto objektiver können Sie entscheiden, ob Sie gefährdet sind. Menschen, die sich von Ängsten und Panik beherrschen lassen, verhalten sich nicht unbedingt optimal; nur Menschen, die sich und ihre Sexualität schätzen, werden die richtigen Schritte ergreifen, um ihre Gesundheit zu schützen.

Der vernünftige Umgang mit sexuell übertragbaren Krankheiten

Aufgrund der besonderen Symptome ist eine sexuell übertragbare Krankheit häufig schwer festzustellen und bleibt demzufolge oft unbehandelt. Die medizinischen Schwierigkeiten bei der Behandlung sind jedoch unbedeutend im Vergleich zu dem psychischen Widerstand, der die Mehrzahl der Opfer daran hindert, vernünftig mit der Krankheit umzugehen. Besondere Krankheiten betreffen unser Selbstbild auf besondere Art. Manche Leiden werden von der Gesellschaft akzeptiert, andere nicht. So beschleicht einen Menschen, der einen Herzinfarkt erlitten hat, vielleicht das verzweifelte Gefühl, sein Körper hätte ihn im Stich gelassen, aber er würde wohl kaum auf die Idee verfallen, seine Krankheit vor anderen geheim zu halten. Jedoch schämen sich die meisten Menschen, wenn sie feststellen müssen, daß sie an einer sexuell übertragbaren Krankheit leiden. Sie haben das Gefühl, die Krankheit würde sie auf eine Stufe stellen mit Prostituierten oder halbseidenen Typen, die langsam an den Folgen ihres unmoralischen Lebens dahinsiechen. Dieses Gefühl von Scham ist so intensiv, daß viele Opfer sich nicht einmal selbst eingestehen, daß sie tatsächlich an einer sexuell übertragbaren Krankheit leiden, nicht einmal, wenn die Symptome unverkennbar sind. Wie können sie eine sexuell übertragbare Krankheit haben, wo sie doch einfach nicht zu »dieser Sorte Mensch« gehören?

So kommt es, daß viele Leute, die sich anstecken, entweder gar nicht zum Arzt gehen oder solange damit warten, daß es zu Komplikationen kommt, die Dauerschäden zur Folge haben. Andere Patienten suchen vielleicht rechtzeitig einen Arzt auf, geben sich aber größte Mühe, daß die Sache »vertuscht« wird. Leider sind viele Ärzte bereit, diesen Ängsten zu entsprechen. Einige der sexuell übertragbaren Krankheiten sind meldepflichtig. Die Angabe der Sexualpartner, so peinlich sie auch sein mag, ist notwendig, damit jene Menschen, die möglicherweise infiziert worden sind, benachrichtigt, getestet und behandelt werden können. Da die Symptome nicht immer bemerkt werden, vor allem bei Frauen, kann es eine Weile dauern, ehe man erkennt, daß man eine sexuell übertragbare Krankheit hat. In der Zwischenzeit kann die Infektion von einer Person auf die andere übergegangen sein, bis Dutzende, vielleicht Hunderte, infiziert worden sind.

Es ist offensichtlich, daß sich die Mikroorganismen, die die Krankheiten verursachen, nicht für den sozialen Status ihrer Opfer interessieren. Was die sexuell übertragbaren Krankheiten angeht, so sind wir alle eine große Familie, und man muß sich ebensowenig schämen, eine sexuell übertragbare Krankheit zu haben, wie man sich schämt, wenn man die Masern bekommt. Mehr noch, wie groß auch immer die Scham sein mag, wichtiger sollte Ihr Verantwortungsgefühl sein, Ihrem eigenen Wohlbefinden, der Gesellschaft im allgemeinen und besonders den Menschen gegenüber, die Sie sich als Sexualpartner aussuchen. Verantwortung sollte der Schlüssel zu all unseren sexuellen Partnerschaften sein.

Angesichts der Leichtigkeit, mit der sexuell übertragbare Krankheiten geheilt werden können, wenn sie erst einmal entdeckt worden sind, gibt es keine Entschuldigung für die Tatsache, daß sie in unserer

Gesellschaft epidemische Ausmaße angenommen haben. Es hat öffentliche Aufklärung gegeben, Kampagnen, die darauf abzielten, akkurate Informationen zu sexuell übertragbaren Krankheiten zu liefern. In den Gesundheitsämtern werden alle Patienten mit Diskretion behandelt, auch Minderjährige. Im Fernsehen und in Zeitschriften wurde gezeigt, wie man sexuell übertragbare Krankheiten erkennen, behandeln und verhüten kann.

Doch trotz all dieser Bemühungen nimmt die Zahl der sexuell übertragbaren Krankheiten noch immer zu. Die Scham in Verbindung mit diesen Krankheiten ist weiterhin groß, und solange keine Schritte unternommen werden, diese Situation zu ändern, wird unvernünftiges Verhalten an der Tagesordnung sein. Die Haltung der Öffentlichkeit sexuell übertragbaren Krankheiten gegenüber ähnelt dem Syndrom aus Furcht, Verleugnung und Verlegenheit, das bis vor kurzer Zeit noch das Thema Brustkrebs umgeben hat und die Frauen daran hinderte, sich untersuchen und behandeln zu lassen. Der Wendepunkt in bezug auf den Brustkrebs kam 1970, als kurz nacheinander Betty Ford und Happy Rockefeller verkündeten, daß sie an Brustkrebs litten. Das Beispiel, das diese beiden Personen des öffentlichen Lebens gaben – die Ehefrauen des Präsidenten und des Vizepräsidenten –, machte anderen Frauen Mut, mehr über Brustkrebs zu erfahren, sich regelmäßig selbst abzutasten sowie durch einen Arzt untersuchen zu lassen. Seither wird Brustkrebs bedeutend häufiger im Frühstadium erkannt. Es wäre ein großer Schritt auf dem Weg dahin, sexuell übertragbare Krankheiten unter Kontrolle zu bringen, wenn andere Personen des öffentlichen Lebens der Allgemeinheit im Hinblick auf diese Krankheiten einen ähnlichen Dienst erweisen würden. Bedenkt man die Häufigkeit, so sollte es eigentlich keinen Mangel an Gelegenheit geben, und das Beispiel von einer oder zwei mutigen Personen ist vielleicht alles, was nötig ist, um eine Änderung in der öffentlichen Einstellung zu erzielen.

Informieren Sie Ihre Partnerin

In gewisser Weise sind wir Männer glücklich dran, denn die Symptome sexuell übertragbarer Krankheiten sind bei uns viel deutlicher und die Chancen, sie im Frühstadium zu entdecken und zu behandeln, viel größer als bei Frauen, die in der Regel keinerlei Symptome aufweisen. Ängste, die einen Mann davon abhalten würden, einen Arzt aufzusuchen, werden überwunden, weil das körperliche Unwohlsein so stark ist, wenn er zum Beispiel Gonorrhöe hat. Aus welchem Grund auch immer ein Mann einen Arzt aufsucht – sobald er weiß, daß er Gonorrhöe oder irgendeine andere sexuell übertragbare Krankheit hat, besteht das einzig verantwortungsbewußte und mitfühlende Verhalten darin, jeden zu informieren, mit dem er intimen Kontakt hatte. So kann er seiner Partnerin helfen, die sexuell übertragbare Krankheit schon im Anfangsstadium zu erkennen und somit eventuelle Spätfolgen zu verhindern.

Die Frage, *wie* man einer Sexualpartnerin sagt, daß sie sich untersuchen und, wenn nötig, behandeln lassen soll, ist ein komplexes Problem, besonders, wenn man ihr in diesem Zusammenhang auch verraten muß, daß man sexuelle Kontakte hatte, von denen sie nichts wußte. Es gibt keine »richtige« Art, dies zu tun, aber um der Gesundheit Ihrer Partnerin willen ist es nötig, daß Sie ihr die Information nicht vorenthalten. Sie können die Verantwortung hierfür entweder selbst übernehmen oder aber sie von den Gesundheitsbehörden unterrichten lassen. Diese zweite Möglichkeit ist natürlich nicht gerade mutig, aber wenigstens wird die Aufgabe erledigt, und das ist die Hauptsache. Welchen Weg Sie auch wählen, und ganz gleich, welche Folgen das auf die Beziehung hat, das einzig Vernünftige ist es, Ihrer Partnerin alles zu erzählen, weil die Gesundheitsrisiken von unbehandelten sexuell übertragbaren Krankheiten einfach zu groß sind.

Ralph

Die Entdeckung einer sexuell übertragbaren Krankheit kann zusätzlich zu den medizinischen schwere psychische Probleme aufwerfen. Ralph, ein achtundzwanzigjähriger Vertreter, war verlobt und wollte heiraten, ließ sich aber immer wieder auf flüchtige Affären ein, wenn er in anderen Städten unterwegs war. Drei Monate vor dem Hochzeitstermin schlief er auf einer seiner Reisen mit einer Frau, die er in einer Bar kennengelernt hatte. Am Freitag kam er heim und verbrachte ein sexuell aktives Wochende mit seiner Verlobten. Vier

Tage später bemerkte Ralph beim Wasserlassen ein gewisses Brennen. Da er Gonorrhöe vermutete, suchte er seinen Arzt auf. Das Untersuchungsergebnis war positiv, also behandelte der Arzt Ralph mit Penicillin, zwang ihn aber nicht, die Namen seiner letzten Sexpartnerinnen preiszugeben. So mußte Ralph allein entscheiden, was er seiner Verlobten sagen wollte. Ein, zwei Tage lang war er zwischen Zweifeln und Entschlußlosigkeit hin- und hergerissen. Schließlich wußte er ja nicht, ob er sich bei der Frau angesteckt hatte, die er in der Bar kennengelernt hatte, ober bei seiner Verlobten selbst. War seine Verlobte verantwortlich, dann hieße das, daß sie einen anderen Sexpartner hatte, und trotz seiner eigenen Untreue machte Ralph dieser Gedanke wütend. Aber ganz gleich, ob sie ihn angesteckt hatte oder nicht, inzwischen war es ziemlich wahrscheinlich, daß auch sie infiziert war und daß er es ihr früher oder später sagen mußte. Noch ein paar Tage lang versuchte Ralph durch indirekte Fragen in Erfahrung zu bringen, ob sie mit anderen Männern geschlafen hatte. Als diese Fragen zu nichts führten, beschloß er schließlich, seinen Seitensprung zu gestehen. Sie nahm es viel ruhiger auf, als er erwartet hatte. Ralph ging mit ihr zum Gynäkologen; ein Abstrich war positiv. Die Episode war für keinen von beiden angenehm, aber das Gefühl, daß ihre Gesundheit Ralph so wichtig war, wog stärker als der Schmerz darüber, daß er mit einer anderen Frau geschlafen hatte. Die Hochzeit fand planmäßig statt.

Vorbeugung

Es gibt primär zwei Methoden, sexuell übertragbare Krankheiten zu verhüten. Ersten: Sie haben nur mit einer einzigen Partnerin intime Beziehungen oder wählen die Personen, mit denen Sie intim werden, sehr streng aus. Da jedoch keine gesellschaftliche Gruppierung gegen sexuell übertragbare Krankheiten immun ist, kann diese Methode nicht hundertprozentig erfolgreich sein. Zweitens: Sie benutzen ein Kondon, wenn Sie Sex haben, vor allem mit jemandem, den Sie nicht besonders gut kennen.

Zudem bestehen Möglichkeiten der Früherkennung. Ein Mann,

der mit verschiedenen Partnerinnen sexuell aktiv ist, sollte nicht nur auf äußere Symptome achten, sondern zusätzlich mindestens einmal im Jahr, besser noch alle sechs Monate, einen Abstrich und einen VDRL-Test machen lassen. Diese Tests sind nicht automatisch bei einer Untersuchung enthalten, man muß sie ausdrücklich verlangen.

In diesem Buch bin ich immer davon ausgegangen, daß das beste Kriterium festzustellen, ob eine bestimmte sexuelle Praktik akzeptabel ist oder nicht, darin liegt, zu entscheiden, ob sie für Ihre Partnerin oder für Sie selbst unangenehm ist. Es läßt sich nicht bestreiten, daß Sie sich selbst nichts Gutes tun können, wenn Sie anderen Schaden zufügen. Eine sexuell übertragbare Krankheit vergrößert die Möglichkeit, daß Sie andere durch Sex verletzen oder selbst Schaden erleiden. Aber im Grunde gilt für die Einstellung gegenüber sexuell übertragbare Krankheiten dasselbe wie für die Einstellung zur Sexualität im allgemeinen. Ein Verhalten, das auf Fürsorge, Mitgefühl und Verantwortungsbewußtsein beruht, wird Ihnen die besten Dienste leisten.

Epilog

Wir leben in einer Zeit schneller Veränderungen. Viele der Vorstellungen und Werte, die noch vor zehn Jahren als unumstößlich hingenommen wurden, zählen heute nicht mehr. Die Einstellung gegenüber der Sexualität hat dabei mit die größten Veränderungen erfahren. Männer waren sich ihres Platzes in der Welt immer sehr sicher. Sie nahmen die wichtigsten Positionen ein, trafen die Entscheidungen, waren die Führer. Im häuslichen Bereich war der Mann der Herrscher. »Jeder Mann ist König in seinem eigenen Haushalt«, hieß es. Das galt ganz besonders für sexuelle Beziehungen. Man ging davon aus, daß die Männer mehr Sex brauchten, daß sie mehr über Sex wußten und mehr Spaß daran hatten. Sie machten den Anfang, wenn sie Lust dazu hatten, und es war die Pflicht der Frau, ihnen Folge zu leisten. Selbst die Stellung, die am verbreitetsten war – der Mann oben – betonte noch die Dominanz des Mannes über die Frau.

Jetzt ändert sich dies alles. Natürlich gibt es noch Männer und Frauen, die an der alten Doppelmoral festhalten und sich wünschen, daß die alte häusliche und sexuelle Monarchie des Mannes fortbesteht. Doch diese Traditionalisten kämpfen auf verlorenem Posten. Die sexuelle Gleichberechtigung gehört zu den wichtigsten Prinzipien der heutigen Welt und wird sich auch in Zukunft durchsetzen. In der Politik, in der Wirtschaft und in zwischenmenschlichen Beziehungen wie auch im Sex fordern Frauen die Autonomie, die ihnen so lange vorenthalten wurde. Die wissenschaftlichen Beweise sind eindeutig – vom Intellekt, vom Verhalten und vom Gefühl her wie auch auf sexuellem Gebiet gibt es zwischen Männern und Frauen mehr Ähnlichkeiten als Unterschiede. Die sexuelle Gleichberechtigung läßt sich nicht mehr aufhalten.

Wir als Männer sollten uns, so meine ich, freuen, daß es endlich soweit ist. Die Doppelmoral war ohnehin niemals wirklich in unserem Interesse. Sie betonte, was in der sexuellen Reaktion von Männern und Frauen unterschiedlich war, statt der Ähnlichkeiten. Unter dem Joch der Doppelmoral wurden wir zu der Annahme verleitet, das einzige Interesse des Mannes am Sex wären Geschlechtsverkehr und Orgasmus. Alles andere galt als Tand und Beiwerk. Die Frauen hingegen sollten sich in erster Linie um sanfte Liebkosungen bemühen, um intime Emotionen, zärtliche Küsse - »Romantik und Rosen«. Es war fast so, als würden Männer und Frauen zwei völlig verschiedenen Rassen angehören - von denen jede ihre eigenen sexuellen Gepflogenheiten hatte.

Heute jedoch, wo die Doppelmoral auf Widerstand trifft und die wissenschaftlichen Untersuchungen des menschlichen Sexualverhaltens gründlicher werden, wird immer klarer, daß Männer und Frauen sehr ähnlich gelagerte sexuelle und emotionale Bedürfnisse haben. Die Männer stellen fest, daß Sanftheit, Sinnlichkeit, Intimität und Zärtlichkeit ihre sexuelle Reaktion stark bereichern. Die Frauen finden heraus, daß ihr Bedürfnis nach direkter genitaler Stimulierung, ihre Fähigkeit zum Orgasmus und ihr sexuelles Verlangen ebenso groß sind wie die des Mannes. Trotzdem gibt es immer noch Männer, die die Vorstellung, eine Frau sei sexuell ebenso aktiv und empfänglich wie sie selbst, bedrohlich finden. Viel besser wäre es jedoch, wenn sie die Tatsache, daß Männer und Frauen nach so vielen Jahren der Entfremdung Gelegenheit haben, eine respektvolle, kooperative und befriedigende emotionale und sexuelle Beziehung zu entwickeln, feiern würden. Nachdem sie festgestellt haben, daß ihre sexuellen Bedürfnisse und ihr Verlangen so ähnlich sind, können sie jetzt gemeinsam den besten Weg herausfinden, sie zu erfüllen.

Ich hoffe, daß dieses Buch dazu beiträgt, mehr Respekt und ein größeres Bewußtsein bei Männern und Frauen zu schaffen. Während viele Veröffentlichungen in letzter Zeit den Frauen helfen sollten, die Aspekte ihrer Sexualität zu wecken, die so lange Zeit ignoriert worden sind, wurden ähnliche Werke für Männer vernachlässigt. Mein Ziel war es, sowohl genaue Informationen über die männliche Sexualität zu liefern, als auch die Männer dahingehend zu beeinflussen, daß sie ein größeres sinnliches Bewußtsein entwickeln, mehr Verantwortung für ihre Sexualität übernehmen und eher in der Lage sind, mit ihren Partnerinnen über sexuelle Angelegenheiten zu sprechen, daß sie sich der Rolle bewußt werden, die die Sexualität in ihrem Leben spielt, und sie in ihr Gefühlsleben zu integrieren lernen. Das hört sich vielleicht viel verlangt an, doch gibt es nur wenige Lebensbereiche, in denen es so reizvoll ist, sich zu verändern.

Es liegt im Interesse des Mannes - *jeden* Mannes! -, den Wandel von der Sexmaschine zum sexuellen Lebewesen zu vollziehen. Indem er dies tut, kann er nicht nur sein Vergnügen steigern, sondern auch seine allgemeine Zufriedenheit mit sich selbst, mit seiner Ehefrau, seiner Familie, dem Leben überhaupt. Es wird Zeit, daß wir erkennen, welch positives Element unsere Sexualität sein kann und wie wir sie einsetzen können, um unsere Existenz und unsere Beziehungen lohnender zu machen.

Literatur

Andry, Andrew und Steve Schepp. *How Babies Are Made.* Boston 1984.

Barbach, Lonnie und Linda Levine. *Shared Intimacies.* New York 1980 (dt.: Der einzige Weg, Oliven zu essen. Berlin · Frankfurt/M. 1984).

Bing, Elizabeth und Libby Coleman. *Making Love During Pregnancy.* New York. 1983 (dt.: Sex während der Schwangerschaft. Berlin 1979).

Boston Women's Health Book Collective. *The New Our Bodies, Ourselves: A Book by and for Women.* New York 1984 (dt.: Unser Körper, unser Leben. Ein Handbuch von Frauen für Frauen. Reinbek 1980).

Burns, David. *Intimate Connections.* New York 1985.

Butler, Robert und Myrna Lewis. *Love and Sex After Sixty.* New York 1977.

–. *Love and Sex After Forty.* New York 1986.

Calderone, Mary und Eric Johnson. *The Family Book About Sexuality.* New York 1983 (dt.: Das große Buch der Sexualität. Rüschlikon 1983).

Carrera, Michael. *Sex: The Facts, the Acts, and Your Feelings.* New York 1981 (dt.: Sex, fact, acts, feelings. Berlin 1982).

Gordon, Sol und Judith Gordon. *Raising a Child Conservatively in a Sexually Permissive World.* New York 1983.

Levine, Linda und Lonnie Barbach. *The Intimate Male.* New York 1983 (dt.: Fühlst Du mich? Berlin · Frankfurt/M. 1986).

Masters, William, Virginia Johnson und Robert Kolodny. *Masters and Johnson on Sex and Human Loving.* Boston 1986 (dt.: Liebe und Sexualität. Berlin 1987).

McCarthy, Barry und Emily McCarthy. *Sex and Satisfaction After Thirty.* New York 1981.

–. *Sexual Awareness: Sharing Sexual Pleasure.* New York 1984.

–. *Female Sexual Awareness.* New York 1989 (dt.: Ganz Frau. Frankfurt/M. · Berlin 1991).

Schover, Leslie. *Prime Time: Sexual Health for Men Over Fifty.* London 1984.

Zilbergeld, Bernie. *Male Sexuality.* New York 1978 (dt.: Männliche Sexualität. Tübingen 1991).